Gemeinde Unterlüß – Chronik der Unterlüßer Vereine und Verbände

WER VORSORGT, HÄNGT SPÄTER NICHT DURCH

Im Ruhestand nach Herzenslust auszuspannen ist ein wohlverdientes Vergnügen. Viele wollen dann all das nachholen, was während des Berufslebens zwangsläufig zu kurz gekommen ist: Hobbys, Sport, Reisen...

Damit Sie die neue Freiheit auch so richtig genießen können, gibt es bei den Sparkassen ein maßgeschneidertes finanzielles Vorsorgeprogramm, das genauso fit und flexibel ist wie Sie. Beispielsweise können Sie einen Sparvertrag mit langer Laufzeit, gestaffelter Prämienvergütung und Versicherungsschutz wählen und so finanzielle Beweglichkeit mit sozialer Sicherheit verbinden. Oder sich mit dem S RentaPlan ein zweites Einkommen schaffen. Oder Ihr Kapital durch eine langfristige Anlagestrategie aktivieren.

Sorgen Sie jetzt schon dafür, später sorglos leben zu können. Wir beraten Sie gerne.

Gemeinde Unterlüß

Chronik
der
Unterlüßer
Vereine
und
Verbände

zusammengestellt
von Jürgen Gedicke

Die Chronik wurde gedruckt
mit freundlicher Unterstützung durch die

    Allgemeine Ortskrankenkasse Celle
    Firma Landgraf KG, Unterlüß
    Rheinmetall Industrie GmbH
    Sparkasse Celle
    Stromversorgung Osthannover GmbH
    Volksbank Hermannsburg-Bergen eG

Bildnachweis:

Die Bildvorlagen stellten zur Verfügung:
Cellesche Zeitung, 64; Albert-König-Museum Unterlüß, 49, 51, 127;
Volksbund Deutsche Kriegsgräberfürsorge, Geschäftsstelle Lüneburg, 117;
alle anderen Bilder entstammen dem Gemeindearchiv Unterlüß
oder sind der Herausgeberin von den Vereinen und Verbänden
zur Veröffentlichung übergeben worden.

Die Deutsche Bibliothek - CIP-Einheitsaufnahme

Unterlüss:
Chronik der Unterlüsser Vereine und Verbände / [Hrsg.:
Gemeinde Unterlüss]. Zsgest. von Jürgen Gedicke. – Unterlüss:
Gemeinde Unterlüss, 1995
(Veröffentlichung des Albert-König-Museums; Nr. 20)
ISBN 3-927399-20-5
NE: HST; Albert-König-Museum <Unterlüss>: Veröffentlichung des
Albert-König-Museums

Gesamtherstellung: STRÖHER DRUCK, CELLE

Vorwort

Das Zusammenleben der Bürgerinnen und Bürger in der Gemeinde Unterlüß wird wesentlich durch die Aktivitäten der örtlichen Vereine und Verbände mitbestimmt und ausgestaltet. Dabei besteht grundsätzlich eine Wechselwirkung – ein gegenseitiges Geben und Nehmen – zwischen den Bürgerinnen und Bürgern und den Vereinen und Verbänden auf der einen Seite und der politischen Gemeinde Unterlüß auf der anderen Seite.

Indem sich ein Bürger in besonderem Maße in einem im Orte tätigen Verein oder Verband oder in einer anderen Gemeinschaft engagiert, wirkt er auch direkt zum Wohle des Gemeinwesens – für die Gemeinde Unterlüß. Andererseits ist es so, daß die Gemeinde Unterlüß die Vereine und Verbände im Rahmen ihrer Möglichkeiten nach Kräften unterstützt und damit die Dorfgemeinschaft und das Miteinander fördert.

Dieses Mal ging die Initiative von der Gemeinde aus.
Fast alle im Ort tätigen Vereine, Verbände, Parteien und Organisationen – auch die ortsübergreifend tätigen – folgten der Idee einer Zusammenstellung von Höhepunkten und besonderen Ereignissen eines jeden Vereins in einer Kurzchronik.

Am Ende steht der kleine Verein in alphabetischer Reihe mit den großen, die Glaubensgemeinschaft mit einem Verband und letzterer vor oder hinter einer Partei. Dadurch wird ganz beabsichtigt die Vielfalt des dörflichen Gemeinschaftslebens widergespiegelt.

An dieser Chronik, die der Gemeindearchivar Jürgen Gedicke bearbeitete und zusammenstellte, beteiligen sich 37 Vereine, Verbände und Parteien mit einem eigenen Textbeitrag. Damit ist erstmalig eine Übersicht über das Wirken der Unterlüßer Vereine und Verbände entstanden, wobei jeder eigenständige Textbeitrag auch eigene Höhepunkte aufzeigt, Persönlichkeiten nennt und ortsgeschichtliche Ereignisse und Vorgänge beleuchtet.

Für den Neubürger mag diese Schrift als Orientierungshilfe dienen. Der Bürger aber mag erinnert sein, in welch großem Maße die Vereine das Ortsleben bis heute bereicherten.

Unterlüß im November 1995

Eberhard Staiger	Klaus Przyklenk
Bürgermeister	Gemeindedirektor

Sicherheit ist unsere Stärke

Rheinmetall Industrie GmbH
MaK System Gesellschaft mbH
Mauser-Werke Oberndorf GmbH
Nico-Pyrotechnik
NWM De Kruithoorn
WNC-Nitrochemie GmbH

STROMVERSORGUNG OSTHANNOVER GMBH (SVO)

Seit mehr als 80 Jahren ist die Stromversorgung Osthannover GmbH (SVO) das Versorgungsunternehmen für die Gemeinden im Landkreis Celle und Uelzen. Auch die Gemeinde Unterlüß wird von der SVO zu jeder Zeit zuverlässig, sicher und preiswert mit Strom und Wasser versorgt.

In dem 3.000 km² großen Versorgungsgebiet der SVO werden pro Jahr rund 800 Mio. kWh Strom an die Kunden geliefert, davon rund 30 % an Gewerbe- und Industriekunden.

Die SVO ist seit Jahren auch für die Trinkwasserversorgung im Landkreis Celle mitverantwortlich und seit 1994 auch direkt zuständig. Zur sicheren Wassergewinnung wurde das Wasserwerk in Unterlüß im September 1995 in Betrieb genommen. Rund 750.000 m³ Wassser können dort pro Jahr gefördert und ins Verteilungsnetz eingespeist werden. Ein weiterer Schritt in eine langfristig sichere Wasserversorgung.

Neubau Wasserwerk in Unterlüß

Die Leistungen der SVO können sich sehen lassen:

- Konstante Strompreise seit 1983. Trotz schlechter Versorgungsstruktur liegt der Durchschnittspreis für die Tarifkunden um einen Pfennig niedriger als im Bundesdurchschnitt. Der Strompreis für Sonderkunden ist seit 1983 um zwei Pfennig gesunken.
- Der Wasserpreis im Landkreis Celle liegt mit 1,60 Pf/m³ am unteren Ende der Preisskala in Niedersachsen.
- Das jährliche Investitionsvolumen beträgt rund 30 Mio. DM. Für den Ausbau und die Verstärkung der Versorgungsanlagen werden vorrangig heimische Unternehmen beauftragt.
- Die SVO bietet 290 sichere Arbeitsplätze für die Region.

Ganz neu bei der SVO ist die Versorgung mit Erdgas. 12 Gemeinden aus dem Landkreis Celle haben die SVO mit der Erdgasversorgung beauftragt. Im südöstlichen Bereich des Landkreises Celle wird ein weitgehend flächendeckendes Erdgasverteilungsnetz aufgebaut. Die Gaslieferung wurde Anfang 1995 aufgenommen.

Auch mit dem Bau von Blockheizkraftwerken für die Nahwärme- und Stromversorgung sowie mit dem Bau von Deponiegaskraftwerken, z.B. in Katensen, geht die SVO neue Wege. Dabei setzt die SVO neue Techniken ein, um die zur Verfügung stehende Energie so rationell und umweltschonend wie möglich zu nutzen.

Strom - Gas - Wasser - Wärme   STROMVERSORGUNG OSTHANNOVER GMBH
29201 Celle, Sprengerstraße 2

Akkordeon-Spielring Südheide e.V.

Am 7. Mai 1982 wurde der Akkordeon-Spielring Südheide e.V. Hermannsburg, Faßberg, Unterlüß von zwei Gründungsmitgliedern ins Leben gerufen. Als 1. Vorsitzende wurde Christa Lange gewählt.

Dem großen Idealismus unseres musikalischen Leiters Albert Lange war es zu verdanken, daß wir schon im Sommer 1982 mit einem großen Orchester, bestehend aus Erwachsenen, Jugendlichen und Kindern, öffentliche Auftritte bestreiten konnten. Es wurden seit Gründung des Vereins regelmäßige wöchentliche Orchesterproben in der Schule Baven, im Soldatenheim Faßberg und im Freizeitzentrum Unterlüß durchgeführt. Alle Spieler waren mit großer Begeisterung dabei, und durch ihren zusätzlichen Fleiß war es möglich, am 28. Mai 1983 den Bunten Abend im Soldatenheim Faßberg (»50 Jahre Faßberg«) musikalisch zu umrahmen. Am 27. August 1983 trugen wir beim 2. Unterlüßer Dorffest mit zur musikalischen Unterhaltung bei. Seitdem sind wir jedes Jahr auf dem Dorffest zu hören. Zugunsten der Aktion Sorgenkind veranstalteten wir in der Örtzetal-Halle in Hermannsburg am 18. September 1983 ein Benefizkonzert. Der Erlös betrug 1.320 DM.

Die erste vereinsinterne Weihnachtsfeier fand im Dezember 1983 im Freizeitzentrum Unterlüß statt. Auch diese Veranstaltung ist uns zur lieben Gewohnheit und eine Freude für alle Mitglieder geworden.

Auf Initiative des Vereins fand am 7. März 1984 unter Mitwirkung weiterer Unterlüßer Vereine ein Bunter Abend zugunsten des Unterlüßer Kindergartens im Freizeitzentrum statt. Der Leiterin des Kindergartens konnten fast 1.100 DM übergeben werden. Neben weiteren Auftritten im Jahr 1984 bleibt noch das 14tägige Seminar in der Begegnungsstätte Hustedt zu erwähnen. Dieses diente nicht nur der musikalischen Weiterbildung, sondern auch dem gegenseitigen Kennenlernen.

Nach Beendigung des Seminars zeigte es sich, daß Erwachsene, Jugendliche und Kinder nicht mehr gemeinsam in einem Orchester musizieren konnten. Zu unterschiedlich war der Ausbildungsstand. So entstand aus einem großen Orchester ein Ensemble, ein Erwachsenen- und ein Jugendorchester. Für unseren musikalischen Leiter bedeutete dies, nicht mehr nur eine Probe wöchentlich, sondern drei. Zu diesem Zeitpunkt fanden die Proben schon regelmäßig im Freizeitzentrum Unterlüß statt. Das Ensemble führte seine Orchesterproben in der Musikschule Lange, Unterlüß, durch.

Am 13. April 1985 gaben wir nach Aufteilung unseres großen Orchesters unter Mitwirkung der Liedertafel Frohsinn unser erstes großes Konzert im Freizeitzentrum Unterlüß.

Das Ensemble des Vereins beteiligte sich mit zwei Vortragsstücken am 23. Juni 1985 am »Tag der Harmonika«

Festwagen des Akkordeon-Spielringes Südheide, 1988

Das Ensemble, 1985

in Burgdorf. Aus diesem Wettbewerb für Norddeutschland ging der Verein mit dem Prädikat »Ausgezeichnet« hervor und belegte damit den 1. Platz.

Vom 9. bis zum 18. August 1985 fand unser zweites Seminar wie im Vorjahr in Hustedt statt. Es gehörte inzwischen zur Tradition, daß der Akkordeon-Spielring Südheide jährlich ein großes Konzert im Freizeitzentrum Unterlüß gab. Zu erwähnen wären noch die Konzertreisen vom 1. Oktober 1987 nach Italien und im Mai 1989 nach Schweden, zusammen mit dem Celler Akkordeon-Club.

Am 1. September 1988 wurde beschlossen, das Ensemble des Vereins »Albert-Lange-Ensemble« zu nennen. Das Ensemble besteht aus Spielern, welche aufgrund ihrer Begabung und ihres großen Fleißes sehr intensiv von dem musikalischen Leiter Albert Lange geschult wurden. Zusätzliche Ensembleproben wurden durchgeführt, die in den Ferien mehrere Stunden am Tag in Anspruch nahmen. Durch das freundschaftliche Verhältnis der Spieler zu ihrem musikalischen Leiter und die harten Proben war es möglich, einen hohen Leistungsstand zu erreichen.

Am 4. September 1989 veranstalteten wir ein Vereinsvergnügen im Freizeitzentrum mit anschließendem Tanz.

Im Rhythmus von zwei Jahren beteiligt sich der Verein an der Ferienpaßaktion. Für die Kinder der Vereins findet jährlich vor den großen Ferien ein Sommerfest statt, wozu auch Eltern und Geschwister herzlich eingeladen sind.

Im März 1991 fand das letzte Vereinskonzert unter Albert Langes Leitung im Freizeitzentrum Unterlüß statt. Es war geplant, im Mai 1992 zum zehnjährigen Bestehen des Vereins ein Jubiläumskonzert zu geben. Durch eine schwere Krankheit unseres musikalischen Leiters mußten wir dies auf einen späteren Zeitpunkt verschieben.

Am 14. Juli 1992 verstarb unser musikalischer Leiter Albert Lange. Da die Musik sein Leben bestimmte und er dieses Gefühl mit viel Geduld und Einfühlungsvermögen an seine Spieler weitergab, wollte er nicht, daß »seine Musik« mit ihm sterben würde. In einem letzten Gespräch kurz vor seinem Tod übertrug er die Leitung des Vereins seiner Frau Christa und Birgit Warning.

Für Christa Lange, Birgit Warning und die Mitglieder ist die Fortführung des Akkordeon-Spielringes Südheide eine Selbstverständlichkeit.

Der Verein besteht zur Zeit aus 112 Mitgliedern, davon 59 Aktive.

Arbeiterwohlfahrt (AWO), Ortsverband Unterlüß

Die Arbeiterwohlfahrt achtet das religiöse Bekenntnis jedes einzelnen. Die Arbeit der AWO wird getragen vom Gedanken der Toleranz und der tätigen Hilfe für den Nächsten. Die AWO dient dem Rat- und Hilfesuchenden aus jeder Bevölkerungsschicht.

1919 wurde die Arbeiterwohlfahrt als Verband gegründet
1933 wurde die Arbeiterwohlfahrt aufgelöst
1949 wurde die Arbeiterwohlfahrt in der noch jungen Bundesrepublik wiedergegründet

Max Walter war einer der Mitbegründer der AWO in Celle. In Unterlüß unterhielt er seit 1957 einen Stützpunkt. Die schriftlichen Nachrichten über die Tätigkeit der AWO in Unterlüß sind spärlich. Auch der Kreisverband der AWO in Celle hat wenig Material über die AWO in Unterlüß. Hier hatte ein Brand viele Unterlagen vernichtet.

Bekannt ist, daß das erste Care-Paket von Unterlüß aus nach Rußland an die Familie Paul Wolinski ging. Diesem ersten folgten 1964 weitere, die über vier Monate unterwegs waren. Auch in die ehemalige DDR gingen Hilfspakete.

1961 übernahm Otto Balzerowski die Ortsvertretung, die er 1963 an Max Walter zurückgab. 1963 fuhren die ersten sechs Kinder mit Mitteln der AWO zur Erholung auf die Halbinsel Priwall. Im Februar 1965 übernahm Frau Grete Warm den AWO-Ortsverein mit zehn Mitgliedern. Über 30 Jahre führt sie nun den Ortsverein als erste Vorsitzende.

Im Laufe der Jahre wurden von Unterlüß aus 32 Familien- und Mütterkuren und sechs Seniorenkuren durchgeführt. Die Kinderkuren gingen nach Priwall bei Travemünde, nach Klagenfurth und Hinterglemm in Österreich und in die Hasenheide bei Verden. Für 150 Kinder war das eine herrliche Zeit. Dazu stellte die AWO 40 Betreuer, die

Ferienpaßaktion 1992

Dorffest 1992

ihre Ferien und ihren Urlaub für diese Sache opferten. Eine Schulklasse mit 20 Mädchen war zu einem Bildungsseminar in Celle.

Vom Beginn der Ferienpaßaktion der Gemeinde war die AWO-Unterlüß mit dabei. Mit dem Luftkissen der befreundeten AWO-Vorsfelde machten wir den Kindern stets viel Freude, so daß die AWO-Veranstaltungen immer von 50 bis 60 Kindern besucht waren. In der Vergangenheit stand uns der Arbeiter-Samariter-Bund zur Seite, um auf kleine Kratzer schnell ein Pflaster zu tun, jetzt hat das örtliche Deutsche Rote Kreuz dieses Amt übernommen.

Allen Helfern, die die Arbeit der AWO-Unterlüß ideell und materiell unterstützen, sei an dieser Stelle gedankt!

Auch bei den alljährlich stattfindenden Dorffesten hat die AWO einen Stand. Hier kann gewürfelt werden, und hier steigt immer ein Wettbewerb im Luftballon weitfliegen. Ein Preis winkt demjenigen, dessen Ballon nachweislich am weitesten geflogen ist. So landete einmal einer in Pommern, das andere Mal einer in Bayern. Manchmal landet allerdings ein Ballon schon am Unterlüßer Bahnhof. Dann gibt es auch einen Trostpreis, denn im Vordergrund steht bei dieser Sache immer der Spaß für jung und alt. Ein Stand der AWO-Nähstube war schon öfter bei uns in Unterlüß zu Gast. Da gab es Handarbeiten und allerlei Kleinigkeiten, die junge Mädchen während einer Arbeitsbeschaffungsmaßnahme herstellten, bei der sie nähen und Hausarbeitsaufgaben kennenlernten. Da leider das Geld fehlte, konnte diese sinnvolle Maßnahme nicht weitergeführt werden.

Artos-Angelsportgemeinschaft e.V.

Die Artos-Angelsportgemeinschaft wurde am 22. Juni 1966 als Verein gegründet.

Im Gründungsprotokoll ist nachzulesen, daß sich alle am Angelsport interessierten Betriebsangehörigen an diesem Tage um 16.00 Uhr in der Artos-Kantine trafen, um die Angelsportgemeinschaft zu gründen.

Zunächst waren die Vereinsmitglieder alle Betriebsangehörige der Unterlüßer Maschinenbaufirma Artos. Ohne die jährliche kräftige finanzielle Unterstützung durch die Firma Artos hätte ein Sportfischerverein wie die Angelsportgemeinschaft überhaupt nicht die finanzielle Möglichkeit zum Beispiel zur Pachtung von Fischteichen in Oldendorf und zum Kauf von Fischbesatz für eben diese Teiche gehabt, und somit wäre es vielleicht auch nicht zur Gründung eines Sportfischervereins in Unterlüß gekommen.

Die Tätigkeit der Artos-Angelsportgemeinschaft e.V. mit Sitz in Unterlüß, seit 1975 in das Vereinsregister des Amtsgerichts Celle eingetragen, ist im wesentlichen ausgerichtet auf die einheitliche Vertretung der Mitgliederinteressen bei der Schaffung, Erhaltung und dem Ausbau geeigneter Gelegenheiten zur Ausübung des weidgerechten Sportfischens, die Hege und Pflege des Fischbestandes in den Gewässern durch Aussetzen von Fischen und Fischbrut in Verbindung mit Maßnahmen zum Schutz und zur Reinhaltung von Gewässern, die Ausbildung der Mitglieder, die Erhaltung der Schönheit und Ursprünglichkeit der Gewässer im Sinne des Naturschutzes.

(v.l.n.r.) Ehrenvorsitzender Raimund Grubert, Ehrenmitglied Rudolf Kitzler, Gerhard Müller, Detlef Petrick, Jubilar Rudolf Hauff, Rüdiger Suhm, Vereinsältester Otto Mentner, 1. Vorsitzender Günther Witka

Sie dient damit dem allgemeinen Besten auf den Gebieten der Gesundheitspflege, des Naturschutzes und der Landschaftspflege.

Gleichzeitig will der Verein den sportlichen Geist und die Geselligkeit unter den Vereinsmitgliedern pflegen.

Für die Mitgliedschaft im Verein ist der Besitz des Jahresfischereischeines und die Sportfischereiprüfung vorgeschrieben.

1971 bekam der Verein eine erste Satzung, in der festgelegt wurde, daß für die Vereinsmitgliedschaft nicht zwingend die Betriebszugehörigkeit zur Firma Artos Voraussetzung war.

Seit 1983 hat die Artos-Angelsportgemeinschaft eine neue Satzung. Der Vorsitzende wird nun auf drei Jahre gewählt. Den Sportkameraden H. Reichel und R. Kitzler wurde im gleichen Jahr für die geleistete Vereinsarbeit gedankt. Beide haben sich in hervorragender Weise gleichermaßen um die Fischerei und den Verein verdient gemacht. Auf allgemeinen Wunsch wurden deshalb H. Reichel zum Ehrenvorsitzenden und R. Kitzler zum Ehrenmitglied des Vereins ernannt.

1992 wurde der ehemalige 1. Vorsitzende Raimund Grubert auf der Jahreshauptversammlung zum Ehrenvorsitzenden der Gemeinschaft ernannt.

Von 1992 bis 1993 wurde die Artos-Angelsportgemeinschaft kommissarisch durch Heinz-Hugo Rekow geleitet. 1993 wurde auf Anregung des neuen 1. Vorsitzenden Günther Witka eine Jugendgruppe innerhalb der Angelsportgemeinschaft gegründet. Ziel ist es, jungen Menschen unter sachlicher Anleitung von dafür ausgebildeten Vereinsmitgliedern die Grundlagen des Angelsportes sowie ein gesundes Verhältnis zur Natur zu vermitteln.

Ebenfalls wurden erstmals 1994 auf der Jahreshauptversammlung Mitglieder der Angelsportgemeinschaft für 25jährige Mitgliedschaft geehrt. Zu den geehrten Mitgliedern gehörte auch der dem Verein bereits als Ehrenmitglied angehörende Rudolf Kitzler. Es wurden im einzelnen geehrt:

> Ehrenmitglied Rudolf Kitzler
> Sportkamerad Walter Schmidt
> Sportkamerad Claus Schacht
> Sportkamerad Rudolf Beckert
> Sportkamerad Peter Kaiser
> Sportkamerad Horst Schülke

1995 wurden für 25jährige Vereinsmitgliedschaft geehrt:

> Sportkamerad Rudolf Hauff
> Sportkamerad Heini Kuch

Vorsitzende des Vereins:

> Erich Glober   1966 - 1970
> Helmut Reichel   1970 - 1983
> Raimund Grubert   1983 - 1993
> Günther Witka   seit 1993

Die Artos-Angelsportgemeinschaft fördert den jugendlichen Nachwuchs. Im Rahmen der Ferienpaßaktionen der Gemeinde führt sie für interessierte Kinder in diesem Sinne auch Besichtigungen der Oldendorfer Fischteiche durch. Ebenso beteiligt sich der Verein mit Aktivitäten an den jährlichen Dorffesten aller Unterlüßer.

Auch für die Zukunft ist es das Ziel des Vereins, den bereits 1966 bei der Gründung der Gemeinschaft angestrebten Gemeinschaftssinn sowie die Verbundenheit zur Natur zu pflegen.

Bund Deutscher Feuerwerker und Wehrtechniker e.V., Ortsgruppe Unterlüß

Der »Bund Deutscher Feuerwerker und Wehrtechniker e.V.« ist aus den Altverbänden

- Bund Deutscher Feuerwerker e.V. von 1951 und dem
- Waffenring der Wehrtechniker e.V. von 1955

hervorgegangen und im Jahre 1965 durch Zusammenschluß in Koblenz gegründet worden. Dadurch wurde die traditionelle Zusammenarbeit und die kameradschaftliche Bindung der Feuerwerker und Waffentechniker in einem Bund vereinigt und gefestigt.

Über die Wahrung der mehr als 600 Jahre alten und verbindenden Tradition hinaus ist es Aufgabe des Bundes, die ideellen, sozialen und beruflichen Interessen seiner Mitglieder zu fördern.

Dazu gehören unter anderem:

- fachlicher Gedankenaustausch und Information
- Vertretung der beruflichen Interessen seiner in ihm zusammengeschlossenen Berufsstände
- Mitwirkung bei der Gestaltung der entsprechenden Berufsbilder
- Unterstützung seiner militärischen Mitglieder beim Übergang in eine entsprechend qualifizierte zivile Berufsausübung
- Hilfe bei unverschuldeter materieller Not
- Pflege und Förderung der Kameradschaft und Geselligkeit.

Der Bund ist parteipolitisch und weltanschaulich neutral. Der Bund wird durch den in einer Satzung festgelegten Bundesvorstand vertreten und geführt.

Die in Landes- und Ortsgruppen zusammengeschlossenen Mitglieder sind die Basis für die aktive Arbeit. Die bereits 1902 in Essen gegründete F-Stiftung dient der schnellen und unbürokratischen Unterstützung unverschuldet in Not geratener Kameraden. Der BDFWT e.V. ist mit seiner Satzung im Vereinsregister beim Amtsgericht Hamburg eingetragen und als gemeinnützige Organisation anerkannt.

Der BDFWT e.V. hält die Tradition der aus der Büchsenmacherei des frühen Mittelalters hervorgegangenen Berufsstände aufrecht und führt sie weiter.

Der BDFWT e.V. ist kooperativ dem »Verband deutscher Soldaten e.V.« angeschlossen.

Außerdem ist er Mitglied

- im Volksbund Deutsche Kriegsgräberfürsorge e.V.
- in der Deutschen Gesellschaft für Wehrtechnik e.V.
- im Verein der Freunde und Förderer der Wehrtechnischen Studiensammlung Koblenz e.V.

Mit dem Deutschen Bundeswehrverband e.V. besteht eine Zusammenarbeit bei der Wahrnehmung der Interessen der aktiven Soldaten. Der Kontakt mit der Arbeitsgemeinschaft der Leiter der Kampfmittelräumdienste der Länder zeigt gute Ergebnisse hinsichtlich der Anschlußverwendung von Feuerwerkern nach der aktiven Dienstzeit.

Über die verbindende Tradition hinaus will der BDFWT e.V. sich als fachlich und sachlich kompetente Organisation für die berufsspezifischen Fragen seiner in ihm zusammengeschlossenen Berufsstände verstanden wissen.

Und nun zu unserer »Ortsgruppe Unterlüß im BDFWT e.V.«

Bevor ich zu unserer Vereinsgründung im Jahre 1969 komme, möchte ich bemerken, daß es in Unterlüß schon seit dem Jahr 1900 Feuerwerker gab. So hat zum Beispiel seine Majestät der Kaiser den Feuerwerker Reinek aus Unterlüß im Jahre 1914 zu den Waffen gerufen. In den Jahren 1916 bis 1922 war der Oberfeuerwerker Hanß in Unterlüß (Neulüß) tätig.

In diese Zeit fiel auch die Gründung des »Guts Mitte« auf dem Schießplatz der Firma Rheinmetall. Eine direkte Verbindung zu unserer Ortsgruppe besteht nicht, aber unser Kamerad August Boyen schilderte diese Zeit sehr plastisch. -

In den Jahren 1936 bis 1945 waren es die Oberfeuerwerker Karl Reimer (1969 Gründungsmitglied) und Otto Kregel (von 1982-1991 Mitglied der Ortsgruppe), die in Unterlüß tätig waren.

Im Jahre 1969 war die Ansammlung von Feuerwerkern so angestiegen, daß man sich zu einer Vereinsgründung entschloß.

Die Gründungsversammlung fand am 13. August 1969 um 17.30 Uhr im Kurhotel statt. Es waren zehn Kameraden erschienen.

1.	Kamerad Karl Reimer	WDBw-Prüfbeschuß
2.	Kamerad Karl Frie	Fa. Rheinmetall
3.	Kamerad Erich Wien	WDBw-Prüfbeschuß
4.	Kamerad Theo Kahnis	WDBw-Prüfbeschuß
5.	Kamerad Gustav Theuke	WDBw-Prüfbeschuß
6.	Kamerad H.-G. Bienert	BABw-Neulüß
7.	Kamerad Kurt Pinkernell	Fa. Rheinmetall
8.	Kamerad Carl Lienau	BABw-Neulüß
9.	Kamerad Johannes Fechtmann	BABw-Neulüß
10.	Kamerad Heinrich Teut	BABw-Neulüß

Nach der Begrüßung durch den Versammlungsleiter Kamerad Teut wurden die Fragen der lockeren Biertischrunde oder der Ortsgruppe mit Anbindung an den BDFWT e.V. diskutiert. In der anschließenden Abstimmung war man für die Gründung einer festen Vereinigung mit genau umrissenen Zielen und einem noch festzulegenden Personenkreis.
Abstimmung: 10 Ja-Stimmen
Vorstandswahl:
Auf Grund des Abstimmungsergebnisses wurden einstimmig gewählt:
a) Vorsitzender und Schriftführer Kamerad Teut
b) Stellvertretender Vorsitzender und Kassierer Kamerad Bienert

Von der Versammlung wurde folgendes beschlossen:
a) Die Ortsgruppe erhält den Namen: »Feuerwerker - Kameradschaft Unterlüß«
b) Es gilt die Satzung des BDFWT e.V. mit folgender Einschränkung für Unterlüß:
   Mitglieder können werden
   1. Feuerwerker der ehemaligen Wehrmacht
   2. Feuerwerker der Bundeswehr
   3. Ziviles Personal der Bundeswehr, das auf dem Munitionsgebiet tätig ist und den Befähigungsschein IV bei der Bundeswehr erworben hat.

Die Mitgliedschaft soll mit dem 1. September 1969 beginnen. Als Versammlungslokal wird das Kurhotel Unterlüß bestimmt. Die Versammlungen werden jeden zweiten Mittwoch im Monat gegen 17.30 Uhr stattfinden. Nächste und damit erste Versammlung der Ortsgruppe sollte der 10. September 1969 sein. Die Gründungsversammlung wurde am 13. August 1969 um 22.00 Uhr beendet.

Zur ersten Versammlung am 10. September 1969 stieg unsere Mitgliederzahl um weitere acht Kameraden an. Es waren dies die Kameraden:

Friedrich-Wilhelm Schulze   Rudolf Kösling
Heinz Bammel   Dieter Oppermann
Ernst Brzoska   Hans-Günther Probst
Waldemar Hardwig   Bertold Willms

So waren wir zu Beginn des Vereinslebens schon 18 Mitglieder in der Ortsgruppe.

Im Gründungsjahr hatten wir schon zwei Versammlungen und die erste Barbara-Feier im Kurhotel am 6. Dezember.

In der Zeit vom Januar 1970 bis zum Dezember 1970 waren sechs Versammlungen durch fachliche Vorträge geprägt, im März ein Frühlingsfest, im Mai eine Schießsportveranstaltung, und am 30. September mußten wir uns von unserem Kameraden Willms verabschieden, eine scheußliche Krankheit setzte seinem Leben ein jähes Ende. Am 1. Juni 1970 wurde Kamerad Rörup als neues Mitglied in die Ortsgruppe aufgenommen.

1971. Am 20. Januar fand die Jahreshauptversammlung statt. Es wurde der Vorstand der Ortsgruppe neu gewählt. Der bisherige Vorstand, der Vorsitzender und Schriftführer Kamerad Teut sowie der stellvertretender Vorsitzender und Kassierer Kamerad Bienert, wurden einstimmig wiedergewählt.

Von Februar bis Dezember hatten wir sechs Versammlungen, einen Lichtbildervortrag durch Kamerad Plähn, im August eine Schießsportveranstaltung und im Dezember eine große Barbara-Feier in Neulüß (5-Mann-Kapelle und Tombola). Am 1. Oktober konnten wir die Kameraden Köppen und Thews und am 1. November die Kameraden Knoblich und Krause in unserer Ortsgruppe als neue Mitglieder begrüßen.

1972. Jahreshauptversammlung am 19. Januar im Kurhotel. Die Monate danach gestalteten wir mit Vorträgen, im März ein Stammtisch mit unseren Frauen. Im April ein Frühlingsfest, im September wurde gekegelt, und im Dezember war wieder unsere obligatorische Barbara-Feier. Ab dem 1. Januar kam Kamerad Unger von der Ortsgruppe Aachen zu uns, und Kamerad Knoblich verließ uns am 31. Dezember.

1973. Am 17. Januar war die Jahreshauptversammlung. Es fanden keine Neuwahlen statt, da der Vorstand auf zwei Jahre gewählt worden war. Der weitere Verlauf des Jahres war ausgefüllt mit Vorträgen, Kegelabenden und einer Schießsportveranstaltung in Hösseringen. Im Mai wurde zur VV 73 in Frankfurt ein Antrag auf Namensänderung gestellt (BDFWT e. V. in BdF e. V.). Dieser Vorschlag fand keine Zustimmung. Unsere Barbara-Feier war ein Eisbeinessen unter Mitgliedern. Am 1. April waren vier Neuzugänge zu verzeichnen, es waren dies die Kameraden Berlt, Borowski, Kairies und Schneidewind.

1974. Die Jahreshauptversammlung war auf den 23. Januar angesetzt. Versammlungsort Kantine Rheinmetall. Die Versammlung wurde wegen Beschlußunfähigkeit auf den 13. Februar verlegt. Der alte Vorstand wurde wieder gewählt. Der bisherige Name – Feuerwerker Kameradschaft Unterlüß – wurde umgewandelt in BDFWT e. V. Ortsgruppe Unterlüß. Da das Kurhotel als Vereinslokal nicht mehr verfügbar war, trafen wir uns jetzt in der Kantine der Firma Rheinmetall. Alle Veranstaltungen in 1974 wurden dort abgehalten. Geschossen wurde in Hösseringen und gekegelt im Gerdehaus. Der Jahresverlauf war wie 1973, nur die Barbara-Feier war wieder in der Kantine. Als Neuzugang begrüßten wir am 1. Januar Kamerad L. Krüger, und zur Ortsgruppe Munster ging Kamerad Brzoska.

1975. Jahreshauptversammlung am 15. Januar in der Rheinmetall-Kantine. Die Beschlußfähigkeit wurde festgestellt, da von den derzeit 29 Mitgliedern 17 anwesend waren. Versammlungen und Veranstaltungen waren wie im vorigen Jahr, nur die Beteiligung der Mitglieder ließ nach. Geschossen wurde wieder in Hösseringen, aber gekegelt wurde dieses Jahr in Faßberg – Herrenbrücke –. Ferner kriselte es ein wenig im Verein.
Kamerad Reimer verließ die Ortsgruppe in Richtung Hamburg. Vom 31. Mai bis 1. Juni war in Munster die Bundesvertreterversammlung. Delegierter der Ortsgruppe war Kamerad Teut. Im Dezember war wieder ein Patronatsfest mit Gästen in Neulüß. Als neue Mitglieder begrüßten wir die Kameraden H. Krüger, Philipp, Wetzmüller, Zietz, Jürgens, Rogge, Tewes und Winkler.

1976. Zur Jahreshauptversammlung trafen wir uns am 14. Januar in der Rheinmetall-Kantine. Von 34 Mitgliedern waren 20 anwesend. Alle Versammlungen und Veranstaltungen verliefen wie 1975. Zur Diskussion stand, ob wir unsere Versammlungen künftig mit unseren Frauen veranstalten. Im Mai hatten wir einen Grillabend in Hösseringen, und im September besuchten wir das Panzer-Museum in Munster. Die Barbara-Feier war in diesem Jahr nicht gut besucht. Als Zugänge konnten wir die Kameraden Lettner und Richert begrüßen. Verlassen hatten uns die Kameraden Fechtmann, Hardwig und Kairies.

1977. Trafen wir uns zu unserer Jahreshauptversammlung am 27. Januar in der Rheinmetall-Kantine. Der alte Vorstand wurde erneut gewählt. Zu den Versammlungen trafen wir uns in der Gaststätte »Allwetterbad«. Die VV 77 wurde am 20. und 21. Mai in Hammelburg abgehalten. Delegierter war Kamerad Teut. In Unterlüß sollte 1980 die nächste Vertreterversammlung stattfinden. Im Gästehaus »Waldfrieden« der Firma Rheinmetall feierten wir dieses Jahr unseren Barbara-Abend.
Die Kameraden Berlt, Wetzmüller, Philipp und Zietz verließen uns in diesem Jahr.

1978. In der Rheinmetall-Kantine trafen wir uns am 26. Januar zur Jahreshauptversammlung. Das Jahr war ausgefüllt mit Versammlungen, Filmvorführungen und einem Kegelabend in Faßberg im Soldatenheim. Im Juni feierten wir mit Damen im Schröderhof ein Sommerfest mit einem Spanferkelessen. Ein Unterhaltungsprogramm zur Barbara-Feier für die Mitglieder der Ortsgruppe trug zu einem lockeren Abend bei. In diesem Jahr war die Zahl der Mitglieder konstant.

1979. Für die Ortsgruppe begann mit der Jahreshauptversammlung, die am 18. Januar im »Hotel zur Post« stattfand, ein arbeitsreiches Jahr.
Der Vorstand wurde neu gewählt und bestand von dieser Stunde an aus drei Mitgliedern. Es waren dies die Kameraden:

Teut	1. Vorsitzender
Bienert	2. Vorsitzender
Plähn	Kassierer

Und schon begann die Planung und die Vorbereitung für die VV 80, die am 16. und 17. Mai 1980 in Unterlüß ausgerichtet werden sollte. Sowohl der Vorstand als auch die Mitglieder hatten in den Versammlungen viel zu berichten und zu erfragen. Aber die Treffen mit unseren Frauen und lustige Veranstaltungen kamen auch nicht zu kurz. Das Patronatsfest im Dezember war schlicht und einfach. Neu hinzu kamen die Kameraden Haumann und Reczko. Kamerad Lienau meldete sich wegen Wohnungswechsels ab.

1980. Die Jahreshauptversammlung war am 10. Januar im »Hotel zur Post«. Nach der Berichterstattung des Vorstandes war die VV 80 weiterhin beherrschendes Thema der nächsten drei Monate. Vom Informationsstand bis zur Verabschiedung war alles gut durchorganisiert. Die Delegierten und Gäste der VV 80 reisten am 15. Mai an. Nach einem gemütlichen Beisammensein am gleichen Abend im »Waldfrieden« begann am nächsten Tag die Tagung der Delegierten im Tagungsraum (großer Speisesaal der Firma Rheinmetall). Um die Wahrnehmung und Vertretung der beruflichen und fachlichen Gruppeninteressen des aktiven waffen- und munitionstechnischen Personals zu erweitern, wurde unter der Leitung des Kameraden Glöckner ein Fachausschuß gebildet.

Die Mahlzeiten wurden im »Waldfrieden« eingenommen, und der Kameradschaftsabend am darauffolgenden 17. fand auch im »Waldfrieden« statt. Für die Gäste war ein reichhaltiges Unterhaltungsprogramm vorgesehen. Außer einer Reihe von Besichtigungen war noch eine schöne Fahrt durch die Heide geplant, die besondere Begeisterung unter den Gästen hervorrief. Am 18. Mai wurden die Gäste wieder verabschiedet.
Die Versammlungen in den Folgemonaten verliefen bis zur Barbara-Feier ohne Höhepunkte. Bei dieser Gelegenheit wurden jedoch alle Gründungsmitglieder mit der Treuenadel ausgezeichnet.
Neuzugänge: Die Kameraden Ott, Jurisch und Klocke; Abgänge: Kamerad Thews.

1981. Die Jahreshauptversammlung am 15. Januar mit der Neuwahl des Vorstandes brachte folgendes Ergebnis:

1. Vorsitzender Kamerad Teut
2. Vorsitzender Kamerad Schulze
Kassierer Kamerad Plähn

Die Bildung einer Frauengruppe stand ebenfalls zur Diskussion und wurde im März in der Gaststätte »Allwetterbad« beschlossen. Ansonsten hatte das Jahr einen normalen Verlauf. Das Sommerfest fand im Gemeinschaftshaus in Lutterloh statt und die Barbara-Feier im Kasino der Firma Rheinmetall. In diesem Jahr gab es keine Mitgliederbewegungen.

1982. In der Jahreshauptversammlung am 14. Januar wurde beschlossen, daß Mitglieder ab dem 65sten Lebensjahr und alle folgenden fünf Jahre eine besondere Gratulation erfahren. Vorbereitungen für die VV 83 in Aachen wurden getroffen. Die Erstellung einer Personenstammkartei wurde diskutiert. Es gab Vorträge und Versammlungen mit Frauen. Es wurde geschossen und gekegelt, und das Sommerfest fand im »Eschengrund« statt. Einige Unstimmigkeiten brachten etwas Unruhe in die Ortsgruppe. Die Barbara-Feier wurde wegen mangelnder Beteiligung abgesagt. Alternative: Barbara-Feier in Hannover, da die Ortsgruppe dort ihr 30jähriges Jubiläum feiert. Mitgliederzugänge: Die Kameraden Kregel, Krafft und Petermann; Abgänge: Die Kameraden Köppen, Kösling und L. Krüger.

1983. Das gespannte Verhältnis innerhalb des Vorstandes schlug sich auch auf die Stimmung der Jahreshauptversammlung am 20. Januar nieder. Es gab durch Neuwahlen einen neuen erweiterten Vorstand.

1. Vorsitzender Kamerad Bienert
2. Vorsitzender Kamerad Jordan
Schriftführer Kamerad Lettner
Kassierer Kamerad Plähn
Beisitzer Kamerad Borowski

Die Ungereimtheiten und Spannungen wurden unter Mitwirkung des Bundesvorstandes durch den neuen Vorstand der Ortsgruppe im Laufe des Jahres bereinigt. Der weitere Verlauf des Jahres gestaltete sich normal. Zur VV 83 wurde Kamerad Bienert delegiert. Im März fand die Aktenübergabe an den neuen Vorstand statt. Im April hatten wir einen Filmvortrag (Kamerad Lettner) über MLRS und im Mai ein Treffen in der Forsthütte in Breitenhees. Die Barbara-Feier war mit Frauen im Kasino der Firma Rheinmetall.

Mitgliederzugänge: Die Kameraden Goerlich und Jordan.

1984. Bei der Jahreshauptversammlung am 26. Januar wurden die Aktivitäten für die kommenden Monate festgelegt. Ein Bowling-Abend, Vorträge, Besichtigung des Panzer-Museums Munster, Grillabend und Barbara-Feier im Dezember. Der Jahresbeitrag für Mitglieder wurde auf 50 DM festgesetzt. Die Landesgruppe Hamburg lud zu einem Treffen nach Putlos ein. Treuenadeln für 10jährige Mitgliedschaft erhielten die Kameraden Rogge und Winkler. Als neues Mitglied konnten wir den Kameraden Boettger begrüßen. Es verließen uns die Kameraden Borowski, Reczko und Rörup.

1985. Am 17. Januar war in der Kantine unsere Jahreshauptversammlung, und die Vorstandsneuwahl stand ins Haus. Gewählt wurden die Kameraden

Bienert	1. Vorsitzender
Lettner	2. Vorsitzender
Goerlich	Schriftführer
Plähn	Kassierer
Richert	Beisitzer

Das Jahr verlief sehr abwechslungsreich, geprägt durch die verschiedenen Vorträge und Veranstaltungen. Eine Besonderheit war der Vortrag des Kameraden August Boyen über »Gut Mitte«. Auch die Vorgespräche zur VV 86 in Kaufbeuren verbunden mit dem 150sten Jubiläum des Feuerwerkerwesens waren recht interessant. Die Barbara-Feier wurde ein Herrenabend.

Mit der Treuenadel für 10jährige Mitgliedschaft wurden die Kameraden Jürgens, H. Krüger und Tewes geehrt. Es verließen uns die Kameraden Bammel, Goerlich und Teut.

1986. Schwerpunkte der Jahreshauptversammlung am 16. Januar waren der Veranstaltungskalender und die VV 86. Das normale Vereinsleben wurde in diesem Jahr auch durch einen Besuch im Museumsdorf Hösseringen, einen Bowling-Abend mit Damen und einen Grillabend bereichert. Kamerad Richert erhielt bei der Barbara-Feier am 5. Dezember die Treuenadel für 10jährige Mitgliedschaft.

Es verließen uns die Kameraden Boyen und Oppermann.

1987. Zur Jahreshauptversammlung am 15. Januar war die Neuwahl des Vorstandes vorgesehen, aber die Versammlung war wegen der schlechten Wetterlage und der daraus resultierenden geringen Beteiligung nicht beschlußfähig. Die Jahreshauptversammlung wurde auf den 19. März verschoben. Ab 1987 war das »Hotel zur Post« wieder Vereinslokal. Vorschläge für Veranstaltungen und Vorträge für dieses Jahr: Vorbeugemaßnahmen der Feuerwehr, Rote-Kreuz-Aufgaben, Schießstand »Eschengrund« im September, Sommerfest in der Jagdhütte Breitenhees und Besichtigung Werk Neulüß.

Die Vorstandswahl brachte folgendes Ergebnis:

1. Vorsitzender	Kamerad Bienert
2. Vorsitzender	Kamerad Richert
Kassierer	Kamerad Plähn
Schriftführer	Kamerad Rogge
Beisitzer	Kamerad Pinkernell

Es wurde der Ausschluß des Kameraden Probst verfügt. Die Barbara-Feier mit Damen, einer Tombola und mit Musik begingen wir in diesem Jahr im Vereinslokal »Hotel zur Post«. Kamerad Müller kam als neues Mitglied in unsere Ortsgruppe, und die Kameraden Frie und Haumann verabschiedeten sich von uns.

1988. Auch in diesem Jahr war für genügend Abwechslung gesorgt. Die Mitgliederhauptversammlung am 17. März verlief in ruhigen Bahnen. Der Kassenbericht war zufriedenstellend und der Veranstaltungskalender gut ausgewogen. Es liefen auch schon die Vorbereitungen für die VV 89 in Düllmen. Delegierter der Ortsgruppe war Kamerad Richert. Von der Ortsgruppe Frankfurt hatte sich Besuch angesagt. Durch unseren Kameraden Kregel bekamen wir von Frau Ahlers aus Heidelberg eine »Feuerwerkerbibel« (Geschichte des Deutschen Feuerwerkerwesens der Armee und Marine mit Einschluß des Zeugwesens) aus dem Jahre 1936 geschenkt. Als Herrenabend wurde die diesjährige Barbara-Feier gestaltet und zwar im Restaurant »Hochwald«.

Als neues Mitglied begrüßten wir Kamerad Schüttenberg und verabschiedeten uns gleichzeitig von Kamerad H. Krüger.

1989. Am 16. März war die Mitgliederhauptversammlung. Es stand eine Vorstandsneuwahl an. Der alte Vorstand wurde wiedergewählt. Von allen Veranstaltungen und Versammlungen war besonders unsere Jubiläumsfeier hervorzuheben. 20 Jahre wurde die Ortsgruppe, und aus diesem Grunde wurde eine zünftige Feier in der »Alexander-Klause« der Rfö.-Zittel organisiert. Kamerad Richert berichtete von der VV 89 in Düllmen. Im Juni gab es auf dem Schießstand der SSG-Rheinmetall einen kräftigen Erbseneintopf. Gekegelt wurde im Oktober in Hösseringen, wo auch zum Jahresabschluß unsere Barbara-Feier stattfand. Kamerad Richter wurde als neues Mitglied in die Ortsgruppe aufgenommen.

1990. Das folgende Jahr verlief ohne nennenswerte Höhen und Tiefen. Vor der Mitgliederhauptversammlung am 15. März hatten wir noch eine Versammlung und einen Vortrag. Danach eine Besichtigung im Werk Neulüß. Wir kegelten im Gerdehus, und zur Barbara-Feier trafen wir uns im Vereinslokal.

Als Neuzugang begrüßten wir den Kameraden Sax, und Kamerad Müller hatte sich verabschiedet.

1991. Ein normales Vereinsjahr von Januar bis Dezember. Zwischendurch im März die Mitgliederhauptversammlung. Der bisherige Vorstand wurde wiedergewählt.

Zum Tontaubenschießen waren wir in Faßberg auf dem Fliegerhorst. Im Mai besuchten wir das »Albert-König-Museum«. Einen gemütlichen Grillabend verbrachten wir auf der Schießsportanlage der SSG-Rheinmetall. Im

November trafen wir die ersten Vorbereitungen für die VV 92 in Wiesbaden, und die Barbara-Feier fand diesmal am Bötzelberg bei Hösseringen statt. Schon die Räumlichkeiten sorgten für eine anheimelnde Stimmung.
Neu in unserer Runde war Kamerad Stöckmann, wohingegen wir uns von Kamerad Kregel verabschieden mußten.

1992. Ruhig und normal verlief auch das Jahr 1992. Wir trafen noch letzte Vorbereitungen für die VV 92 in Wiesbaden. Versammlungen und Vorträge gab es auch, und einen fröhlichen Abend auf der Bowling-Bahn hatten wir ebenfalls.
Im Body-Werk in Neulüß sahen wir uns die mechanische Fertigung an, und eine Berichterstattung über den Verlauf der Vertreterversammlung in Wiesbaden fehlte auch nicht. Da die Barbara-Feier in diesem Jahr ausfiel, aßen wir im Januar 1993 zur Mitgliederhauptversammlung gemeinsam.
Kamerad Hartmut Richter, der ehemalige Vorsitzende der Leiter der Kampfmittelräumdienste der Bundesländer, kam als neues Mitglied zu uns.

1993. Die am 21. Januar durchgeführte Mitgliederhauptversammlung war im wesentlichen geprägt von der Vorstandsneuwahl. Der alte Vorstand wurde wiedergewählt. Ferner wurde der Mitgliedsbeitrag auf 70 DM neu festgelegt. Im Februar kegelten wir mit unseren Frauen in der »Goldenen Kugel«. Der März bescherte uns einen Fachvortrag über Schwarzpulver, und im April besichtigten wir die TSLW 3/ 3. Insp. Flugausrüstung mit großem Interesse. Auch im Mai waren wir in Faßberg zum Tontaubenschießen. Das Sommerfest, verbunden mit einer Fahrradtour, fand bei schönem Wetter auf dem Grillplatz in Hösseringen statt. Im September und Oktober wurden Vereinsinterna besprochen, und Kamerad Richter erfreute uns mit einem aufregenden Vortrag über die Kampfmittelbeseitigung. Im November wurden nicht nur Überlegungen zur Barbara-Feier angestellt, sondern auch erste Ideen zu unserem Jubiläum »1994« entwickelt. So klang das Jahr mit der gut besuchten Barbara-Feier am 3. Dezember aus.

1994. Während der Mitgliederhauptversammlung am 20. Januar wurden die ersten konkreten Gedanken und Vorschläge zum Jubiläum diskutiert. Die Februarversammlung fiel aus, und im März wurden die ersten Beschlüsse zur Jubiläumsfeier gefaßt. Im April hielt Kamerad Richter wieder einen interessanten Vortrag über Bombenentschärfungsverfahren. Im Mai überdachte die Versammlung das geplante Jubiläum, und im Juni wurde wieder einmal gekegelt. Den Monat August nutzten wir praktisch zur Abschlußbesprechung und letzten Korrekturgelegenheit für das Fest am 3. September. Als neues Mitglied konnten wir den Kameraden Friedrich Kirchhoff aus Celle begrüßen.

Das 25jährige Bestehen der »Ortsgruppe Unterlüß im BDFWT e. V. « feierten wir wie geplant am 3. September mit einem gelungenen Nachmittag- und Abendprogramm. Das Gründungsmitglied Johannes Fechtmann war aus Bremen angereist, und als Vertreter des Bundesvorstandes konnten wir den Kameraden Bahrmann aus Hannover begrüßen. Nach einer kurzen Begrüßungsrede des Vorsitzenden kam unser geplanter Ablauf im wahrsten Sinne des Wortes ins Rollen. Eine Kutschfahrt führte uns in die herrlich blühende Heide. Jeder Teilnehmer dieser Fahrt erhielt vorab ein Liederheft, denn wir hatten uns vorgenommen, kein Lied und keine Strophe auszulassen. Alles gelang vorzüglich, auch die Sonne sah neugierig herab. Zwischendurch waren Stärkungen der Stimme und des Magens nötig. Da die Kutsche mit Wurst, Brot und Getränken ausgiebig bestückt war, ließ die gute Stimmung bei allen Beteiligten nicht nach. Die Fahrt ging viel zu schnell vorüber. Nach einer Pause wurde die zweite Runde unserer Jubiläumsveranstaltung eingeläutet. Um 19.30 Uhr eröffnete der Vorsitzende Kamerad Bienert mit seiner Festansprache den abendlichen Teil. Damit verbunden wurde eine Festschrift den Anwesenden überreicht, die der stellvertretende Vorsitzende Kamerad Richert zusammengestellt hatte.

Kamerad Bahrmann überbrachte die Glückwünsche des Bundesvorstandes. Zwischenzeitlich wurde das Buffet aufgebaut und anschließend eröffnet. Die Gemütlichkeit dieser Runde war durch den geschmückten und liebevoll dekorierten Raum vorbestimmt.

Nun konnte jeder nach Belieben »in alten Zeiten schwelgen« oder Aktuelles erörtern. Auch private Gespräche kamen nicht zu kurz. Sehr spät ging dieser Festtag zu Ende, und es waren sich alle einig: Diese Jubiläumsveranstaltung war gelungen. Ein großes Lob den Organisatoren und den vielen helfenden Händen!

Heinz-Günter Bienert

Bund der Vertriebenen, Ortsverband Unterlüß

Wappen der ehemaligen deutschen Ostgebiete

Der BDV, Bund der Vertriebenen, wurde 1948 in Unterlüß als Ortsverband des Kreisverbandes Celle gegründet. Die Mitgliederzahl lag bei ungefähr 150 Personen. Sie stammten aus den deutschen Ostgebieten: Pommern, Ostpreußen, Westpreußen, Warthegau, Schlesien, Sudetengau.

Der Zusammenschluß zu einem Verband erfolgte aufgrund der vielen Probleme, die die Flüchtlinge und Vertriebenen in der damaligen schweren Situation hatten, hinsichtlich Wohnungssuche, Hausratshilfe, Lastenausgleich und vielem mehr. Es ging auch um Hilfestellung bei der Antragstellung für die Hausratshilfe und die Vorbereitungen für die Beantragung des Lastenausgleichs.

Die Initiative zur Gründung des BDV hatte Herr Kaufmann Borek ergriffen. Zum 1. Vorsitzenden wurde Herr Preuß gewählt. Daneben gab es über Jahrzehnte einen Flüchtlingsbetreuer, insbesondere als Hilfe in Behördenangelegenheiten oder beim Ausfüllen von Formularen. Es ging aber nicht nur um die materiellen Dinge, sondern auch um den Zusammenhalt der vertriebenen Menschen aus den Ostgebieten, die Pflege von Brauchtum und Kulturgut. So wurden Versammlungen abgehalten mit Filmvorführungen und unter Mitwirkung der DJO (Deutsche Jugend des Ostens), die unter Leitung der Familie Wabnitz damals recht stark war.

Im Laufe der Jahre hatten wir folgende 1. Vorsitzende: Herr Preuß, Herr Borek, Herr Surek, Herr Pahl. Als Beisitzer, Kassen- und Schriftführer und als Kassenprüfer haben sich von Beginn an folgende Mitglieder aktiv beteiligt: Herr Staib, Herr Zorn, Herr Wiehl, Herr Surek, Herr Kison, Herr Niklas, Herr Siedlatzek, Herr Kässler, Herr Janoschewski, Herr Wind, Herr Nitsche. Viele von diesen aktiven Mitgliedern sind im Laufe der Jahre verstorben. Der Ortsverband wird ihrer gedenken.

In jedem Jahr wurde eine Hauptversammlung abgehalten mit gemütlichem Beisammensein. Ferner wurde in jedem Jahr auch ein gemeinsamer Busausflug durchgeführt, um die nähere und weitere Umgebung besser kennenzulernen. Außerdem wurde jährlich der Tag der Heimat in Celle begangen, der vom Kreisverband durchgeführt wurde.

Langjährige Mitglieder wurden geehrt und erhielten eine Ehrennadel. Man nahm und nimmt auch Anteil an allen familiären Ehrentagen und sonstigen Anlässen.
Nachdem sich die Situation für viele Flüchtlinge und Vertriebene normalisiert hatte, lag die Mitgliederzahl über größere Zeiträume zwischen 80 und 100. Durch Alter, Wegzug und Tod ist die Mitgliederzahl im Laufe der letzten Jahre stark rückläufig geworden. Wir haben zur Zeit 30 Mitglieder. Hinzu kamen in den letzten Jahren einige deutsche Aussiedler aus Siebenbürgen und Rußland.

Der derzeitige Vorsitzende ist seit 1982 Herr Martin Kramer, stellvertretende Vorsitzende ist Frau Surek, Kassen- und Schriftführerin ist Frau Hahne.

Christlich-Demokratische Union (CDU), Ortsverband Unterlüß

Nachdem im Mai 1945 dem von der britischen Militärregierung eingesetzten Bürgermeister zwölf ebenfalls eingesetzte Beiräte zur Seite standen, darunter der einzige parteilose Mandatsträger Pastor Heinrich Leifels, wurde der Gemeinderat im August 1945 durch Verfügung des Landrates auf zwei Beiräte und fünf Gemeinderäte reduziert. Diese zahlenmäßige Verringerung des Unterlüßer Gemeinderates wurde als Folge der Evakuierung der Bevölkerung zum 1. Juli begründet.

In diesen Gemeinderat wurden nur Sozialdemokraten und Kommunisten berufen. Im Oktober 1945 wurde die Zahl der Gemeinderäte aber schon auf 13 angehoben und im Dezember des gleichen Jahres rückwirkend (!) zum 1. Juni 1945 auf weitere Anweisung des Landrates auf 14 erhöht, darunter befand sich auch der katholische Pastor H. Leifels.

Berücksichtigt man den Bürgermeister als fünfzehntes Gemeinderatsmitglied, so hat sich die Zahl der Gemeinderäte der Gemeinde Unterlüß von 1946 an bis heute nicht verändert.

Am 14. März 1946 verabschiedete der Gemeinderat die neue Hauptsatzung der Gemeinde auf Anordnung des Commanding 912. Military Government Detachments (die britische Militärregierung) und der Verfügung des Herrn Landrats in Celle vom 27. Februar 1946. Dazu heißt es unter anderem:

§ 1. Die Gemeindevertretung besteht aus dem Bürgermeister, der von der Militärregierung ernannt und nach den Wahlen von den Gemeinderäten gewählt wird und 14 Gemeinderäten.
Die Mitglieder des Gemeinderates werden bis zu der Zeit, wo Wahlen abgehalten werden dürfen, von der Militärregierung ernannt. Sie müssen das 21. Lebensjahr vollendet haben und seit mindestens einem Jahr in der Gemeinde wohnhaft sein.

Von wirklicher demokratischer Selbstverwaltung der Gemeinde Unterlüß konnte man jedoch noch nicht reden, da bestimmte Dinge von der Militärregierung einfach angeordnet wurden.

Die Neubildung von politischen Parteien war noch verboten. Nur wenigen Parteien, die bereits vor 1933 existierten, war die politische Betätigung erlaubt worden. Dennoch brachte das Jahr 1946 für Unterlüß politisch gesehen mehr Demokratie.

Am 2. Mai wurde im Gemeinderat die Forderung der Militärregierung für die erste demokratische Gemeinderatswahl im Jahre 1946 zur Kenntnis genommen. In dem zur Durchführung der Wahl geforderten Unterlüßer Wahlausschuß sollte neben anderen Mitgliedern auch ein CDU-Mitglied vertreten sein.

Es gab also schon 1946 einzelne CDU-Mitglieder in Unterlüß, aber noch keinen Ortsverband. Erst zwei Jahre später kurz vor der Gemeinderatswahl 1948 wurde der Unterlüßer Ortsverband der CDU am 23. Oktober 1948 gegründet.

Von den zu vergebenden Mandaten errangen die Kandidaten auf der CDU-Liste auf Anhieb sieben. Zum Bürgermeister wurde mit elf gegen vier Stimmen H. Leifels gewählt, der allerdings schon 1949 von seiner Pfarrstelle Unterlüß weg nach Hannover versetzt wurde. Daraufhin wurde aus der CDU-Fraktion und der Fraktion der Deutschen Partei (DP mit drei Sitzen) eine Wählergemeinschaft der Unabhängigen gegründet. Fraktionsvorsitzender wurde Fritz Krumnow.

Auf H. Leifels folgte als Bürgermeister Walter Gähle, der 1951 aus beruflichen Gründen sein Amt niederlegte, so daß Heinrich Meyer, den Älteren wegen der vielen anderen gleichlautenden Namen als »Kanonen-Meyer« bekannt, zum dritten Bürgermeister dieser Ratsperiode gewählt wurde.

Mit Leifels Weggang verlor die CDU auch gleichzeitig ihren Parteivorsitzenden. Es kam zu Mißstimmigkeiten, die sich unter anderem darin äußerten, daß die beiden CDU-Gemeinderäte Krumnow und Borek 1950 aus der Partei austraten.

Zur Gemeinderatswahl 1952 trat die CDU nicht unter ihrem Namen an. Es kandidierten aber CDU-Mitglieder mit anderen zusammen als Unabhängige Wählergemeinschaft. Diese Wählergemeinschaft ermöglichte es auch bis dahin Parteilosen, mit Hilfe der CDU in den Gemeinderat zu gelangen und für ihren Ort politische Arbeit zu leisten. Zum überwiegenden Teil sind diese parteilosen Kandidaten später Mitglieder der CDU geworden. Aus diesem Grunde ist diese Politik der Öffnung der CDU-Gemeinderatsliste eben auch für Parteilose bis heute ein wichtiger Baustein politischer Arbeit des CDU-Ortsverbandes geblieben.

1956 gab es bei der Gemeinderatswahl eine Wahlvorschlagsverbindung der CDU mit der DP und dem Gesamtdeutschen Block (GB/BHE). Die CDU gewann sechs Mandate. Das CDU-Mitglied Wilhelm Schmidt löste 1956 H. Meyer als Bürgermeister ab, der in dieser Ratsperiode noch kurzzeitig den Ratsvorsitz führte. Leider verstarb der pensionierte Polizist Schmidt bereits im Jahre 1957. Zum dritten Male mußte in der Ratsperiode

CDU-Ratsfraktion, 1990; v.l.n.r.: Erhard Hoffmann, Rolf Zietz, Günter Bonhage, Heinrich Meyer, Bürgermeister Dr. August Biermann, Erika Rabe, Eberhard Staiger, Herbert Winkler, Paul Neumann

1956-1961 daher ein Bürgermeister gewählt werden. Die Wahl fiel auf Robert Busse. Rektor Busse war ein sehr volksnaher und allseits geachteter Mann, der bis zu seinem Tode 1970 das Bürgermeisteramt ständig inne hatte.

Ende der 60er Jahre brach die Fraktion der Wählergemeinschaft Unterlüß, die bei der Gemeinderatswahl 1968 drei Sitze errungen hatte, auseinander. Zwei Mandatsträger der Wählergemeinschaft, M. Staiger und G. Zschiesche, schlossen sich der CDU-Fraktion an, einer der SPD.

Bei der Gemeinderatswahl 1973 bekam die CDU erstmalig die absolute Mehrheit der Sitze; acht gingen an die CDU, sieben an die SPD. Dieser Vertrauensbeweis der Unterlüßer Bevölkerung in die Ortspolitik der CDU war sicherlich auch verbunden mit der Person des Bürgermeisters Dr. Biermann, der ununterbrochen von 1970 bis 1991 die Geschicke der Gemeinde ganz maßgeblich lenkte.

Seit der Wahl des Jahres 1973 nahm der Bürger die CDU immer wieder in die Pflicht und sprach ihr mit der absoluten Mehrheit der Gemeinderatssitze das Vertrauen aus. Mit dem Ende der Ratsperiode 1986-1991 trat Dr. Biermann von seinen politischen Ämtern aus Gesundheitsgründen zurück. Dr. Biermanns politisches und gesellschaftliches Schaffen war nicht nur ein Gewinn für die CDU, sondern auch ein Glücksfall für die Demokratie im ganzen und den Ort Unterlüß im besonderen.

Sportförderung, Schule und Kulturelles, Vereinspflege, Industrieansiedlung, Gewerbeförderung, Ausweisung von Baugebieten und Infrastrukturmaßnahmen, Ausländerintegration und Jugendarbeit, Umweltschutz, das sind grundsätzliche Dinge, die anhand vieler konkreter Projekte vom Bürgermeister Dr. Biermann, der CDU-Fraktion und dem CDU-Ortsverband ganz beharrlich verfolgt wurden und auch zukünftig verfolgt werden. Dabei soll hier kein konkretes Projekt besonders genannt werden, denn nur eines herauszugreifen, hieße die anderen nicht zu erwähnen, die genau so wichtig für den Ort waren und noch heute sind.

Dr. Biermann erhielt für seine Verdienste um die Gesellschaft 1983 das Bundesverdienstkreuz am Bande und wurde 1991 auf einstimmigen Ratsbeschluß der Gemeinde zum Ehrenbürgermeister ernannt. 1993 verlieh ihm der Rat das Ehrenbürgerrecht.

Seit dem 4. Mai 1984 gibt es in Unterlüß vor allem auf Initiative des CDU-Ratsmitgliedes Erika Rabe einen Jugendverband der CDU – die Junge Union Unterlüß –, der ein besonderes Augenmerk auf die Förderung der politischen Jugend hat. Zwar gab es schon einmal vor dieser Zeit eine Junge Union Unterlüß, jedoch sind darüber keinerlei Unterlagen erhalten geblieben. Ortsverbandsvorsitzende der Jungen Union seit 1984 waren:

Roger Suhm, 1984-1986
Gerhard Winkler, 1986-1988
Katja Wegner, 1988-1994

Seit dem 1. Januar 1995 besteht der Regionalverband Hermannsburg, Faßberg, Unterlüß unter dem Vorsitzenden Jörg Schuster.

Alljährlich sammelt die Junge Union im Januar die Weihnachtsbäume der Unterlüßer Haushalte ein und beteiligt sich mit verschiedenen Aktivitäten am Dorffest der ganzen Gemeinde.

Der CDU-Ortsverband hatte Ende 1994 106 Mitglieder.

Der Vorstand des Ortsverbandes 1994:

1. Vorsitzender Peter Lampe
Stellvertretender Vorsitzender Eberhard Staiger
Schriftführerin Erika Rabe
Beisitzer Manfred Hartmann
Beisitzer Paul Neumann
Beisitzerin Katja Wegner
Beisitzer Rolf Zietz

Vorsitzende des Ortsverbandes:

Heinrich Leifels	1948-1949	Georg Schulz	1967-1973
Alois Rinke	1953-1958	Werner Hesse	1973-1982
Hermann Meine	1958-1964	Heinrich Meyer	1982-1994
Heinz Köhler	1964-1967	Peter Lampe	seit 1994

CDU-Bürgermeister:

Heinrich Leifels	1948-1949
Walter Gähle	1949-1951
Heinrich Meyer	1951-1952, 1954-1956
Wilhelm Schmidt	1956-1957
Robert Busse	1957-1970
Dr. August Biermann	1970-1991
Eberhard Staiger	seit 1991

Gewählte Kommunalvertreter, die auf der CDU-Liste kandidierten oder sich der CDU-Fraktion anschlossen:

Johann Bachl	1957-1982	Heinrich Meyer	seit 1973
Dr. August Biermann	1952-1991	Kurt Meyerhoff	1952-1964
Günter Bonhage	1990-1991	Paul Neumann	seit 1976
Boleslaw Borek	1948-1952	Horst Nölke	1978-1979
Klaus-Werner Bunke	seit 1995	Helmut Pingler	1964-1968
Robert Busse	1956-1970	Erika Rabe	seit 1982
Hugo Ceyp	1949-1951	Alois Rinke	1951-1952
Karl-Heinz Decker	1973-1976	Wilhelm Schmidt	1956-1957
Klemens Engelen	1962-1964	Benedikt Schmittmann	1948-1952
Hannelore Furch	1986-1990	Georg Schulz	1968-1973
Walter Gähle	1948-1951	Knut Schulz	seit 1991
Reinhold Grubert	1973-1976	Friedrich Staib	1948-1952
Hermann Harms	1956-1961	Eberhard Staiger	seit 1976
Rainer Helms	1968	Matthias Staiger	1969-1973
Lothar Henckel	1963-1975	Edith Stein	1975-1978
Werner Hesse	1968-1986	Reinhold Suhm	1964-1968, 1970-1973
Erhard Hoffmann	seit 1979		
Alfred Kastern	1952	Katja Wegner	seit 1991
Willi Kerk	1961-1962	Wilhelm Wiehl	1952
Fritz Krumnow	1948-1952	Herbert Winkler	1981-1991
Peter Lampe	1973-1986, seit 1991	Rolf Zietz	seit 1986
		Günter Zschiesche	1972-1973
Heinrich Leifels	1948-1949	Ottomar Zschiesche	1952-1956
Hermann Meine	1948-1956, 1961-1964		
Heinrich Meyer	1951-1963		

Der Ortsverband Unterlüß erhält Besuch von dem Ortsverband Stiege/Ostharz, 1989

Deutsche Lebens-Rettungs-Gesellschaft (DLRG) Ortsgruppe Unterlüß e.V.

Seit dem Sommer 1947 hatten vermehrt Unterlüßer den alten Feuerlöschteich auf dem ehemaligen Schießplatzgelände der Firma Rheinmetall in Hohenrieth als Bademöglichkeit »entdeckt«. Löcher in den Zäunen des Werksgeländes gab es wohl genug. In dem Wasserbecken von der Größenordnung von etwa 27 m x 15 m x 2,70 m waren immer wieder Kinder zu finden, die sich dadurch den Weg zu den entfernter liegenden Sothriether Fischteichen und zu den Seen der Kieselgurgruben sparten.

Im Zuge der Demontage der Werksanlagen der Firma Rheinmetall sollte im April 1948 auch das Feuerlöschbecken gesprengt werden. Die »Technical« (»T«-) Force hatte bereits zu diesem Zweck die nötigen Vorbereitungen getroffen. Doch buchstäblich in letzter Minute konnte die Sprengung verhindert werden. Der englische Resident-Offizier Captain Martin hatte ein Einsehen und befürwortete nicht nur den Erhalt, sondern sogar die öffentliche Nutzung dieser Bademöglichkeit durch die Bevölkerung.

Verhandlungen mit der Firma Rheinmetall-Borsig A.G., vertreten durch Herrn Paul Andreas, ergaben ein weitgehendes Entgegenkommen der Firma hinsichtlich der Nutzungsüberlassung des Löschteiches für Schwimmzwecke, des Geländes und der Wasserabgabe.

Daraufhin übernahm es der Turn- und Sportverein (TuS) Unterlüß, das Becken im Sinne einer öffentlichen Benutzbarkeit auszubauen und das betreffende Gelände ordnungsgemäß einzuzäunen.
Die Freiwillige Feuerwehr reinigte mehrmals das Becken und füllte es mit Wasser. Nachdem sich zwei Jahre lang alt und jung auf dem Gelände getummelt hatten, übergab der TuS wegen der gestiegenen Kosten die Trägerschaft für das Bad an die politische Gemeinde, die im Jahre 1950 den Bau einer Abortanlage und eines kleinen Sprungturms ebenso wie die Einrichtung eines Nichtschwimmerbeckens bewilligte. Die Absicht aller Betei-

Der ehemalige Feuerlöschteich auf dem Schießplatzgelände der Firma Rheinmetall, 1948

ligten bestand jedoch darin, über den Weg der Körperertüchtigung aus bisherigen Nichtschwimmern möglichst viele Schwimmer zu »machen«. Bademeister Karl Seemann wachte seit dem 1. Juni 1949 über die Sicherheit am Beckenrand.

1950 wurde der TuS aufgefordert zu der am 28. Januar in Celle stattfindenden Haupttagung des DLRG-Bezirks, einen Delegierten zu schicken. Fast gleichzeitig zu dieser Einladung hatten sich die Kameraden Gerhard Schirmeister und Willi Hartmann in Unterlüß Gedanken gemacht, auf welche Weise das Schwimmbad für einen noch zu gründenden Verein genutzt werden könnte. Beide Kameraden waren bereits vor dem Kriege DLRG-Mitglieder geworden. Kamerad Schirmeister nahm nun für den TuS an der DLRG-Tagung teil und brachte aus Celle den Wunsch der Kreisgruppe nach Gründung einer Unterlüßer Ortsgruppe mit.

Mit diesem Rückenwind gingen nun die Kameraden Schirmeister und Hartmann daran, Jugendliche und Erwachsene auf die Arbeit der DLRG aufmerksam zu machen. Mit Beginn der Badesaison 1950 wurden die ersten DLRG-Rettungsschwimmer unter Anleitung von Karl Seemann ausgebildet, der ebenso wie die Kameraden Schirmeister und Hartmann den DLRG-Leistungsschein besaß.

Durch die Ausbildung von Rettungsschwimmern, die auch den Rettungsschwimmpaß bekamen, wurde die

Aus dem Feuerlöschteich wurde das Schwimmbad, 1950

Arbeit der DLRG immer bekannter, und so war es bald möglich, am 29. Juli 1950 zur Gründung einer DLRG-Ortsgruppe aufzurufen.

Hinweisschild zum Schwimmbad, 1950

Folgende Unterlüßer Gründungsmitglieder waren dabei:

Manfred Gähle	Heinrich Pahl
Willi Hartmann	Gerhard Schirmeister
Irmela Hilbig	Walter Schmull
Elisabeth Holtz	Karl Seemann
Günter Manthey	Karl Otto Werninghaus
Horst Manthey	Friedrich Zorn
Jürgen Maske	

Als weitere Mitglieder traten am 1.August 1950 ein:

Horst Asch	Christa Drescher
Paul Asmus	Herta Drescher
Gerhard Baier	Walter Friedemann
Siegfried Baier	Walter Gähle
Günter Blaschke	Armin Jung
Hans Dieter Boyen	Ottmar Lewin

Bis zum Jahresende 1950 hatte die DLRG-Ortsgruppe 60 Mitglieder. Von 1950 bis 1955 legten 1.138 Jugendliche und Erwachsene verschiedene Schwimmprüfungen nach den Bestimmungen der DLRG ab.

Am 29.Juli 1951 rettete die erst 13jährige Dagmar Wittig, eines der jüngsten Mitglieder der DLRG-Ortsgruppe, eine Zwölfjährige vor dem Ertrinken.

Am 20. Juli 1952 konnte die Ortsgruppe die durch den Kameraden Walter Schmull angefertigte Vereinsfahne weihen.

Das Ende der DLRG-Ortsgruppe Unterlüß wurde dann eingeleitet durch die endgültige Schließung des Bades am 15. September 1956. Einer Weiterbenutzung des Schwimmbades auf dem Werksgelände konnte die »Rheinmetall« im Frühjahr 1957 aus Sicherheits- und Geheimhaltungsgründen nicht mehr zustimmen. Zwar wurden noch weiterhin Schwimmöglichkeiten in Faßberg, Hermannsburg oder in der Schmarbecker Grube genutzt, aber ohne direkte Betätigungsmöglichkeit im Orte löste sich die DLRG-Unterlüß schließlich auf.

Auf Initiative der Gemeinde kam es dann am 23. Mai 1973 zur Neugründung der DLRG-Ortsgruppe. Die Gemeinde hatte den Wunsch, die Ortsgruppe wieder ins Leben zu rufen. Sie wollte außerdem das am 20.September 1972 eingeweihte neue Allwetterbad für die Jugend attraktiver machen sowie das örtliche Vereinsleben erweitern und den Bademeister unterstützen und entlasten.

Folgende Unterlüßer gründeten erneut die DLRG-Ortsgruppe:

Heinz Albrecht	Michael Gunkel
Friedel Beneker	Manfred Hartmann
Hans-Peter Diedler	Dirk Ladewig
Walter Diedler	Uwe Ladewig
Rudolf Eggers	Christian Lintz
Franz Forderer	Gustav Petke
Wolfgang Frank	Klaus Przyklenk
Walter Friedemann	Karl-Hermann Püst
Frank Gertig	Horst Schmidt
Michael Gertig	Gerhard Winkler

Aus den 37 Mitgliedern der DLRG gegen Ende des Jahres 1973 sind heute weit über 300 Mitglieder geworden.
In vielen Stunden Ausbildungsarbeit konnte die DLRG Seepferdchen, Jugendschwimm-, Juniorretter- und Rettungsschwimmabzeichen vergeben. Rettungswachdienste, Versammlungen, Lehrgänge sowie regelmäßig Veranstaltungen und Schwimmwettkämpfe beleben die Ortsgruppe. Ferner gehören zu den Aktivitäten der DLRG Radtouren, Wanderungen, Orientierungsmärsche, Zeltlager, Weihnachtsfeiern, Butterfahrten, Bowlingabende, jährliche Fackelumzüge und die Beteiligung an den jährlichen Dorffesten und an den Aktionen »Sauberer Wald«.

Folgende Kameraden konnten für ununterbrochene DLRG-Mitgliedschaft geehrt werden:

1976 Heinz Albrecht (25 Jahre)
　　　Walter Diedler (25 Jahre)
　　　Walter Friedemann (25 Jahre)
1985 Willi Hartmann (40 Jahre)
1990 Willi Hartmann (50 Jahre)
1993 Heinz Albrecht (40 Jahre)
　　　Walter Friedemann (40 Jahre)
1994 Bernhard Wallat (40 Jahre)

1.Vorsitzende der Ortsgruppe:

Friedrich Zorn 1950-1951
Gerhard Schirmeister 1952-1954
Willi Hartmann 1955
Walter Diedler 1956
―――――――
Christian Lintz 1973
Heiner Ahrens 1974-1983
Günter Schönberger seit 1983

Deutsches Rotes Kreuz (DRK), Ortsverein Unterlüß

Leider gibt es offenbar keine Unterlagen, aus denen hervorgeht, wann die Gründung des Deutschen Roten Kreuzes, Ortsverein Unterlüß erfolgte.

Daß bereits 1925 in Unterlüß ein Ortsverein bestand, geht aus einem in den Gemeindeprotokollbüchern festgehaltenen Antrag hervor, den der »Vaterländische Frauenverein im Roten Kreuz«, der schon als Vorläufer des heutigen Ortsvereins angesehen werden kann, am 1. Mai 1925 an die Gemeinde stellte. Damals wurde die Gemeinde gebeten, eine fahrbare Krankentrage anzuschaffen und diese den Frauen im DRK zur Verfügung zu stellen. Obgleich so beschlossen, mußte die Gemeinde wahrscheinlich wegen der hohen Beschaffungskosten, mit denen man nicht gerechnet hatte, Ende Mai 1925 die ursprüngliche Zusage zurücknehmen. Statt dessen wurde eine tragbare Krankentrage gekauft. Drei Jahre später erhielten die DRK-Frauen auf ihren Antrag hin einen Gemeindezuschuß zur Beschaffung eines Wasserkissens.

Vielleicht waren junge Mädchen und Frauen leichter für die Ziele des DRK zu begeistern als die Jungen und Männer. Sicher war der Gedanke des Helfens und Behütens in den 20er Jahren auch noch eine typisch weibliche Angelegenheit, während die Gesellschaft den Männern eine andere Rolle zuerkannte. So verwundert es nicht, daß Frauen in Unterlüß schon in den 20er Jahren im DRK tätig waren, Männer aber erst in den 30er Jahren.

Während die Frauen Frida Hennings bereits 1926 und Elisabeth Zschiesche seit dem 1. April 1928 nachweislich DRK-Mitglieder waren, geht aus einem alten Mitgliedsbuch hervor, daß auch eine Verbindung mit dem DRK-Ortsverein Eschede bestanden haben muß. Das Mitgliedsbuch wurde für Hans Klüver, Unterlüß, am 8. Oktober 1933 vom Sanitätshalbzug Eschede in Unterlüß ausgestellt.

Frau Hennings war über 45 Jahre im Sozialdienst des DRK tätig. Sie baute diesen Dienst in Unterlüß auf und

Mitglieder des Sanitätszuges in den 50er Jahren

leitete ihn lange Jahre. Mit ihrem ganzen Herzen trat sie für diese Aufgabe ein und war dann zuversichtlich, als sie die Leitung des DRK-Sozialdienstes in bewährte Hände weitergeben konnte, nachdem sie sich aus Altersgründen aus der aktiven Arbeit mehr und mehr zurückziehen mußte. Der Küchen- und Sozialdienst aber ist bis heute ein wichtiger Bestandteil der Arbeit des Ortsvereins. Für ihre aufopfernde Tätigkeit im Dienste des Nächsten erhielt Frau Hennings zu Lebzeiten zahlreiche Auszeichnungen und Ehrenurkunden, zuletzt 1971 vom Präsidenten des DRK das Ehrenkreuz des Deutschen Roten Kreuzes. 1972 verstarb Frau Hennings.

In den 30er und 40er Jahren waren sowohl Frauen als auch Männer in Unterlüß im DRK tätig, die nach der Bombardierung des Ortes am 4. April 1945 auf dem Gelände der Firma Rheinmetall- Borsig AG (heute Rheinmetall Industrie GmbH) dann in den vielen bei diesem Bombardement unbeabsicht getroffenen Lagerbaracken und überall im Orte Erste Hilfe leisteten.
Als am 13. April schließlich die örtlichen Kampfhandlungen endeten, waren es wieder Helferinnen und Helfer des DRK, die die Verwundeten versorgten und die toten Soldaten im Gebiet der Hermannsburger Straße und auf der Siedenholzbahn bargen.

In den 50er und 60er Jahren wurde dann ein Sanitätszug aufgebaut, der viele Demonstrationsübungen in Unterlüß zeigte und zu Übungszwecken angenommene Katastropheneinsätze bei der Firma Artos und bei der Firma Rheinmetall durchführte.

Auch die Kreisbereitschaftsführer kamen seinerzeit aus Unterlüß. Es waren Heinrich Griebe, Wolfgang Schrader, Dr. Karl-Heinz Müller, Albert Nolte und Walter Diedler.

Bei der großen Flutkatastrophe 1962 in Hamburg waren sechs Helfer des Sanitätszuges Unterlüß im Einsatz, und auch 1963 bei dem schweren Grubenunglück in Lengede konnte der damalige Kreisbereitschaftsführer Dr. Müller in seiner Eigenschaft als Arzt helfen.

Auch ein Fernmeldezug ist in Unterlüß vorhanden, der trotz verschiedener Umgruppierungen heute fest im DRK-Ortsverein integriert und anerkannt ist.

Die größten Einsätze der letzten 25 Jahre erlebten die Helferinnen und Helfer des Ortsvereins bei der Sturmkatastrophe 1972 hier im Ort selbst und den großen Waldbränden im August 1975 und im Mai 1976 in der näheren Umgebung von Unterlüß.

In diesen Jahren (1970 - 1985) war auch der Sozialdienst über das schon Erwähnte hinaus aktiv. Es wurden Weihnachtsbasare organisiert, Adventsfeiern für ältere Menschen ausgerichtet, und auch wenn es hieß, Erbsensuppe auszugeben, standen die Frauen des Sozialdienstes immer bereit. Die damalige Leiterin Irmgard Kuhlmann motivierte alle.

1985 zog man in das DRK-Heim in der Berliner Straße und betreute dort Seniorinnen und Senioren. Der DRK-Sozialdienst bildete eine Senioren- Gymnastikgruppe, die leider wieder aufgegeben werden mußte, als keine Übungsleiterin mehr zur Vergügung stand. Dennoch wird intensiv versucht, diese Gruppe wieder ins Leben zu rufen.

Ende des Jahres 1987 und im Anfang des folgenden Jahres war die Einrichtung einer DRK-Kleiderkammer ein besonderes Ereignis. Bis dahin wurden jährlich Altkleidersammlungen durchgeführt.
In diesem Zusammenhang sei der Ungarn-Aufstand im Jahre 1953 erwähnt, als aus diesem Anlaß eine außergewöhnliche Altkleidersammlung im Orte stattfand, die durch den Einsatz der Helfer und durch die große Beteiligung der Bevölkerung ein besonderer Erfolg wurde. Im alten Jugendheim am Fuchsweg wurden damals alle Sachen gesammelt und gelagert, um anschließend für den Transport sortiert zu werden.

In die Zeit um 1987 und 1988 fiel auch der Zuzug vieler Aussiedler aus Rußland und Polen. Durch die DRK-Kleiderkammer war es möglich, den Aussiedlern die Grundausstattungen für die Wohnungen zu geben. Dadurch wurde auch die Eingliederung der Aussiedler erleichtert. Die Kleiderkammer erfreut sich auch heute großer Beliebtheit und ist jeden 2. und 4. Dienstagnachmittag im Monat geöffnet.

Über die Ortsgrenzen hinaus ist der DRK-Ortsverein immer helfend tätig gewesen. Auch zum Wettkampf »Spiel ohne Grenzen« tritt Unterlüß gegen andere DRK-Mannschaften regelmäßig an. Im Mai 1990 wurde Unterlüß als Austragungsort erwählt, nachdem der DRK-Ortsverein den Wanderpokal errungen hatte. An diesem Tage war das NDR-Musikmobil, das Musikwünsche von Hörern erfüllt, als zusätzliche Attraktion im Orte.

Im Oktober 1991 wurde die Gemeinde Unterlüß für »vorbildliche Integration von Aussiedlern in der Bundesrepublik« durch die Präsidentin des Deutschen Bundestages Dr. Rita Süßmuth ausgezeichnet. Da auch der DRK-Ortsverein großen Anteil an diesen Integrationsbestrebungen hatte, die selbstverständlich auch heute noch andauern, nahm als Vertreterin für den Ortsverein Irmgard Kuhlmann an dem Festakt in Köln teil.

Im April 1992 gab es einen Wechsel im gesamten Vorstand. Bis dahin hatte Werner Hesse über 25 Jahre den Verein geleitet. Ihm zur Seite standen als 2. Vorsitzender über viele Jahre Klaus Przyklenk und über einen kürzeren Zeitraum auch Irmgard Kuhlmann und Helene Koltermann.

Auch der langjährige Schatzmeister Walter Schädlich, der fast 30 Jahre die Kasse führte, stellte aus gesundheitlichen Gründen sein Amt zur Verfügung. Vor ihm muß lange Jahre Georg Schulz die Kasse geführt haben. Wie aus verschiedenen Unterlagen ersichtlich, war Anfang der 50er Jahre Bruno Müller Schatzmeister und wohl auch kurze Zeit 1. Vorsitzender. Vor Werner Hesse soll als 1.Vorsitzender Heinz Köhler, damals Gemeindedirektor im Orte, dem Ortsverein vorgestanden haben. Aus Schreiben aus dem Jahre 1952 ist zu ersehen, daß W. Helms Schriftführer war und Heinrich Griebe 2. Vorsitzender. Aber auch Frisörmeister Hermann Hesse muß dem damaligen Vorstand angehört haben. Kassenprüfer

DRK-Kindergarten

war viele Jahre Erika Hiener. Frau Hiener ist noch heute aktiv im Sozialdienst tätig.

In den 60er Jahren wurde auch ein Jugend-Rotkreuz aufgebaut. Diese Gruppe mußte leider gegen Ende der 70er Jahre aus Personalmangel wieder abgemeldet werden. Aber 1992 fanden sich interessierte junge Leute, die das Jugend-Rotkreuz wieder aufleben ließen. Die Leitung hatte zuerst Bernd Treptow.
Seit Beginn der Ferienpaßaktionen der Gemeinde im Jahre 1981 beteiligt sich der DRK-Ortsverein mit einem eigenen Programm daran. Das Jugend-Rotkreuz übernimmt jetzt auch die Ausgestaltung dieser Ferienpaßaktionen.

Unter dem neuen Vorstand beteiligt man sich jedes Jahr an Aktionstagen und Sommerfesten des V-Marktes. Durch diese Aktivitäten können immer wieder große Geldbeträge als Spenden für das DRK entgegengenommen werden.
Ein fester Bestandteil der Arbeit im DRK-Ortsverein sind auch die jährlichen Blutspendetermine, Erste-Hilfe-Lehrgänge, Sofort-Maßnahmen am Unfallort und die Oktobersammlungen.

Für den im Jahre 1993 von der Gemeinde erbauten Kindergarten übernahm das Deutsche Rote Kreuz die Schirmherrschaft. Leiterin des Kindergartens ist Birgit Zietz.

Ein weiteres Ereignis, das für den Ortsverein äußerst bedeutend war, trat ebenfalls 1993 ein. Wie schon anfangs erwähnt, setzte sich Frida Hennings ganz für das Rote Kreuz ein. Kurz vor seinem Tode im November 1993 erfüllte der Ehemann, Dachdeckermeister »Fritze« Hennings, den Wunsch seiner verstorbenen Ehefrau und vererbte sein Haus und Grundstück an der Müdener Straße 38 dem DRK-Ortsverein.

Viele Umbauarbeiten waren erforderlich, aber im Juni 1994 konnte der Einzug erfolgen. Möglich war dies durch die Spendenbereitschaft vieler Unterlüßer Firmen, denen leider nur wenige Privatpersonen nacheiferten. In der Jahreshauptversammlung 1995 stand dann der Umbau des DRK-Heimes ganz im Mittelpunkt. Bis zum April 1995 wurden seit Beginn der Arbeiten im Dezember 1993 von den ehrenamtlichen Mitarbeitern 3.370 Arbeitsstunden erbracht. Da aber die Geldmittel für die Restarbeiten jetzt knapp zu werden drohen, wird man wohl doch noch einen Kredit aufnehmen müssen.

Wegen des Plasma-Skandals war ein leichter Rückgang bei den Blutspenden zu verzeichnen, doch treue Spender kommen wieder. So konnte man zum Beispiel für die 70. Blutspende Hans Galas auszeichnen, der viele Jahre auch als Ausbilder in Erste Hilfe und damit im aktiven Dienst des DRK-Ortsvereins tätig war.
An diesen festen Tagen sind die Damen des Sozialdienstes, die seit 1990 von Christa Rekow geleitet werden, immer stark gefordert. Selbst in Hermannsburg wird ausgeholfen. Auch die Kuchentafel beim jährlichen Dorffest wird vom DRK-Sozialdienst organisiert.

Nicht vergessen sei hier die Küchengruppe, die bei vielen Veranstaltungen das Essen kocht.
Nachdem ein neuer Küchenwagen zur Verfügung steht, macht Heinz Wohlgemuth mit seinen Leuten das Kochen noch mehr Spaß.

Viele neue Geräte, Fahrzeuge und Materialien, die aus ehemaligen NVA-Beständen stammen, übernahm auch der Fernmeldezug. Mit Hilfe dieser erweiterten Ausrüstung können die Aktiven durch den Leiter des Fernmeldezuges Frank Gutzeit bei ihren vielen Diensten noch besser eingesetzt werden. Zu ihren Aufgaben gehören die Umzugsbegleitung bei Schützenfesten, Dienste bei Sportwochen des TuS, bei dem Dorffest, den Missionsfesten, dem Flugplatzrennen Faßberg, dem Springreiten Severloh, der Altpapiersammlung, der Unterstützung bei Blutspenden und vieles mehr.

Erwähnenswert ist auch, daß sich seit Jahren eine kleine Senioren-Gruppe mit Helene Koltermann mittwochs im DRK-Heim zum Spielen, Klönen und Kaffee trinken trifft.

Vom Landesverband Niedersachsen wurden bisher mit der Verdienstmedaille des Landes Niedersachsen für ihre Verdienste um das DRK ausgezeichnet:

Gerhard Staiger (verstorben 1990), Walter Friedemann, Rudolf Eggers, Hanna Erikson, Helene Koltermann, Irmgard Kuhlmann.

Das Deutsche Rote Kreuz, Ortsverein Unterlüß, hat in der Vergangenheit auf das Feiern besonderer Vereinsjubiläen bewußt verzichtet.

Zum Schluß sei der am 21. April 1995 gewählte Vorstand genannt:

1. Vorsitzender	Klaus-Werner Bunke
2. Vorsitzender	Walter Friedemann
Schatzmeisterin	Ingrid Krause
Beisitzer	Manfred Hartmann
Beisitzer	Britt Janzen
Beisitzer	Bernd Treptow
Leiter der Küchengruppe	Heinz Wohlgemuth
Zugführer im Fernmeldezug	Frank Gutzeit
Leiterin des Sozialdienstes	Christa Rekow
Leiter Jugend-Rotkreuz	Anja Treptow
Kassenprüfer	Christine Zietz
Kassenprüfer	Gerhard Winkler

Deutscher Siedlerbund, Ortsgruppe Unterlüß

Zur Bewältigung der Wohnungsnot entstanden in Unterlüß Anfang der 50er Jahre die ersten sechs Kleinsiedlungen. Die noch junge und aufstrebende Firma Artos mit ihrem Inhaber Dr. Meier-Windhorst unterstützte beispielhaft dieses Projekt mit finanzieller und praktischer Hilfe. Eigenleistung war gefragt. Ältere ehemalige Mitarbeiter der »Artos« erinnern sich noch an die freiwilligen Arbeitseinsätze nach Schichtende. Mit Schaufel und geschulterten Spaten wurde gemeinsam zur Baustelle marschiert, Gemeinschaftshilfe im wahrsten Sinne des Wortes.

Nach Beendigung des zweiten Bauabschnittes mit weiteren neun Eigenheimen in der Artosstraße nahm nun Siedlerfreund Walter Kempe Kontakt zum Deutschen Siedlerbund auf, zwecks Gründung einer Siedlergemeinschaft. Dabei ging es auch darum, die in Aussicht gestellten Geldmittel des Landes Niedersachsen für die Erstausstattung an Pflanzen und Gartengeräte pro Siedlerstelle zu erhalten. Dieses wiederum ging dann einher mit einer Fachberatung vor Ort durch den Siedlerbund. Dankbar wurde diese Hilfe von den doch zum Teil noch unerfahrenen Siedlern angenommen. Am 30. März 1958 fand dann die Gründungsversammlung statt, in der zunächst zehn Siedler die Siedlergemeinschaft Unterlüß bildeten. 1. Gemeinschaftsleiter war Siedlerfreund Walter Kempe.

Die weitere Vergrößerung der Firma Artos hatte zur Folge, daß weiterer Wohnraum für Mitarbeiter gebraucht wurde. So entstanden dann die Siedlung am Eichenhain, die Eigenheime an der Königsberger Straße, am Meilerstieg und auch Einzelprojekte. Die Gemeinschaft vergrößerte sich damit schnell auf 45 Mitglieder. Angeboten und durchgeführt wurden Bus- und Bahnreisen zu Bundesgartenschauen, Sach- und Fachvorträge, kostenlose Rechtsberatung in Haus- und Grundstücksfragen, auch die Teilnahme einiger Siedler am Lehrgang »Obstbaumschnitt«, um nur einige Aktivitäten aufzuzählen.

Im Jahre 1983 beging die Gemeinschaft Unterlüß ihr 25jähriges Bestehen. Zahlreiche Siedlerfreunde konnten anläßlich dieser Feier für langjährige Mitgliedschaft im Deutschen Siedlerbund ausgezeichnet werden.

Waren es anfänglich die Vorteile beim Einkauf von Torf, Düngemittel und anderer Gartenartikel, die bei einer Gemeinschaftsbestellung möglich sind, die dem Siedler wichtig waren, so ist es heute das Wissen, einem starken Verband anzugehören, der die Interessen von Siedlern und Eigenheimbesitzern vertritt.

»Dem Garten nützen, Eigenheim schützen« ist oberstes Anliegen des Deutschen Siedlerbundes.

Richtfest bei einem der Häuser an der Artosstraße, 1952

Evangelisch-Freikirchliche Gemeinde Unterlüß (Baptisten)

Das Gemeindehaus, Erfurter Weg

Manch einer, der sich auf den Weg machte, um die konfessionelle Landschaft in Deutschland zu untersuchen, geriet schon in Gefahr, den Überblick zu verlieren. Wer erst einmal die scheinbar leicht verständliche Einteilung »evangelisch-katholisch-orthodox« hinter sich gelassen hat, ist erstaunt, wieviele christliche Kirchen und Gemeinschaften es gibt. Dabei ist es oft gar nicht so leicht herauszufinden, was die einzelnen Gruppierungen voneinander unterscheidet. Eine berechtigte Frage lautet demnach: Was zeichnet eine Evangelisch-Freikirchliche Gemeinde aus? An der Geschichte der Ev.-Freikirchlichen Gemeinde Unterlüß (Baptisten) wird einiges hiervon deutlich. Der Zusatz Baptisten weist darauf hin, daß der Bund Ev.-Freikirchlicher Gemeinden in Deutschland aus drei verschiedenen Gemeindebewegungen zusammengesetzt ist. Zu ihm gehören seit 1941 die Baptistengemeinden, einige Brüdergemeinden und einige Elim-Gemeinden. Die Baptisten stellen hierbei den mit Abstand größten Teil der Mitglieder. Mit dem Zusatz in ihrem Gemeindenamen machen somit die derzeit 68 Gemeindemitglieder in Unterlüß deutlich, daß sie zu den mehr als 36 Millionen Baptisten weltweit gehören.

Als 1980 das erste eigene Gemeindehaus im Erfurter Weg bezogen wurde, bildeten die Verse aus 1. Petrus 2, 4-10 die Grundlage für die Predigt des Einweihungsgottesdienstes. Der damalige Pastor O. Bammel verwies damit auf ein Grundanliegen der baptistischen Gemeindebewegung. In dieser Bibelstelle heißt es unter anderem: »Auch ihr als lebendige Steine erbaut euch zum geistlichen Haus«. Der »lebendige Stein«, d. h. der einzelne Gläubige, steht im Mittelpunkt der Gemeindearbeit. Eine Baptistengemeinde entsteht dadurch, daß Christen zusammengeführt werden und eine Ortsgemeinde gründen. Hierbei wird die Bibel als einzige verbindliche Richtschnur für Leben und Lehre angesehen. Die Gemeindehäuser, Ordnungen und Bekenntnisse sind immer nur Mittel zum Zweck.

Entsprechend begann die Gemeindegeschichte in Unterlüß mit einzelnen Gläubigen. Die Familien Casimier und Krebs luden 1946 ankommende Flüchtlingsfamilien zum gemeinsamen Bibel lesen und Gebet ein. In einer Baracke in der Hubachstraße fanden diese ersten Hausversammlungen statt. Im Jahr 1949 zog dann Familie Göbel nach Unterlüß. Frau Göbel eröffnete eine Zahnarztpraxis in der Berliner Straße 19. Der Warteraum diente fortan sonntags als Gottesdienstsaal. Wenn dieser zu voll war, mußten die Kinder auch schon mal während des Gottesdienstes in das Behandlungszimmer nebenan ausweichen. Herr Göbel wurde bald der erste Gemeindeleiter der nun entstehenden kleinen Gemeinde. Seit dieser Zeit gehörte

Die Jungschargruppe der „Kleinen" am Tag der Einweihung des Jungscharheims im Lindenweg, Juni 1972

die Ev.-Freikirchliche Gemeinde Unterlüß als Teilgemeinde zu der größeren Baptistengemeinde in Celle. Es läßt sich nicht mehr genau nachvollziehen, wie dies zustande kam. Sicherlich hielt man sich auch damals an die alte baptistische Regel, die J. D. Hughey 1959 in seinem Buch »Die Baptisten« so formulierte: »Ein Baptist ist jemand, der sich selbst als Baptist anerkennt und dessen Glaubensanschauungen und Handlungen andere Baptisten veranlassen, ihn als einen der Ihren anzuerkennen.«

Nach diesem Zusammengehen mit der Ev.-Freikirchlichen Gemeinde in Celle erfuhren die Mitglieder in Unterlüß über viele Jahre bis zum heutigen Tag immer wieder Unterstützung durch die Hauptgemeinde. Dies zeigte sich nicht zuletzt in der Übernahme von Predigtdiensten. Die jeweiligen Pastoren der Hauptgemeinde und viele Laienprediger halfen so über mehr als vierzig Jahre, eine kontinuierliche Gemeindearbeit zu gewährleisten. Der persönliche Einsatz des einzelnen zeigte sich darin, daß man in den Anfangsjahren oft mit dem Fahrrad zum Predigen von Celle nach Unterlüß fuhr. Im Jahr 1956 zog die Gemeinde erneut um. Familie Göbel hatte mittlerweile ein Haus in der Neulüßer Straße gebaut. Den Keller baute man zum neuen Versammlungsraum aus.

Da Baptisten eine Gemeinde von Gläubigen sein wollen, entfalten sie traditionell eine rege Missions- und Evangelisationstätigkeit. Im Jahr 1959 holte sich die kleine Gemeinde zum ersten Mal ein Missionszelt und führte auf dem Dorfplatz eine Verkündigungswoche durch. Bis 1971 kamen so fünfmal Missionszelte nach Unterlüß. Im Jahr 1993 führte die Gemeinde mit der Zeltkirche diese Arbeit weiter. Daneben gab es seit Bestehen der Gemeinde immer wieder besondere Verkündigungs- und Bibelwochen. Hiervon sind aus der Zeit von 1986 bis 1988 noch einige Abende der Veranstaltungsreihe »offene Gemeindeabende« in guter Erinnerung.

Eine weitere wichtige Phase der Gemeindegeschichte begann mit dem Zuzug von Familie Koglin. Im November 1969 startete ein Kindergottesdienst mit fünf Kindern. Als immer mehr Kinder kamen, und diese schon lange vor Beginn der Gruppenstunde Sonntag morgens auf der Straße warteten, mußte die Arbeit auf Samstagnachmittag verlegt werden. Es dauerte nicht lange, bis sich schließlich mehrere Gruppen versammelten. Bis zu vierzig Kinder tummelten sich an einem solchen Nachmittag vom Keller bis zum Dachboden des Hauses. Auch dieser Zustand war bald nicht mehr tragbar. Man mußte auf die alte Schule ausweichen, wo für diesen Zweck freundlicherweise Räumlichkeiten zur Verfügung gestellt wurden. 1972 konnte schließlich ein Haus im Lindenweg günstig angemietet werden. Dort entfaltete sich die Arbeit weiter, so daß oft bis zu 100 Kinder wöchentlich an den verschiedenen Gruppenstunden teilnahmen. Durch diese Arbeit eroberte sich besonders »Tante Lilli« einen Platz in vielen Herzen.

Baptisten identifizieren sich sehr stark mit dem Prinzip des »Priestertums aller Gläubigen«, das heißt, alle Mitglieder sind zur Mitarbeit in der Gemeinde aufgerufen. Jeder kann alle Aufgaben wahrnehmen, einschließlich Verkündigung, Taufe, Abendmahl und anderes, vorausgesetzt die Gemeinde beauftragt ihn dazu. Trotzdem hat es sich auch unter Baptisten bewährt, Mitarbeiter mit einer qualifizierten, theologischen Ausbildung in einen hauptamtlichen Dienst zu berufen. Der erste Pastor für die Gemeinde Unterlüß kam 1979. Pastor O. Bammel wurde von der Gesamtgemeinde für die Jugendarbeit in Celle und den Gemeindedienst in Unterlüß berufen. Er war bis 1983 in Unterlüß tätig. In diese Zeit fiel auch der Kauf und Umbau des ehemaligen Postgebäudes im Erfurter Weg 7. Die Berufung eines hauptamtlichen Mitarbeiters muß der ehrenamtlichen Arbeit keinen Abbruch tun. Dies zeigt sich zum Beispiel an der Liste der Mitarbeiter beim Umbau des Hauses. Insgesamt werden 65 verschiedene Personen erwähnt, die sich hierbei engagierten. Nach dieser gemeinsamen Anstrengung konnte die Ev.-Freikirchliche Gemeinde Unterlüß am 11. Mai 1980 zum ersten Mal ein eigenes Gemeindehaus beziehen.

Die Ev.-Freikirchliche Gemeinde Celle/Unterlüß berief 1991 mit Pastor L. Leinbaum erneut einen hauptamtlichen Mitarbeiter für die Arbeit in der Teilgemeinde Unterlüß.

In den letzten Jahren spürten die Gemeindemitglieder besonders, daß die Gemeinde in Unterlüß Teil einer weltweiten Gemeindebewegung ist. Im Sommer 1988 kamen die ersten rußlanddeutschen Aussiedler hinzu. Es sind Christen, die ihren Glauben schon jahrelang in Baptistengemeinden in der ehemaligen Sowjetunion bewährt haben. Als sie nun nach Unterlüß zogen, schlossen sie sich wieder der Baptistengemeinde an. Neben all der Freude merkte man jetzt auch, wie verschieden Baptisten in der Welt sein können. Durch diesen Zuzug verdoppelte sich die Mitgliederzahl der Gemeinde in wenigen Jahren. Nun steht die Gemeinde allerdings erneut vor der Aufgabe, sich räumlich zu verändern. Das jetzige Haus ist den neuen Ansprüchen der Gemeindearbeit nicht mehr gewachsen.

Der informierte Leser wird sich wundern, daß bei der Frage nach den Kennzeichen einer Ev.-Freikichlichen Gemeinde (Baptisten) die Taufe noch nicht erwähnt wurde. Immerhin leitet sich der Name Baptisten von dem griechischen Wort »baptizo = taufen« ab. Wie alle Baptistengemeinden, praktiziert auch die Gemeinde in Unterlüß die Gläubigentaufe. Wer sich von Gott zur Taufe gerufen weiß, läßt sich von der Gemeinde taufen. Diese Taufpraxis resultiert aus dem baptistischen Gemeindeverständnis, welches auf dem persönlichen Glauben des einzelnen und der verbindlichen Gemeinschaft aufbaut. Insofern steht auch in der Baptistengemeinde in Unterlüß nicht die Taufe, sondern der gemeinsame Glaube an den einen HERRN, das gemeinsame Leben mit dem einen HERRN und das gemeinsame Arbeiten für den einen HERRN im Vordergrund.

Evangelisch-lutherische Friedenskirchengemeinde Unterlüß

Vorbemerkung: In den nachfolgenden Textbeitrag sind die schon fertig gestellten Aufzeichnungen von Georg Ritz eingeflossen.

Vor der Gründung des Ortes Unterlüß gehörten die damaligen Siedlungskerne Schafstall und Siedenholz zum Amte und zum Kirchspiel Hermannsburg. Dagegen wurde das nur zwei Kilometer in östlicher Richtung entfernt liegende Forsthaus »Unterlüß« seit 1808 in den Unterlagen anderer Verwaltungsbezirke – nämlich der Amtsvogtei Bedenbostel und dem Kirchspiel Eschede – erwähnt.

Dieser Umstand führte zu einigen kirchlichen Verwicklungen, so daß es im Jahre 1851 anläßlich der Gründung der politischen Gemeinde Siedenholz, die alle diese bewohnten Plätze vereinen sollte, zu Verhandlungen zwischen den Kirchenvorständen von Hermannsburg und Eschede über Unterlüß kam. Sicherlich spielte dabei auch der Anmarschweg der Menschen dieses Gebietes zur nächstgelegenen Kirche eine bedeutende Rolle, war doch das 14 Kilometer entfernte Hermannsburg mit der Postkutsche nur auf holperiger Straße zu erreichen, während man zum zwölf Kilometer entfernten Eschede sehr viel bequemer mit der Eisenbahn fahren konnte.

Darum schickten die Kirchenvorstände von Eschede und Hermannsburg im Juli 1851 Vorschläge an ihre Kirchenbehörden, den Bahnhof und das Gasthaus in Unterlüß aus dem Kirchspiel Hermannsburg auszupfarren und in das Kirchspiel Eschede einzupfarren. Diesem Wunsche entsprachen der Superintendent in Bedenbostel, der Landrat in Celle und das Königlich Hannoversche Consistorium noch im August des Jahre 1851.

Für damalige Verhältnisse war somit der Weg der Unterlüßer zu den Gottesdiensten in Eschede als »geebnet« zu bezeichnen; besonders für die Eisenbahner und ihre Familienangehörigen, die über Freifahrtkarten verfügten. Die Mehrzahl der Arbeiter und Angestellten des um die Jahrhundertwende gegründeten Schießplatzes sowie die der Kieselgurindustrie machte jedoch von diesem Vorteil ebensowenig Gebrauch wie die zuziehenden Handwerker und Kaufleute, die nun den Ortsteil Unterlüß mehr und mehr bevölkerten.

So war der Kirchenbesuch der Unterlüßer in Eschede nur spärlich und fast ausschließlich auf die Festtage beschränkt. Gerade aber an den Festtagen beanspruchten die Escheder in ihrer Kirche ihren Platz, und so kam es zu manchen Zwistigkeiten.
Jedenfalls trugen diese Umstände gewiß nicht dazu bei, daß die Bereitschaft der Unterlüßer zum Besuch der Gottesdienste in Eschede wuchs. Manche traten sogar aus der Landeskirche aus und schlossen sich freikirchlichen Gemeinden an.

Dies alles erschien dem damaligen Escheder Pastor Wilhelm Wienecke (1876-1921) bedenklich. Im Januar 1904 schickte er einen Brief an den Superintendenten in Beedenbostel, in dem er ihm die Sachlage schilderte. Der Pastor erklärte, daß für Unterlüß etwas Besonderes geschehen mußte, und war bereit, zukünftig Gottes Wort direkt nach Unterlüß zu bringen.
Knapp eine Woche später antwortete der Superintendent. In seinem Brief schlug er vor, in einem sechswöchentlichen Turnus den Sonntagsgottesdienst in Unterlüß zu halten und dafür den Gottesdienst in Eschede ausfallen zu lassen.

Erst zehn Monate später am 11. November 1904 erhielt der Unterlüßer Gemeindevorsteher Karl Schlimme Kenntnis von den Plänen Wieneckes und lud daraufhin für den 14. November 1904 alle evangelischen Einwohner von Unterlüß zu einer Versammlung ein. Sämtliche anwesenden Gemeindemitglieder begrüßten den Entschluß Pastor Wieneckes, von nun an alle sechs Wochen um 14.30 Uhr in der Unterlüßer Schule den Gottesdienst zu halten.

So kam es dazu, daß in der Adventszeit des Jahres 1904 zum ersten Male in dem einzigen Klassenraum des im Jahre 1900 erbauten ersten Schulgebäudes Gottesdienst gehalten wurde.
Fortan diente an jedem sechsten Sonntag und am zweiten Weihnachts-, Oster- und Pfingsttage das Lehrerpult als Kanzel und zugleich als Altar. Wiederholt wurden bei diesen Gottesdiensten sogar Abendmahls- und Tauffeiern gehalten. Als Taufbecken diente eine Glasschüssel aus dem Lehrerhaushalt. Etwa 1906 stifteten Damen der Hubachschen Familie der Schule ein Harmonium, das auch in den Gottesdiensten benutzt wurde. Lehrer Geffert erklärte sich bereit, auf dem Instrument den Gesang der Gemeinde zu begleiten. Dieses Organistenamt übte er über sechs Jahre lang aus.

Freilich zeigten nicht alle Unterlüßer die gleiche Bereitwilligkeit, sich für ihre Kirchengemeindeangelegenheiten einzusetzen, wie der Lehrer Geffert. Das wurde besonders deutlich, wenn die Kirchensteuern fällig wurden, die damals die Schulkinder einsammelten. Obwohl das »Kopfgeld« für jeden Konfirmierten nur neun Pfennige betrug, erschien vielen Unterlüßern diese Summe zu hoch, und nur wenige rundeten den Betrag auf und gaben zehn Pfennige.

Einer der Männer aus Unterlüß, auf den die ganze evangelische Gemeinde unbedingt bauen konnte, war der Siedenholzer (ab 1910 Unterlüßer) Gemeindevorsteher Karl

Schlimme. Wegen seiner Geradlinigkeit und wegen des ständig wachsenden Anteils der Unterlüßer an der Seelenzahl der Kirchengemeinde Eschede insgesamt wurde Karl Schlimme erstmals 1909 zum Kirchenvorsteher gewählt und im Jahr 1915 wiedergewählt.

Wichtige kirchliche Amtshandlungen, wie Beerdigungen, Hochzeiten und Konfirmationen, fanden jedoch weiterhin in Eschede statt.
Bis 1912 wurden die in Unterlüß Verstorbenen auf dem Friedhof in Eschede begraben. Der Weg östlich der Bahn war der Unterlüßer Friedhofsweg.
Bei Trauungen hatten die Unterlüßer die Möglichkeit, zwischen Trauungen in der Escheder Kirche und Haustrauungen in Unterlüß zu wählen. Für das Jahr 1921 werden im Escheder Trauregister acht Trauungen Unterlüßer Paare, davon vier Haustrauungen erwähnt. 1922 sind von elf Trauungen Unterlüßer Paare acht Haustrauungen und 1923 von wiederum elf Trauungen sechs Haustrauungen in Unterlüß.

Die Zeit des Konfirmandenunterrichtes dauerte damals ein halbes Jahr. In dieser Zeit mußten die Konfirmanden mittwochs und freitags zum Unterricht und sonntags zum Gottesdienst und zur Kinderlehre nach Eschede kommen. Die Konfirmandenprüfung gar erfolgte in Beedenbostel beim Superintendenten.
Das Fahrgeld für die Zeit des Konfirmandenunterrichtes von Oktober bis zur Konfirmation betrug laut Tarif 26 Mark. Allerdings fuhren viele Kinder nur einmal in der Woche mit einer Rückfahrkarte für die 4. Wagenklasse zum Preis von 50 Pfennig nach Eschede. Daran konnte Pastor Wienecke wenig ändern, zumal manche Eltern den unregelmäßigen Besuch von Unterricht und Gottesdienst ihrer Kinder mit eigenen finanziellen Schwierigkeiten erklärten. Aber auch die in den Kriegsjahren 1914 bis 1918 sich verschlechternden Zugverbindungen spielten sicherlich eine nicht unerhebliche Rolle.
So wird aus dem Frühjahr 1918 berichtet, daß die Konfirmanden nach der Konfirmation zu Fuß von Eschede nach Hause gegangen sind, weil sie nicht erst abends um 19.15 Uhr mit dem Zug fahren wollten.

Schon im Jahre 1914 war das Selbstbewußtsein der evangelischen Gemeindemitglieder in Unterlüß so sehr gewachsen, daß das Verlangen nach einem eigenen gottesdienstlichen Raum lauter wurde. So kam es am 19. März 1914 im Kurhotel Philipp Bender in der Hermannsburger Straße zu Verhandlungen über die weitere Entwicklung der kirchlichen Verhältnisse in Unterlüß.
Aus einem Schreiben des Königlichen Konsistoriums an die Kirchenkommissarien, das Gesprächsgrundlage war, ging hervor, daß die Schaffung eines Raumes für Gottesdienst, Konfirmandenunterricht sowie Jugend- und Gemeindepflege in Unterlüß grundsätzlich für notwendig gehalten wurde. Man war der Ansicht, das noch zu bauende Gebäude sollte in der Nähe des Friedhofes am Westausgang des Ortes auf einem vom Forstfiskus möglichst unentgeltlich herzugebenden Grundstück, welches auch für den späteren Bau eines Pfarrhauses und eventuell einer Kirche genügend Platz bot, errichtet werden. Die geplante Kostenverteilung sah vor, daß

die politische Gemeinde Unterlüß	7.000 Mark
die Schießplatzverwaltung	12.000 Mark
die Kirchengemeinde Eschede	4.000 Mark
die Kirchengemeinden Müden und Hermannsburg	2.000 Mark

übernehmen sollten, und von der Königlichen Regierung und dem Kreis sollten 5.000 Mark aus dem Fonds für Jugendpflege beantragt werden. Der Escheder Kirchenvorstand lehnte jedoch eine Mitwirkung bei der Finanzierung dieses Projektes ab. Der erste Weltkrieg verhinderte dann weitere Gespräche in dieser Sache.

In der Folgezeit machte der zum Kirchspiel Müden gehörende Schießplatz Unterlüß-Hohenrieth durch seine rasche kriegsbedingte Vergrößerung auch in kirchlicher Hinsicht von sich reden.
Für die zu den Übungen abkommandierten Offiziere und Mannschaften richtete die Militärverwaltung eigene Gottesdienste ein. Daraufhin wurde alle drei Wochen für die Evangelischen in der Kantine der Firma Rheinmetall auf dem Schießplatz und für die Katholiken im kleinen Saal des Kurhotels Gottesdienst gehalten.

Man munkelte auch davon, daß die Militärverwaltung in Erwägung zöge, auf dem Schieß- und Übungsplatz eine eigene Kirche zu bauen.
Sogar im Visitationsbericht von 1916 wurden die Ereignisse auf dem Schießplatz ausführlich angesprochen. Der Gedanke an eine gemeinsame Problemlösung für Unterlüß und den Schießplatz tauchte auf, wobei im Falle eines Kirchenbaues durch die Militärverwaltung Unterlüß vom Schießplatz aus mitversorgt werden sollte.
Auf diese Frage eingehend, hielt der Escheder Pastor auch Befürchtungen für völlig grundlos, daß die Unterlüßer Bevölkerung sich nach Kriegsende in alle Winde zerstreuen und keine nennenswerte evangelische Gemeinde zurückbleiben würde. Er nahm vielmehr die Gelegenheit wahr, an die Überlegungen des Jahres 1914 zum Bau eines gottesdienstlichen Raumes in Unterlüß zu erinnern.

Die schließlich am 3. November 1916 geführten Gespräche zwischen Pastor Kretzmeyer (Müden), Pastor Wienecke (Eschede) und dem Schießplatzdirektor Mylius brachten jedoch keine greifbaren Ergebnisse. Auch ein wenige Tage später am 14. November 1916 geführtes Gespräch im größeren Kreise blieb in theoretischen Erwägungen stecken. Statt zum Vorteil für die evangelische Gemeinde, entwickelten sich die Verhältnisse zum Nachteil. Im Spätherbst 1917 mußten auch noch die Gottesdienste in der Schule aufgegeben werden, weil die Eisenbahnverbindungen so schlecht geworden waren, daß Pastor Wienecke sonntags nicht mehr nach Unterlüß kommen konnte.

Daraufhin erklärte der Direktor des Schießplatzes gegenüber dem Landrat von Harlem, daß die »Rheinische Metallwaaren- und Maschinenfabrik«, Düsseldorf, die öffentlichen Verhältnisse, insbesondere die Frage der kirchlichen Versorgung, in großzügiger Weise zu regeln gedachte. Dazu sollte aber das Ende des Krieges abgewartet werden, denn es fehlte an Rohmaterialien und Arbeitskräften. Der Direktor schlug vor, daß der Pastor in Müden in bestimmten Zeiträumen Andachten und Predigten in Unterlüß abhalten sollte. Die Schießplatzverwaltung wür-

de dafür die nötigen Räume freigeben, den Pastor von Müden abholen und ihn wieder dahin zurückbringen, sowie ihn schließlich entsprechend honorieren.
Es dauerte dann aber noch ein Vierteljahr, ehe dieser Vorschlag verwirklicht wurde.

Am 10. Januar 1918 berichtete Pastor Kretzmeyer seinem Amtsbruder nach Eschede über seine nach zwei Gottesdiensten in der Kantine der »Rheinmetall« gemachten Erfahrungen. Demnach wurde das Angebot von den Unterlüßern kaum genutzt, obwohl die Platzverwaltung extra einen Zug von Unterlüß zum Schießplatz und zurück verkehren ließ. Pastor Kretzmeyer versprach sich jedoch von einer regelmäßigen Bekanntmachung des seelsorgerlichen Angebotes eine Erhöhung der Besucherzahl und führte dazu weiter aus:

»Mehr läßt sich von hier aus schlecht machen. Bis jetzt muß ich immer im offenen Wagen hin- und zurückfahren, und das ist jetzt im Winter kein Vergnügen. Ich habe die Gottesdienste immer um die Zeit des Vollmondes gelegt, damit die Fahrt nicht zu dunkel ist. Sollte es Ihnen gelingen, die Gottesdienste in Unterlüß wieder einzurichten, so teilen Sie es mir bitte mit, damit wir ein Zusammentreffen vermeiden.«

Die schlechte Zugverbindung mit Eschede ließ jedoch eine Wiederaufnahme der Gottesdienste in Unterlüß durch den Escheder Pastor ebensowenig zu, wie für die Unterlüßer den Besuch des Gottesdienstes in Eschede. Pastor Wienecke versuchte seinerseits bei der Hannoverschen Eisenbahndirektion und dem Königlichen Eisenbahnministerium, eine Verbesserung des Zugverkehrs an Sonntagen zu erreichen. Die Gesuche wurden aber abgelehnt, und auch der Vorschlag, an einen zwischen 15.00 und 16.00 Uhr verkehrenden Eilgüterzug einen Personenwagen anzuhängen, kam nicht zum Tragen.

Ein für die Kirchengeschichte wichtiges Ereignis aus dem Jahre 1916 gilt es aber noch zu würdigen. Ende Dezember 1916 sollte Adolf Dähndel, der Neffe der Kurhotel-Wirtin Luise Bender, getauft werden. Aus diesem Anlaß stiftete Frau Bender ein Taufbecken und eine Taufkanne aus Silber nebst einer Spitzendecke. Fortan war die bisher gebrauchte Glasschüssel überflüssig geworden. Diese obenerwähnte Taufkanne ist bis heute in Gebrauch.

Ein Vierteljahr nach Kriegsende, am 24. Februar 1919, starb der Gemeinde- und Kirchenvorsteher Karl Schlimme im Alter von 63 Jahren. Als profiliertes Gemeindemitglied hatte er Unterlüß fast zehn Jahre im Escheder Kirchenvorstand vertreten.

Doch auch in Eschede gab es größere Veränderungen. Im Jahre 1921 ging Pastor Wienecke nach 45jähriger Amtszeit in den wohlverdienten Ruhestand. Sein Nachfolger wurde der 31jährige Pastor Gustav Rose. Mit frischem Elan setzte er sowohl in Eschede als auch in Unterlüß Neuerungen durch. So wurde die einzige Bronzeglocke, die der Escheder Gemeinde nach dem Krieg geblieben war, durch drei neue Stahlglocken ersetzt. In Unterlüß aber, das nach dem Tode Karl Schlimmes durch den Kaufmann Ernst Winterhoff im Escheder Kirchenvorstand vertreten wurde, kam es endlich zu den langersehnten festen Abmachungen über die kirchliche Versorgung des Ortes.

Anlaß zu dieser Regelung gab der Antrag der »Rheinmetall«, für ihre Werksangehörigen eine Wohnsiedlung auf dem Schießplatz zu bauen. Die Baugenehmigung wurde vom Kreis mit der Bedingung verknüpft, daß »Rheinmetall« sich an der Verbesserung der Kirchen- und Schulverhältnisse in Unterlüß beteiligte.
So kam es am 27. Februar 1922 im Kasino von »Rheinmetall« zu folgender Vereinbarung:

Unter der Voraussetzung, daß die Kirchenbehörde das Gehalt des für Unterlüß anzustellenden Hilfsgeistlichen übernimmt, erklären sich die Kirchengemeinden Eschede und Müden bereit, die sachlichen Kosten für die gottesdienstlichen Bedürfnisse in Unterlüß zu tragen.
Als gottesdienstlichen Raum stellt die Gemeinde Unterlüß die erste Schulklasse vorläufig zur Verfügung. Für besondere Fälle wird ein Saal gemietet.
Die Firma Rheinmetall stellt eine Wohnung für den Hilfsgeistlichen, eventuell verheiratet, zur Verfügung.

Diese Vereinbarung wurde getroffen von den Vertretern des Kirchenvorstandes Eschede: Pastor Rose und dem Kirchenvorstand Reinecke; von Vertretern des Kirchenvorstandes Müden: Pastor Kretzmeyer; von Vertretern der Firma Rheinmetall: Oberstleutnant von Keller und schließlich von Vertretern der politischen Gemeinde Unterlüß: Postmeister Ritter und Herrn Achenbach.

Am 18. Mai 1922 kam der 31jährige Pastor Hustedt aus Blender bei Verden als persönlicher Collaborator des Escheder Pastors Rose nach Unterlüß. Zunächst wohnte er in einer Baracke auf dem Schießplatz, fand aber bald Wohnung im Hause der Witwe Schlimme (Hermannsburger Straße 13).

Pastor Hustedt ging sofort die Aufgaben und Probleme mit viel Energie und Geschick an. Schon am 9. Juni 1922 hatte er zu einer Vorbesprechung für einen Kapellenbau in das Kurhotel eingeladen. Es waren eingeladen:

Oberstleutnant von Keller, Forstmeister Peters, Hegemeister Rodner, Forstarbeiter Helms (Siedenholz), Forstarbeiter Gottschalk (Lünsholz), Postmeister Ritter, Postschaffner Bautsch, Oberbahnhofsvorsteher Albrecht, Wachtmeister Röttger, Weichensteller Bökker, Fuhrwerksbesitzer Kastern, Tischlermeister Biermann, Kaufmann Winterhoff, Bäcker F. W. Behn, Schlachtermeister Behn, Arbeiter Simon, Bierverleger Haase, Lehrer Kröger, Hauptlehrer Geffert und die Schießplatzbeamten Nölle und von der Ohe.

Bis auf die nicht erschienenen A. Behn und F. W. Behn erachteten alle den Bau einer Kapelle für notwendig. Pastor Hustedt wurde beauftragt, vom Architekten Matthies (Bardowick) einen Kostenvoranschlag und eine Zeichnung anzufordern. Man war für einen Betonbau aus Findlingen.

Etwa vier Wochen später führte Forstmeister Peters den Vorsitz bei einer öffentlichen Versammlung der Gemeinde Unterlüß, bei der der Kapellenbau fast einstimmig gebilligt wurde.

Die Gedanken aus dem Jahre 1914 wurden wieder aufgegriffen und als Bauplatz das Waldstück westlich vom Schulhof der »neuen« Schule ausgesucht. Forstmeister Peters beantragte sofort bei der staatlichen Forstverwaltung, eine 0,25 Hektar große Fläche kostenlos zur Verfügung zu stellen, und bat, 50 bis 60 Festmeter Bauholz für die Hälfte des damaligen Durchschnittspreises an die Bauherren der Kirche abzugeben. Das preußische Staatsministerium entsprach diesem Antrage am 13. September 1922.

Zwischenzeitlich trat aber ein Hindernis auf, daß den ganzen Kirchenbau zu gefährden drohte. Die Inflation begann, und von Tag zu Tag wurde das Geld wertloser, während umgekehrt die Preise immer höher kletterten. Da galt es schnell zu handeln. Noch im Juni 1922 wurde innerhalb der Gemeinde eine Anleihe aufgenommen. Schlachtermeister A. Behn, Fuhrwerksbesitzer W. Kastern, Kaufmann H. Winterhoff und Hauptlehrer W. Geffert stellten insgesamt 75.000 Mark zur Verfügung. Von dieser Summe wurden in Hannover für 45.000 Mark sämtliche benötigten Dachziegel gekauft; für die restlichen 30.000 Mark lieferte das Escheder Hartsteinwerk weiße Mauersteine.

Diese Steine reichten jedoch bei weitem nicht aus. Darum wandte sich Pastor Hustedt an die »Rheinmetall« mit der Bitte, Mauersteine und Betontrümmer von den demontierten Hallen und den gesprengten Bunkern auf dem Schießplatz und in Neulüß freizugeben. Diese Bitte hatte Erfolg. Viele Gemeindemitglieder halfen nun mit, die Steine auf- und abzuladen. Menschen mit den verschiedensten Berufen waren bei den freiwilligen Einsätzen dabei. Und als es dann um das Abputzen der Trümmersteine ging, halfen auch viele Frauen mit. Pastor Hustedt war überall. Wurde jemand müde, wußte er ihn wieder aufzumuntern.

Noch bevor mit den eigentlichen Bauarbeiten begonnen wurde, ja sogar ehe ein Architektenentwurf vorlag, stand der Name für den Bau fest: »Krieger-Gedächtnis-Kapelle«. Wie es zu diesem Namen kam und wer ihn vorgeschlagen hat, ist nicht mehr bekannt.

Schon einen Monat nach Auftragserteilung, Anfang August 1922, legte der Architekt Matthies seinen Entwurf und den Kostenvoranschlag für den Kapellenbau vor. In einem Erläuterungsbericht schrieb er unter anderem:

Das erste Kirchengebäude der evangelisch-lutherischen Friedensgemeinde

»Die Kapelle enthält einen Vorraum mit seitlichem Aufgang zum Turm und zur Empore (26 Plätze), ein Hauptschiff (203 Plätze) mit Chornische, Sakristei, welche zugleich Konfirmandenzimmer (für 15-20 Konfirmanden) sein soll, einen Nebeneingang und einen Raum für Brennmaterial. Da rote Steine nicht zu haben sind, wurde der Putzbau gewählt. Das Dach soll mit roten Pfannen gedeckt werden. Da wenig Mittel vorhanden sind, ist alles aufs einfachste Maß eingestellt. Das Mauerwerk ist in Kalksandsteinen ausgeführt gedacht. Die Ausstattung wird aufs einfachste hergerichtet. Eine Glocke liefert die Muttergemeinde Escheder. Mit Rücksicht auf diese Leistungen (Eigenleistungen der Gemeinde) ist der Preis für den cbm umbauten Raum mit 800 Mark als ausreichend angenommen. Die Baukosten würden sich demnach auf rund 800.000 Mark stellen, wie der umstehende Kostenüberschlag nachweist«.

Dieser Entwurf wurde am 17. August 1922 dem Kirchenvorstand von Escheder vorgelegt, der daraufhin als Bauherr den Bau der Kapelle beschloß und die Maurermeister Hoppenstedt (Eschede) und Beyer (Unterlüß) mit der Ausführung der Arbeiten beauftragte.

Die Maurerarbeiten konnten aber dennoch nicht begonnen werden, weil der Konsistorialbaumeister in Hannover den auch ihm vorgelegten Entwurf bemängelte und sich für eine Verkleinerung des Projektes aussprach.

Am 16. September 1922 legte Architekt Wilhelm Matthies wunschgemäß einen um 45,47 qm verkleinerten Entwurf vor, bemerkte dazu aber:

»Da nun seit 1. August eine ungeahnte Steigerung aller Materialien und Löhne eingetreten ist und noch immer im Zunehmen steht, so kann mit dem am 31. Juli gültigen Einheitssatz von 800 Mark pro cbm nicht mehr gerechnet werden, derselbe muß mindestens verdoppelt werden. Der Bau stellt sich demnach heute auf 1.500.000 Mark«.

Obwohl die Finanzierungslücke nun noch viel größer geworden war und die baupolizeiliche Genehmigung erst am 1. November 1922 vorlag, wurde dennoch am 23. September 1922 in Anwesenheit von Pastor Rose (Eschede) der Grundstein zum Kapellenbau gelegt.

Wenn Pastor Hustedt Anfang Oktober 1922 wenigstens so viel Geld zur Verfügung hatte, um das Ende Juni aufgenommene Darlehn zurückzuzahlen, so war doch kaum Geld vorhanden, um die Maurer und Zimmerleute zu bezahlen. Daher bat der Escheder Kirchenvorstand den Regierungspräsidenten in Lüneburg um Genehmigung zu einer Hauskollekte während der Monate Oktober, November und Dezember des Jahres 1922.

Nun verfaßte Pastor Rose einen Aufruf, mit dem sich eine ansehnliche Zahl von Unterlüßern in die Gemeinden des Regierungsbezirkes begab, um die Hauskollekte einzusammeln. In den Kreisen Gifhorn, Celle, Soltau und Lüchow-Dannenberg gingen sie in jedes Haus. Häufig bekamen sie von den zuständigen Ortsgeistlichen Begleitschreiben mit auf den Weg, in denen den Gemeindemitgliedern die Kollekte warm ans Herz gelegt wurde. So wurde die Kollekte durch den unermüdlichen Fleiß der Sammler zu einem großen Erfolg.

Zwar gab es Häuser, in denen nur fünf Mark gegeben wurden – und das war im November/Dezember 1922 nicht mehr viel Geld –, aber an anderen Stellen gab es auch Spenden von 1.000 Mark. Gaben von 100, 200 und 500 Mark waren die Regel. Häufig wurde anstelle von Bargeld, das von Tag zu Tag an Wert verlor, auch Getreide gespendet, das als Sachwert wertbeständig blieb und erst verkauft wurde, wenn Bargeld dringend gebraucht wurde.

Auf der Einnahmenseite wurden schließlich folgende Summen verbucht:

	DM
In Unterlüß gesammelt	3.100.607,50
die Hauskollekte ergab	2.724.953,50
verkauftes Korn erbrachte	2.605.255,00
Kirchenkollekte im Sprengel	1.531.005,00
Kirchengemeinde Eschede	810.000,00
Zuschuß des Konsistoriums	779.882,00
aus Überschüssen des Klosterfonds	500.000,00
geschenkte Vorschüsse	250.000,00
verkauftes Material	110.000,00
Gönner aus Amerika schickten Dollars im Werte von	5.784.744,00
insgesamt	18.196.447,00

Demgegenüber wurden in der Zeit vom 3. August 1922 bis zum 30. August 1923 bereits 18.833.865,00 Mark ausgegeben, und zahlreiche Rechnungen konnten erst viel später bezahlt werden, als die Kapelle längst fertig war. Bei der Ausstattung der Kapelle taten sich vor allem die einzelnen Klassen der Volksschule hervor, die das Geld für die Anschaffung eines Altar-Kruzifixes und einer Altarbibel sammelten. Aber auch von vielen Gemeindemitgliedern gingen Spenden zur Verschönerung von Altar und Altarraum ein.

Weil im Jahre 1923 noch keine Orgel gekauft werden konnte, wurde auf der Kapellenempore jenes Harmonium aufgestellt, das fast 17 Jahre lang bei den Gottesdiensten in der »alten« Schule gebraucht worden war. Als Nachfolger von Lehrer Geffert begleitete seit nunmehr zehn Jahren Lehrer Wilhelm Kröger den Gemeindegesang auf diesem Instrument.

Die wertvollste Stiftung für die Unterlüßer Kapelle kam aus der Muttergemeinde Eschede: eine 230 Kilogramm schwere Bronzeglocke aus dem Jahre 1514. Mit ihrem Schlagton »des« paßte sie bei der Erneuerung des Escheder Geläutes im Jahre 1919 nicht mehr zu den neuen Glocken. Möglicherweise hat die Kirchengemeinde Eschede seinerzeit nicht gewußt, welch wertvolles Geschenk sie da gemacht hatte. Diese Glocke »Folcwin« stammt somit aus vorreformatorischer Zeit und ist eine der ältesten Glocken weit und breit.

Am 22. Juli 1923 rief der Glöckner Griebe mit dieser Glocke die Unterlüßer Gemeindemitglieder zum ersten Mal zum Gottesdienst. Schnell füllten sich an diesem Sommertag die 180 Sitzplätze, und der Generalsuperintendent Möller weihte die »Krieger-Gedächtnis-Kapelle«. Zu dieser Namensgebung hatte nur eine vermutlich am gleichen Tage im Kapellenvorraum angebrachte rundbogige, hellgebeizte Eichenholztafel mit den Namen der

32 Unterlüßer, die im ersten Weltkrieg gefallen waren, direkten Bezug.

Nun begann die Suche nach einem geeigneten Standort für ein Pfarrhaus. Dabei galt dem Hause der Witwe Schlimme das besondere Augenmerk. Es diente bereits Pastor Hustedt als Wohnung und lag in unmittelbarer Nachbarschaft zur Kapelle. Aber Frau Schlimme konnte sich zu dieser Zeit noch nicht von ihrem Hause trennen. Erschwerend für die Unterlüßer war die Haltung des Landeskirchenamtes in Hannover in den Jahren 1923 und 1924, das nicht bereit war, die Kapellengemeinde Unterlüß in eine selbständige Kirchengemeinde umzuwandeln. Die Entwicklung des Ortes erschien dem Landeskirchenamt zu ungewiß.

So suchte sich Pastor Hustedt eine andere feste Pfarrstelle. Am 1. November 1924 zog er nach Fallingbostel, wo er bis 1933 Pastor war. Von 1933 bis 1945 hatte er dann die Pfarrstelle an der Kirche St. Peter-Paul in Hermannsburg. Am Sonntag Rogate (6. Mai) 1945 wurde er auf dem Wege zu einer Haustaufe in Beckedorf im Grauener Moor von befreiten russischen Zwangsarbeitern erschlagen.

Nachfolger von Pastor Hustedt und zweiter persönlicher Collaborator von Pastor Rose wurde am 3. Dezember 1924 der 28jährige Pastor coll. Hans Becken. Pastor Bekken hatte am ersten Weltkrieg als Soldat teilgenommen und wohnte bei »Medizin-Beyer« in der Müdener Straße. Doch schon bald nach seiner Heirat zog er am 26. August 1925 aus Unterlüß fort.

Als dritter Hilfsgeistlicher kam am 31. August 1925 der am 1. Februar 1898 in Magdeburg geborene Pastor coll. Gerhard Burgstaller nach Unterlüß. Wie schon seine beiden Vorgänger war auch er Kriegsteilnehmer. Er blieb ebenfalls kaum ein Jahr. Kurz nach seiner Heirat zog er am 29. Juli 1926 nach Vahlbruch, obwohl zu diesem Zeitpunkt schon die Arbeiten am Bau des neuen Pfarrhauses in vollem Gange waren. Offenbar wußten Pastor Burgstaller und seine junge Frau, daß die Finanzierung des Pfarrhauses noch nicht gesichert war und ein Einzugstermin noch in weiter Ferne lag.

Von allen oben erwähnten Schwierigkeiten zeugt ein Brief, den Pastor Rose an die vier angrenzenden Kirchenkreise schickte und in dem er um eine Kollekte für Unterlüß bat. Er schilderte in diesem Schriftstück noch einmal die Begeisterung und Opferbereitschaft, womit die nun auf die Zahl von 1.100 angewachsenen Unterlüßer Lutheraner den Kapellenbau erstellt hatten, und schrieb dann weiter:

> »Einem Übelstand galt es jetzt abzuhelfen: Die Kollaboratoren gingen auf andere Pfarrstellen (sie boten sich zu Genüge), wenn sie kaum mit der Gemeinde warm geworden waren. Alle seit 1922 waren Kriegsteilnehmer – sie wollten ein eigenes Heim. Wenn wir das in U. gehabt hätten. Das fehlte uns.
>
> Da macht die kathol. Kirche von sich reden. Sie wollte für die noch nicht 100 Katholiken, die U. mit seiner weiten Umgebung faßte, Kirche und Pfarrhaus auf einmal bauen. Das Grundstück wurde vom Forstfiskus erworben, ein Bauplatz abgesteckt, die Baupläne durchliefen die betreffenden Instanzen u. weit u. breit schwelte das Gerücht von Klosterbau u. Ordensniederlassung – von einem Bollwerk gegen Hermannsburg. Ob's ein Gerücht nur bleibt? Die Zukunft wird es lehren. Da rafften wieder die Unterlüßer sich auf u. zeichneten in dieser Notzeit in einigen Tagen 3.000 M zum Pfarrhausbau, und die Behörde stellte, nachdem sie sich eingehend über die unklaren Verhältnisse orientiert, 20.000 Mark zur Verfügung unter der Bedingung, daß ein ordentliches Pfarrhaus noch in diesem Jahr fertiggestellt u. die Restkosten von der Gemeinde aufgebracht würden.
>
> Wir gingen frisch ans Werk. Das Pfarrhaus, das jeglichen Ansprüchen genügt, steht im Rohbau fertig, es fehlen aber zur Deckung der Gesamtkosten noch 5000 DM«.

Dieser Betrag wurde dann aber auch noch aufgebracht. Nach der Gebrauchsabnahme am 26. Januar 1927 konnte der schon verheiratete Pastor Firnhaber das neue Pfarrhaus beziehen. Aus Duderstadt kommend, hatte er am 11. September 1926 die vakante Pfarrstelle wieder besetzt.

Von nun an gestaltete sich das Gemeindeleben besonders lebendig. Dies war vor allem ein Verdienst von Frau Firnhaber, die zuerst eine Tradition im Unterlüßer Pfarrhaus begründete, wonach Ehefrauen und Kinder von Pastoren sich in das Gemeindeleben mit einbrachten und selbständig Aufgaben übernahmen.

Frau Firnhaber betreute den neu gegründeten Jungmädchenkreis, dem außer kurzfristigen Mitgliedern als Stamm unter anderem

> Ella Backeberg (verh. Koch), Wilma Barenschee, Erna Behn (verw. Hanß, verh. Forkert), Gertrud Behn (verh. Hummel), Erika Dähndel, Elisabeth Engwicht (verh. Kempe), Lieselotte Hahn (verh. Seinicke), Erna Kröger (verh. Hoppe), Martha Licht (verh. Damke), Grete Ohlhoff, Frieda Rißmann, Frieda Ritterburg, Marie Tewes (verh. Hammerl), Erika Westermann (verh. Kahle) und Gertrud Zietz (verh. Hesse)

angehörten.

Die Gruppe traf sich regelmäßig in einem Zimmer des Pfarrhauses, das die Firma Rheinmetall ausgestattet hatte. Es wurde viel musiziert, vorgelesen und gehandarbeitet. Frau Firnhaber spielte Gitarre. Die Mädchen legten noch 1927 eine Vereinsbücherei an und schlossen sich dem Reichsverband der weiblichen evangelischen Jugend (Burckhardt-Haus) an.

Im Dezember 1928 gestaltete dieser Mädchenkreis im Kurhotel eine Adventsfeier, zu der eine Menge Leute gekommen sein müssen, denn es wurden 82,45 Mark an Eintrittsgeldern eingenommen, eine für damalige Verhältnisse enorme Summe. Da nur Ausgaben von 26,80 Mark entstanden, konnten außer sieben Neuerwerbungen für die Vereinsbücherei auch noch Geschenke für das Weihnachtsfest gekauft werden.

Im Jahre 1929 besorgte sich die Gruppe eine Bescheinigung über die Anerkennung als Jugendpflegeverein und fuhr zur Marienburg-Tagung nach Nordstemmen.

*Teil des Altarbildes in der
neuen evangelisch-lutherischen Kirche*

Pastor Firnhaber war sehr um seine wachsende Gemeinde bemüht. Palmarum 1927 konfirmierte er 35 Jungen und Mädchen. Zeitzeugen berichten von dem kriegsversehrten Mann, daß er ganz für seine Gemeinde lebte und wenig Interesse oder Zeit für das örtliche Vereinsleben hatte. Da waren vor allem wohl die Baupläne der katholischen Kirche, die Pastor Firnhaber beschäftigten. Aber auch das gemeinsame Bemühen mit der Muttergemeinde Eschede, aus der Collaboratur heraus eine selbständige Pfarrgemeinde in Unterlüß zu errichten, war ein vordringliches Anliegen. Als weiteres kam hinzu, das auf der Empore aufgestellte Harmonium durch eine Orgel zu ersetzen. Zeugnis für die Sorgen jener Zeit ist ein Brief des Kirchenvorstandes Eschede an das Landeskirchenamt. Der Brief hat folgenden Wortlaut:

»Die neue kath. Kirche in Unterlüß ist am 1. Mai (1927; d. V.) eingeweiht. Der ganze Bau innen sowohl als außen ist etwas Gewaltiges, wenn man daran denkt, daß er für eine kleine Gemeinde errichtet ist von ca. 200 Seelen, die sich auf den weiten Umkreis von Unterlüß verteilen müssen. Man sieht an ihm, daß die katholische Kirche in Unterlüß etwas Besonderes erwartet – daß sie mit einem ständigen Wachsen ihrer Gemeinde und ihres Einflusses auf die Umgebung fest rechnet. Und warum sollte man den Gedanken von der Hand weisen, daß hier mit der Zeit ein Bollwerk gegen Hermannsburg im Herzen unserer Hannoverschen Landeskirche geschaffen werden soll? Die früheren Verhandlungen um den Ankauf von Neulüß, das damalige Reden überall von Kinderheilstätte, Ordensniederlassung, Kloster hat uns hellhörig, die glänzende Ausnutzung der derzeitigen Verhältnisse zum Bau der Kirche stutzig gemacht.

Die Verlegung des technischen Büros von Rheinmetall aus Düsseldorf nach Unterlüß u. damit das Ansammeln der kathol. Ingenieure auf dem Schießplatz mußte die Dringlichkeit des Baues vor den Behörden bescheinigen. Dabei wußte jeder, und die kathol. Kirche nicht zuletzt, daß das Bleiben der Ingenieure nicht von Dauer ist. Wahrscheinlich schon im Laufe dieses Sommers, also bevor der Kirchbau seinen eigentlichen Zweck erfüllt, wird das Büro nach Düsseldorf zurückverlegt werden, wie wir aus sicherer Quelle wissen.

Aber die Kirche steht. Und wenn sie auch vorübergehend von Celle aus versorgt werden wird, wie von kathol. Seite behauptet wurde, so sprechen doch die angehängte große Wohnung von 7 Wohnräumen mit sämtlichen Zubehör u. ein Brief an das Pfarramt von Unterlüß gerichtet, selbstverständlich Pastor Firnhaber zugestellt (unvollständige Anschrift oder Fehler der Post) u. von ihm geöffnet wurde; in diesem Brief wurde ein kathol. Geistlicher zu seiner Pfarre beglückwünscht, deutlich dafür, daß in Bälde in Unterlüß ein kathol. Pfarramt errichtet wird.

Dürfen wir da mit unserer 11 x so starken Gemeinde zurückstehen? Der Kirchenvorstand von Eschede hält es für dringend erforderlich, daß die Collaboratur in ein festes Pfarramt umgewandelt wird. In voller Erkenntnis der schwierigen Unterlüßer Verhältnisse hat das Landeskirchenamt auf Bitten des Kirchenvorstandes von Eschede seit 1922 Hilfsgeistliche nach Unterlüß entsandt und am Bau der Kapelle u. ganz besonders des Pfarrhauses mitgeholfen.

Er wird sich auch jetzt den Bitten des Kirchenvorstandes nicht verschließen, die gerade in Anbetracht des Vordringens der kathol. Kirche auf die Errichtung einer selbständigen festen Pfarrstelle in Unterlüß hinzielen. Der Kirchenvorstand bedauert es, zu diesem Zweck nach dem Verlust durch die Inflation aus der Kirchengemeinde Eschede keine Mittel zur Verfügung stellen zu können; er wird aber sein möglichstes tun, die Kirchenkreise, denen Unterlüß und Schießplatz zugehören, zu tatkräftiger Mithilfe mitzubewegen u. hofft ganz besonders auf die Hilfe des Landeskirchenamtes.«

Der Brief schließt mit Zahlen über die damalige Aufteilung der Unterlüßer Bevölkerung nach ihrer Religionszugehörigkeit:

	Evangelische	Katholische
Unterlüß	930	30
Schießplatz	182	54
Gut Mitte	30	12
Schafstall	10	0
Siedenholz	20	0
Neuschröderhof	12	0

Dieses Schreiben vom Vorsommer 1927 hatte zunächst keinerlei Erfolg. Am 14. November 1928 beschloß zwar der Kirchenvorstand in Müden, den Schießplatz und Neuensothrieth von der Kirchengemeinde Müden zu trennen und deren Bewohner unter Pastor Firnhabers Fittiche zu geben; aber dieser Beschluß wurde seitens des Landeskirchenamtes erst sehr viel später bestätigt.

Erst am 18. März 1929 wurde das Landeskirchenamt in Sachen »selbständige Kirchengemeinde Unterlüß« wieder tätig, indem es den Landrat in Celle um Zustimmung bat, zum 1. Oktober 1929 eine selbständige Kirchengemeinde in Unterlüß errichten zu können.

In dem Schreiben wurden noch einmal ausführlich die örtlichen Verhältnisse angesprochen, und es heißt unter anderem:

»In den Jahren 1922/23 konnte sodann eine Kapelle und im Jahre 1926 neben ihr ein Pfarrhaus errichtet werden. Bei Lösungen dieser Aufgaben in einer Zeit schwierigster wirtschaftlicher Verhältnisse zeigten die Gemeindeglieder in Unterlüß sowie die dortigen Unternehmungen einschließlich der Firma Rheinmetall weitgehendes Verständnis und nicht geringe Opferbereitschaft.

Die äußeren Voraussetzungen für ein geeignetes Kirchenwesen in Unterlüß sind damit zum Teil geschaffen worden, wenn auch in der bescheidendsten Form.«

In dem überwiegenden Teil des Briefes wurden dann die finanziellen Probleme angesprochen. Der rasche und schmerzliche Wechsel in der Pfarrstelle wurde dabei auf die schlechtere Besoldung des Hilfsgeistlichen gegenüber dem Geistlichen und auf die große Zahl freier Pfarrstellen zurückgeführt.

Auch die finanzielle Grundlage der zukünftig selbständigen Kirchengemeinde wurde im Brief angesprochen.
Schon 1927 hatten die Kirchenkreistage in Celle-Beedenbostel und Soltau 10.000 RM bzw. 5.000 RM zur Ausstattung der Pfarrstelle bereitgestellt. Letztere sollte nun auch das Gelände des Schießplatzes einschließlich der Försterei Neuensothrieth aus der Kirchengemeinde Müden umfassen.
Die Einnahmen der zukünftigen Kirchengemeinde Unterlüß wurden mit 4.400 RM veranschlagt. In dieser Summe waren berücksichtigt worden die Kirchensteuer, das Kirchgeld und Leistungen der Firma Rheinmetall von 1.718 RM. »Rheinmetall« hatte in Verhandlungen am 26. Januar 1922 zugesagt, sich im Verhältnis der Bevölkerungszahl von Schießplatz zu Unterlüß an den Kosten der kirchlichen Versorgung zu beteiligen, was von 1922 an mit steigender Tendenz auch geschah. Zu den 4.400 RM wurden noch zugerechnet ca. 900 RM Zinsen auf die bereits erwähnten Ausstattungskapitalien.
Auf der Sollseite des Jahreshaushaltes wurden aufgeführt: 1.200 RM für die Anstellung eines Organisten und Kirchenrechnungsführers, 200 RM für die Unterhaltung der neu erbauten und damit in gutem baulichen Zustande befindlichen Gebäude. Somit verblieben 3.000 RM für das Jahresgehalt des Hilfsgeistlichen, was als ausreichend galt.

Um aber dem zukünftig festangestellten Geistlichen das Gehalt zahlen zu können, wurden weitere 2.000 RM beim Ministerium für Wissenschaft, Kunst und Volksbildung beantragt, und den dann noch ungedeckten Rest wollte die Landeskirche aus ihren Mitteln zuschießen.
Seitens des Landeskirchenamtes wurde allerdings in Betracht gezogen, die vom Kirchenvorstand eingestellte Kirchensteuer von zwölf Prozent der Reichseinkommen- und Grundvermögensteuer geringfügig zu erhöhen. Um diesen Vorschlag drehte sich im besonderen Maße der Schriftwechsel der beteiligten Stellen.
Mit einer Antwortfrist von acht Tagen wurde der Unterlüßer Gemeindevorsteher vom Landrat mit Schreiben vom 3. April 1929 aufgefordert, zu den Ausführungen der Landeskirche betreffend Errichtung einer selbständigen Kirchengemeinde Stellung zu nehmen. Nachdem der Landrat am 20. April 1929 eine Nachfrist von 48 Stunden setzte, antwortete der stellvertretende Gemeindevorsteher Kuckuk am 22. April. In diesem Schreiben gab er zu Bedenken:

> »Hinsichtlich der Finanzierungsfrage wäre es jedoch wünschenswert, daß die Regierung eine ausreichende Beihilfe zur Verfügung stellt, weil eine höhere Belastung als 12% der Reichseinkommensteuer zur Kirchensteuer, wie in dem Antrage bereits in Aussicht genommen, für die Träger dieser Steuer in der hiesigen Gemeinde untragbar sein würde und unter Umständen aus diesem Grunde der Austritt einzelner Gemeindemitglieder aus der Landeskirche zu befürchten wäre.«

Ansonsten hielt er den Antrag für berechtigt.

In dieser Zeit des zähen Ringens gab es aber auch sichtbare Erfolge. So wurde auf der rückwärtigen Empore der Kapelle 1928 eine Orgel aufgestellt, die der Escheder Kirchenvorstand am 15. Dezember 1927 bei der Firma Faber & Diener in Salzhemmendorf zum Preise von 3.910 Mark für die Kapelle in Unterlüß bestellt hatte. Sie löste das alte Harmonium ab.
Nun konnte Wilhelm Kröger fünf klingende Register ziehen und den 268 Zinkpfeifen die 56 Töne des Manuals und die 30 Töne des Pedals entlocken, und der Friedhofswärter und Glöckner Griebe bekam eine Aufgabe hinzu: Blasebalg treten.

Über einen längeren Zeitraum hörte man in Unterlüß nichts über den Fortgang der Dinge »selbständige Kirchengemeinde«. Da man das Stocken der Angelegenheit in den Deckungslücken des Haushaltsvoranschlages vermutete, schrieb der Gemeindevorsteher Achenbach am 14. September 1929 an den Landrat, der Gemeindeausschuß habe ihn ermächtigt zu erklären, daß man die als drückend empfundene Erhöhung der 12%igen Kirchensteuer in Kauf nehmen würde, damit der Verwirklichung des Planes zur Errichtung einer selbständigen Kirchengemeinde keine neuen Schwierigkeiten entgegentreten würden.

Während dieser ganzen Zeit suchte Pastor Firnhaber nicht nur nach Verbesserungen für seine Gemeinde. Er hatte auch an seine Familie zu denken. Das bedeutete für ihn den Wechsel von der Collaboratur zum Pastor einer selbständigen Kirchengemeinde, weil damit eine bessere Besoldung verbunden war.
So hatte er bereits seine Zusage zur Anstellung in einer anderen Gemeinde gegeben, als die für ihn verspätete Nachricht von der Selbständigkeit der Unterlüßer Kirchengemeinde ab dem 1. April 1930 eintraf.

Für die evangelisch-lutherischen Christen in Unterlüß war es einer der bedeutendsten Momente ihrer Gemeindegeschichte, als die »Einrichtungsurkunde« eintraf, die folgenden Wortlaut hat:

»Gemäß Artikel 6 und 13 der Kirchenverfassung ordnen wir nach Anhörung der Beteiligten folgendes an:
§ 1 Die evangelisch-lutherischen Bewohner der Landgemeinde Unterlüß (Kreis Celle) sowie des durch Urkunde vom 28. Januar 1926 (Kirchliches Amtsblatt Seite 31) eingepfarrten »Gut Mitte« werden unter Auspfarrung aus der Kirchengemeinde Eschede zu einer selbständigen Kirchengemeinde Aufsichtsbezirk und Kirchenkreis Celle-Beedenbostel zusammengeschlossen.
§ 2 In der Kirchengemeinde Unterlüß wird eine Pfarrstelle errichtet.
§ 3 In der Kirchengemeinde Unterlüß werden aus der Kirchengemeinde Müden a. d. Oertze eingepfarrt die evangelisch-lutherischen Bewohner des Schießplatzgeländes der Rheinischen Matallwaren- und Maschinenfabrik A. G. zu Düsseldorf, Abtlg. Unterlüß, sowie der Försterei Neuensothrieth. Der Umfang dieses Geländes ergibt sich aus dem anliegenden Verzeichnis der Parzellen.
§ 4 Diese Anordnung tritt am 1. April 1930 in Kraft.
Hannover, den 29. März 1930
Evangelisch-lutherisches Landeskirchenamt.«

Freiwillige Feuerwehr Unterlüß

Unterlüß, im Jahr 1931 erst 84 Jahre alt, war ein Ort mit ungefähr 90 Häusern und rund 1.000 Einwohnern. Die Entstehung des Ortes Unterlüß geht auf den Betrieb der Eisenbahnstrecke Hamburg-Hannover zurück. Als Personen- und Güterbahnhof hatte Unterlüß gegenüber anderen Nachbarorten einen gewissen Vorrang. Darum siedelten sich hier neben Handwerksbetrieben die Kaufleute, Sägewerke und vor allem die Kieselgurverarbeitung an, die auf ein Massentransportmittel angewiesen waren. In Hohenrieth am Nordrand von Unterlüß, aber in der damaligen Gemeinde Schmarbeck liegend, hatte die Firma Rheinmetall-Borsig eine Betriebsstätte. Hier wurden hauptsächlich militärische Geräte erprobt. In diesem Betrieb arbeiteten viele Unterlüßer. Andere arbeiteten in den großen Forstgebieten und deren Kulturen, die um Unterlüß herum sich ausdehnten oder bei den Kieselgurwerken. Bei der Reichseisenbahn, ein der Blüte zustrebendes Verkehrsmittel, wurden verhältnismäßig wenig Arbeitskräfte beschäftigt. Bauernhöfe gab es keine.

Auf den Wald- und Heideflächen waren jedes Jahr viele Wald- und Heidebrände zu löschen, die häufig durch die holz- und kohlegeheizten Dampflokomotiven entstanden. Diese Brände mußten von den Forstarbeitern und den im Ort verbliebenen Männern und Frauen mit Schaufel und »Patsche« bekämpft werden. Dies war nicht immer einfach, und mitunter waren die Ergebnisse dieser Arbeit nur mangelhaft. Aus diesem Grund und auch zum Schutz der vermehrt entstehenden Gebäude in Unterlüß setzten sich dann beherzte und verantwortungsbewußte Männer im damaligen Gasthaus Achenbach zusammen. Eingeladen hatte dazu der Gemeindevorsteher Arthur Achenbach. Als Gast war der Hauptmann Meyer der Freiwilligen Feuerwehr Escheder anwesend, der dazu aufrief, eine Freiwillige Feuerwehr Unterlüß zu gründen, um die Bekämpfung der zahlreichen Brände organisatorisch besser in den Griff zu bekommen.

Von den versammelten 47 Bürgern der Gemeinde wurde nach eingehender Diskussion am 22. April 1931 einstimmig beschlossen, noch am gleichen Tag eine Freiwillige Feuerwehr zu gründen. Als Führer und Hauptmann der Wehr wurde der Maurermeister Hermann Buchhop vorgeschlagen. Einige Herren der Freiwilligen Feuerwehr Escheder waren ebenfalls der Einladung gefolgt, um bei der Gründung aufklärend und werbend zu wirken. Nachdem Gemeindevorsteher Achenbach die Hilfe der Gemeinde, des Kreises und der Brandkasse Hannover bei der Ausrüstung der Feuerwehr in sichere Aussicht gestellt hatte, ergriff Herr Hauptmann Meyer von der Escheder Wehr das Wort, um die Erschienenen mit den Aufgaben einer freiwilligen Wehr bekannt zu machen, ihre Organisation zu erläutern und die großen Vorteile einer freiwilligen Wehr gegenüber einer Pflichtwehr hervorzuheben.

Die Versammelten beschlossen im Anschluß an diese Diskussion einstimmig, die Freiwillige Feuerwehr Unterlüß zu gründen und die allgemein vorgeschriebene Satzung gemäß der Polizeiordnung des Oberpräsidenten in Hannover vom 27. September 1901 anzuerkennen. Als vorläufiger Leiter der Wehr wurde der Maurermeister Hermann Buchhop gewählt. Die endgültige Wahl des Gesamtvorstandes sollte in einer weiteren Versammlung, die auf Sonnabend, den 2. März 1931 einberufen war, vorgenommen werden.

Sodann wurde die Gründungsurkunde verfaßt, die wie folgt lautet:

Auf Einladung des hiesigen Gemeindevorstehers versammelten sich heute die unten verzeichneten Personen, um eine Freiwillige Feuerwehr in der Gemeinde Unterlüß zu gründen.

Die Unterzeichner erklären durch Abgabe ihrer Unterschrift, daß sie der neugegründeten Freiwilligen Feuerwehr als Mitglieder beitreten. Die Wehr soll sich sofort dem Kreis- und Provinzialverband anschließen.

Hermann Buchhop, Willy Sanders, Wilhelm Griebe, Wilhelm Behrens, Heinrich Koniarski, Fritz Henneike, Alwin Pahl, E. R. Töpritz, Adolf Heine, Richard Töpritz, Heinrich Behrens jun., R. Schimeck, Arthur Achenbach, Franz Schielke, Friedrich Niemann, Claus Heisch, Fr. Hobucher, Wilhelm Griebe jun., Hermann Siems, Emil Wülfroth, Ernst Drangmeister, Heinrich Müller, August Biermann, Heinrich Peters, Albert Plettke, Otto Beyer, Ernst Bakeberg, Hermann Harms, Kurt Dohnke, Fritz Schumacher, Wilhelm Nordmann, Wilhelm Helms, Friedrich Glahn jun., August Engelke, Friedrich Glahn sen., Carl Grüne, Heinrich Meyer, Ernst Lindhorst, H. Ukon, Fritz Kruse, Gustav Noftz, Martin Wilsdorf, Max Sonnenborn, Otto Henning, Leopold Garlich, Paul Terpe, Friedrich Beyer, Walter Beyer.

Wagenpark der Freiwilligen Feuerwehr Unterlüß, Stand 1981; v. l. n. r.: Einsatzwagen, Mannschaftstransportwagen, Löschgruppenfahrzeug 8, Tanklöschfahrzeug Mercedes (TLF 16/25), und ein weiteres Tanklöschfahrzeug

In Unterlüß gab es nun eine Freiwillige Feuerwehr. Diese Wehr hatte noch keinerlei Ausrüstung und Erfahrung, mußte aber schon im Gründungsjahr mehrmals zu Waldbränden ausrücken und legte dabei ihre Bewährungsprobe ab.

Es ist bemerkenswert, daß schlagartig die entstandenen Brände zielsicherer und bedeutend schneller gelöscht wurden als vorher, als noch die gesamte Bevölkerung zur Brandbekämpfung ausrücken mußte. Mehrere Dankschreiben und Belohnungen vom Herrn Landrat und der Forstverwaltung beweisen, daß die Gründung der Freiwilligen Feuerwehr notwendig war und deshalb in den folgenden Jahren dem Ort und der Heimat viel wertvolles Gut gerettet und erhalten werden konnte.

Die Ausrüstung und Aktivierung der Wehr ging langsam aber stetig voran. Noch im Gründungsjahr konnten von der Gemeinde persönliche Ausrüstungsstücke beschafft werden, wie Stahlhelme, Steigergurte, Leinen und ein Teil der Uniformen. Wichtig war auch die Anschaffung von Alarmhörnern und die Einrichtung der Feuermeldestellen beim Hauptmann Buchhop, Bäckermeister Wellhausen und in der Bäckerei Klingebiel, die dann bei Alarm in ihrem Revier vom Fahrrad ins Horn stießen und die Wehr alarmierten. Diese Art der Alarmierung wurde bis 1940 beibehalten, dann wurden die Hornisten durch eine Sirene abgelöst, die gleichzeitig die Luftschutzalarmsirene war. Bei Bränden im Ort war jedoch die Wehr noch weitgehend machtlos, weil keinerlei natürliches Wasserreservoir vorhanden war. Deshalb wurde auch auf Anregung der Wehr in Zusammenarbeit mit der Landschaftlichen Brandkasse Hannover in den Jahren 1935 und 1936 ein Wasserwerk in Unterlüß gebaut und Hydranten errichtet. Als weiteres Ergebnis wurde 1936/37 ein Feuerwehrgerätehaus als Haus Nummer 139 auf dem Schulhof der Schule in der Waldstraße gebaut und zwei Hydrantenhandwagen angeschafft. Es waren einachsige Handkarren, auf denen für drei Angrifftrupps ein Standrohr, B-Schläuche, Verteiler, C-Schläuche und Strahlrohre waren, aber noch keine Pumpe. Von diesem Zeitpunkt an konnten Hausbrände direkt mit Wasser gelöscht und folglich die Feuerversicherungsprämien gesenkt werden. Auch andere Feuerversicherer halfen jetzt der Wehr und damit der Gemeinde durch Zuschüsse und Darlehen zum Ausbau und zur Verbesserung der Feuerlöscheinrichtungen am Wasserleitungs- und Hydrantennetz.

Außer der Freiwilligen Feuerwehr hatte auch die Firma Rheinmetall-Borsig, die sich ständig vergrößerte, eine Werkfeuerwehr, die besser ausgerüstet war und gemeinsam mit der Freiwilligen Feuerwehr viele Brände bekämpfte. Im Jahre 1937 hatten beide Wehren, die Freiwillige und auch die Werkfeuerwehr der Rheinmetall-Borsig, eine sehr harte Bewährungsprobe.

Damals war auf dem Gelände der Firma Rheinmetall-Borsig ein großer Waldbrand ausgebrochen, der auch den Heidebewuchs eines Munitionsbunkers in Brand setzte. Die Brandbekämpfung war hier sehr schwer, weil der Bunker mit Sprengstoff gefüllt war, der jeden Moment explodieren konnte. Alle taten ihr möglichstes, das Feuer zu löschen; es war aber nicht zu verhindern, daß der Bunker explodierte und dabei die meisten Häuser im Ort beschädigt wurden. Am bedauernswertesten waren 14 Angehörige des Werkes, die hierbei ihr Leben lassen mußten.

Schon im Winter 1937 hatte die Wehr einen zweiten harten Einsatz. Das strohgedeckte große Wohnhaus des Arztes Dr. Schwarze, Hermannsburger Straße 31, geriet bei Auftauarbeiten in Brand und wurde zum größten Teil ein Raub der Flammen. Es herrschte starker Frost und der in der Nähe liegende Hydrant war eingefroren, so daß die Wehr sich zunächst auf die Rettung von Mobiliar

Wagenpark 1995

und Hausrat beschränken mußte. Erst bei Eintreffen der ebenfalls alarmierten Werkfeuerwehr der Rheinmetall-Borsig konnte eine Pumpe und eine lange Schlauchleitung verlegt und der Brand dann wirksam bekämpft werden.

1938 wurde der Wehrführer Hauptmann Hermann Buchhop durch Willy Sanders – bis zu dessen Einberufung 1940 – abgelöst. Willy Sanders konnte 1939 den ersten Tragkraftspritzenanhänger TSA 8 mit einer 800-Liter-Pumpe anschaffen, der mit Trecker oder Mannschaftszug gezogen wurde. Dann übernahm bis 1948 der Gemeindebrandmeister Hermann Buchhop wieder die Führung der Wehr.

Inzwischen war 1939 der zweite Weltkrieg ausgebrochen, und die Aufgaben der Wehr wurden stark erweitert. Sie mußte vor allem einen großen Teil der Aufgaben des Luftschutzes übernehmen und wurde umgetauft in Feuerlöschpolizei. Mehrere Brände am Tage waren jetzt keine Seltenheit mehr. Warf doch der damalige Gegner gerade in unserem Wald- und Heidegebiet sogenannte Brandplättchen ab, die sich durch Sonneneinwirkung selbst entzündeten und viele Wald- und Heidebrände verursachten. Mit Hilfe des Einsatzes von Suchkolonnen der Schulen und der verschiedenen Verbände konnten aber viele Brandplättchen gefunden und Brände von vornherein verhütet werden. Der erste schwere Kriegseinsatz bestand im Ablöschen mehrerer Güterwagen auf dem Bahnhof, die durch Fliegerbeschuß in Brand gesetzt worden waren. Hinzu kam 1944 ein Flugzeugabsturz einer deutschen ME-109 auf der Müdener Straße, der die Häuser Buchhop, Herbst und Engelke in Brand setzte. Zum Glück konnte der Brand aber bald gelöscht werden. Wenige Tage später war ein Großeinsatz auf dem Gelände der Rheinmetall-Borsig durch Spreng- und Brandbomben ausgelöst worden. Hier halfen die Wehren aus Celle, Bergen, Winsen und Wietze.

Den schwersten und größten Einsatz mußte die Wehr wohl leisten, als Unterlüß durch feindliche Bomber am 4. April 1945 angegriffen wurde. Dieser Einsatz, wenige Tage vor dem Einmarsch der feindlichen Truppen, war wohl der härteste in der Geschichte der Feuerwehr Unterlüß. Die Firma Rheinmetall-Borsig war durch Bomben fast restlos zerstört und damit auch das Material der Werkfeuerwehr Rheinmetall. Das Dorf selbst brannte an unzähligen Stellen, und die Wehr war überdies durch Einziehung vieler Männer zur Wehrmacht stark geschwächt. Der aufgestellte Notdienst und die Pflichtfeuerwehr hatten mit sich selbst alle Hände voll zu tun. Die Wasserleitung, die einzige Wasserentnahmestelle überhaupt, war zerstört. Die Männer, durch den anstrengenden Dienst, durch nächtliche Bereitschaften und Brandpatrouillen ausgelaugt, hatten Mühe, ihr eigenes Haus zu retten, so daß an diesem Katastrophentag nur wenig durch den Einsatz der Wehr gerettet werden konnte. Mit diesem Tiefstand der Leistungsfähigkeit der Wehr war auch ein gewisser Tiefstand des Ortes erreicht.
Nach wenigen Tagen marschierten feindliche Truppen ins Dorf, und damit hörte auch vorläufig jeder organisierte Brandschutz auf.

Aber schon im Mai 1945 wurde die Wehr vom englischen Ortskommandanten zusammengerufen und nahm unter Hermann Buchhop ihre Arbeit wieder auf. Unter schweren Bedingungen und oft unter Lebensgefahr und unter Ausnutzung der soldatischen Kenntnisse holte sich die Wehr in den umliegenden Wäldern Feuerlöschgeräte zusammen und konnte fünf Löschfahrzeuge und eine mechanische Leiter »organisieren«. Die Löschfahrzeuge und die Leiter wurden vom Kreis beschlagnahmt, dem auch die Ausrüstung fehlte. Weiteres Feuerlöschmaterial »besorgte« sich die Wehr, oft genug dabei von Gewehrläufen bedroht, aus den Wäldern. Berge von Schläuchen und sonstigem Gerät konnte so dem Brandschutz erhalten werden. Die Wehr selbst hatte aber nur wenig davon, weil die durch den Landkreis neu eingerichtete Wehrmachtsgutverwaltung diese geretteten Werte in Anspruch nahm und die Gemeinde nur weniges für die eigene Wehr kaufen konnte.

Es gelang aber der Gemeinde im Jahre 1946, ein ehemaliges Wehrmachts-Löschfahrzeug LF 15 für Unterlüß zu erwerben.

Dieses Gerät mit Wänden und Türen aus Preßpappe tat dennoch bis 1967 seinen Dienst, obwohl es nicht mehr voll einsatzfähig war. 1947 wurde dann ein Feuerwehrgerätehaus aus Barackenteilen in der Müdener Straße 17 errichtet, weil das alte Gerätehaus besetzt worden war. Es erhielt die Hausnummer 249. In dem Haus wohnte auch Gerätewart Walter Beyer, dessen schwerste Aufgabe es war, immer wieder die LKW-Reifen zu flicken.

In den ersten fünf Nachkriegsjahren war die Freiwillige Feuerwehr sehr aktiv und hatte manchmal unter Lebensgefahr durch explodierende Blindgänger Brände zu löschen. Kam es doch jetzt vor, daß an einem Tag bis zu sechs Brände abzulöschen waren. So ist hier hervorzuheben, daß im Jahre 1947 insgesamt 62 Wald-, Heide- und Ortsbrände gelöscht werden mußten und dabei drei Feuerwehrmänner durch Granatsplitter von Blindgängern verletzt wurden. Das Jahr 1948 war noch schwerer, weil die Wehr 74 Brände zu bekämpfen hatte, darunter fünf Gebäudebrände. In dieser Zeit, in der alles kontingentiert und rationalisiert war, erhielt die Wehr als Hilfe dann zusätzliche Lebensmittelmarken für Landarbeiter und von der Forstverwaltung verbilligtes Brennholz.

Anfang 1948 gab der Brandmeister Buchhop seinen Posten als Wehrführer auf, und der Bierverleger Richard Schulz wurde zum Gemeindebrandmeister der Wehr gewählt.

1948/49 wurde von der Wehr ein neu entwickeltes Waldbrandgerät in vielen Einsätzen ausprobiert und auf seine Tauglichkeit geprüft. Es handelte sich um einen mit Wasser gefüllten Waldbrandanhänger. Das Wasser des Anhängers wurde von den Männern in Rückentragen zum Brandherd vorgebracht und verspritzt. Dieser Anhänger bewährte sich, machte aber Probleme, weil er viel körperliche Kraft erforderte. Als weiteres Gerät für den Waldbrand wurde bei der Feuerwehr Unterlüß ein Prototyp eines Tanklöschfahrzeuges ein Jahr lang erprobt. Mit diesem Gerät wurden bessere Erfahrungen als mit dem Anhänger gemacht, weil jetzt das Feuer abgelöscht werden konnte. Leider konnte die Gemeinde keinen dieser Prototypen erwerben. Es zeigte sich jedoch bald, daß anstelle der Waldbrandpatschen eine andere Löschart für Waldbrände geschaffen werden mußte. So erkundigten sich die Wehr und die Gemeinde nach anderen Möglichkeiten. In den Jahren 1953 und 1954 gab es hitzige Debatten zwischen der Forstverwaltung, der Gemeindevertretung und der Feuerwehr, weil die Feuerwehr die Anschaffung eines neuen Gerätes für die Waldbrandbekämpfung verlangte. In diesen Jahren war es vor allem Brandmeister August Engelke, der sich ganz entschieden für das neue hier erprobte Waldbrandlöschgerät einsetzte.

Inzwischen war die Technik weiter fortgeschritten, so daß das Land Niedersachsen jetzt das Tanklöschfahrzeug TLF 15, Typ Niedersachsen, vorstellen konnte. Nach einigem Hin und Her bestellte die Gemeinde im Herbst 1954 ein neues Tanklöschfahrzeug für Unterlüß. Dieses TLF 15 wurde am 5. Februar 1955 der Feuerwehr Unterlüß übergeben. Es war das dritte Tanklöschfahrzeug im Landkreis Celle.

Im gleichen Jahr gab der Gemeindebrandmeister Richard Schulz die Führung ab. Daraufhin wurde der Verwaltungsangestellte Arnold Engelen am 18. März 1955 zum Gemeindebrandmeister gewählt.

Die besseren Löschmöglichkeiten und die etwas ruhigeren Verhältnisse machten es möglich, daß die Wehr sich wieder neu aufbaute und die Väter durch ihre Söhne bei der Feuerwehr abgelöst wurden.

Die Bewährungsprobe der verjüngten Feuerwehr kam 1959.

Zwischen Schafstall und Queloh entstand am 21. und 22. Juni 1959 auf einer Waldfläche von ungefähr 50 ha ein Großfeuer, das mit Hilfe der Nachbarwehren und der Bundeswehr, die gerade im Manövereinsatz war, bekämpft wurde. Noch während der Nachlöscharbeiten kam am 23. Juni 1959 die Alarmierung der Wehr zum großen Waldbrand zwischen Hornshof und Hustedt. Auch hier war die Wehr zwei Tage ununterbrochen im Einsatz. Vom 19. bis 21. Oktober 1959 wurde die Unterlüßer Wehr wiederum zum großen Waldbrand bei Ovelgönne-Hambühren gerufen, weil unser TLF wertvolle Löschhilfe leisten konnte und sich bestens bewährte. Insgesamt waren 1959 von der Feuerwehr Unterlüß 38 Heide- und Waldbrände und vier Gebäudebrände zu bekämpfen.

Diese Leistungen der Feuerwehr wurden durch die Verleihung des Feuerwehrehrenkreuzes in Silber an den Gemeindebrandmeister Engelen anerkannt.

Das Jahr 1964 brachte der Feuerwehr Unterlüß wiederum viel Arbeit: 26 Waldbrände und fünf andere Brände stellten hohe Anforderungen. Hier wurde die gute Zusammenarbeit mit der Werkfeuerwehr der Firma Rheinmetall besonders deutlich, die jetzt fast immer gemeinsam mit der Freiwilligen Feuerwehr die Waldbrandbekämpfung durchführte.

Im Laufe der Jahre änderten sich die Anforderungen an die Feuerwehr. So wurden mehr technische Hilfeleistungen verlangt, hauptsächlich bei Verkehrsunfällen. Um diesen sich verändernden Anforderungen gerecht zu werden, errichtete die Gemeinde Unterlüß 1967 für ihre Feuerwehr das jetzige Feuerwehrgerätehaus mit vier Garagen, Aufenthaltsraum und Wohnung. Gleichzeitig wurde anstelle des alten Feuerwehrwagens ein Löschgruppenfahrzeug LF 8 und für den Mannschaftstransport ein VW-Kleinbus angeschafft.

Nachwuchssorgen kennt die Feuerwehr nicht. Trotzdem traf sie Vorsorge und motivierte am 16. Oktober 1965 mit der Gründung einer Jugendfeuerwehr auch die Jugend des Ortes neu. Als erster Jugendgruppenleiter baute Oberlöschmeister Helmut Pahl die Jugendgruppe der Freiwilligen Feuerwehr mit 16 Jungen auf. Die förmliche Bestätigung der Jugendfeuerwehr gab der Rat am 25. Januar 1966, indem er die Jugendordnung in die Satzung der Feuerwehr Unterlüß einfügte. Die Idee der Jugendfeuerwehr wurde von den Jüngeren gern angenommen, weil sie hier die Möglichkeit hatten, zusätzlich zu einer feuerwehrtechnischen Ausbildung sich selbst in ihrem Leistungswillen und in ihrer Leistungsfähigkeit bestätigen zu können, zum Beispiel bei Wanderfahrten, Zeltlagern und Sport. Sie bauten auch selbst drei Boote und konnten diese auf dem Ratzeburger See – bis 1973 sogar mit einem Außenbordmotor – im Sommerzeltlager ausprobieren. Im Winter 1966/67 wurden zwei Wildfütterungen für Rotwild und eine für Rehwild mit den dazugehörigen Eicheln und Winterheu im Wald mit Revierförster Günther durchgeführt.

Die Jugendfeuerwehr baute auch ein altes Go-Kart auf, mit dem für die »Aktion Sorgenkind« auf dem Sportplatz Hohenrieth ein größerer Betrag »eingefahren« wurde.

1967 wurde Hauptfeuerwehrmann Gerhard Schlicht neuer Jugendfeuerwehrwart. Er brachte den Jungen vor allem die neue Technik bei. Sie lernten den Umgang mit Funk, Landkarten und Kompaß, die sie bei größeren Geländespielen gut verwenden konnten. Oberfeuerwehrmann Martin Erikson konnte im Januar 1977 eine Jugendfeuerwehr übernehmen, die von ihm vollen Einsatz erwartete. Die Jungen wollten ihr Wissen nicht nur spielend einsetzen, sondern auch beim Ernstfall dabei sein. Sie waren bereit und konnten unter seiner Führung auch Aufgaben bei Großbränden übernehmen, weil sie sich im Gelände gut auskannten und darum Lotsen- und Nachlöschaufgaben ausführen konnten. Durch bestimmte Arbeitsaufgaben für die Jugend wird seitdem erreicht, daß sie bei der Übernahme in die Freiwillige Feuerwehr schon eine abgeschlossene Feuerwehrausbildung hat. Die Jugendlichen können sich dann nahtlos in die Reihen der Freiwilligen Feuerwehr einordnen.

Die Männer der Freiwilligen Feuerwehr müssen sich ebenfalls laufend den neuen technischen Errungenschaften anpassen. So kann heute kaum ein Brandeinsatz ohne schweren Atemschutz durchgeführt werden. Auch die Handhabung der Rettungsgeräte verlangt Fachleute, ebenso steht es mit der Motorsäge. Die Arbeit mit ihr verlangt dauernde Übung. Zweimal im Monat ist darum ein Übungsdienst auszuführen. Die Kenntnisse bei der Arbeit mit der Motorsäge mußten die Männer der Feuerwehr beim Sturm am 13. November 1972 beweisen, als sie zwei Tage ununterbrochen beschäftigt waren, die Straßen von umgefallenen Bäumen zu befreien.

Im Frühjahr 1975 erhielt die Freiwillige Feuerwehr Unterlüß ihr zweites TLF 16 und mußte es sofort im vollen Umfange einsetzen. In den beiden Trockenjahren 1975 und 1976 mußte die Feuerwehr Unterlüß gemeinsam mit ihren Kameraden von den Nachbarwehren viel Arbeit bei den Großbränden leisten. So waren beim Waldbrand im Gebiet um Altensothrieth und Oberohe die Löscharbeiten noch nicht beendet, als der Alarmruf zum Großbrand in Queloh kam, ein Waldbrand, der sich zu einer über zwei Wochen dauernden größten Waldbrandkatastrophe entwickelte. Die Gemeinde Unterlüß wurde 1976 direkt betroffen, als etwa vom Gebiet des Forstamtes Lüß ausgehend, ungefähr 800 ha Wald im Gemeindegebiet abbrannten. Auch diesem Großbrand 1976 war ein kleiner Waldbrand vorausgegangen, und die Feuerwehr war deshalb praktisch sofort zur Stelle. Trotz aller Bemühungen konnte der Großbrand dennoch nicht verhindert werden. Den an der Bekämpfung dieses Waldbrandes Beteiligten wurde später eine Waldbrandmedaille verliehen, die immer an diesen tapferen Einsatz erinnern wird!

1976 war aber nicht nur die Feuerwehr, sondern auch die politische Gemeinde gefordert. So mußte die Gemeindeverwaltung Vorbereitungen für die Evakuierung von Ortsteilen treffen, Notunterkünfte bereitstellen und die Versorgung der Bevölkerung sicherstellen, die teilweise ohne Strom war. Dabei hat die Feuerwehrassistentin Erika Schlicht speziell die Nachrichtenübermittlung gesichert. Eine wesentliche Voraussetzung für den Erfolg überhaupt.

Die Werkfeuerwehr Rheinmetall unterstützte in dieser Zeit die Freiwillige Feuerwehr mit all ihren Kräften und trug mit dazu bei, daß im Firmenbereich besondere Brandschutzmaßnahmen eingerichtet wurden.

Auch der Landkreis und die Forst legten nun Löschwasservorräte im Wald neu an, die die Waldbrandbekämpfung erleichtern werden.

Diese ehrenamtlich geleisteten Einsätze der Feuerwehr stärkten den Bürgersinn und ließen es dazu kommen, daß Bürgerinnen und Bürger als Förderer der Feuerwehr beitraten, um mit einem Geldbeitrag ihre Verbundenheit mit der Feuerwehr zu zeigen.

Auch im Ortsteil Lutterloh, der 1976 ebenfalls vom Waldbrand bedroht wurde, begann sich die Nachbarschaftshilfe zu organisieren. So konnte am 4. Mai 1978 innerhalb der Feuerwehr die »Gruppe Lutterloh« mit 13 Mann aufgestellt werden. Als erste Ausrüstung erhielt diese Gruppe einen Tragkraftspritzenanhänger mit einer 800-Liter-Pumpe, und schon 1980 wurde von der Gemeinde im Dorfgemeinschaftshaus eine Feuerwehrgarage erbaut, um die »Gruppe Lutterloh« mit einem Löschfahrzeug ausrüsten zu können.

Nach der Gebietsreform gab es bis 1981 in der Stützpunktfeuerwehr Unterlüß einen Ortsbrandmeister (Gerhard Schlicht) und einen Gemeindebrandmeister (Arnold Engelen). Ortsbrandmeister Gerhard Schlicht wurde dann zum stellvertretenden Gemeindebrandmeister gewählt.

1981 feierte die Feuerwehr ihr 50jähriges Jubiläum, bei dem auch der Kreisfeuerwehrtag und die Kreiswettkämpfe stattfanden.

Ab 1983 wurde die Löschwasserversorgung bei Waldbränden im Gemeindegebiet wiederum verbessert, es wurden mehrere 50.000 und 100.000 Liter Löschwasserbehälter in verschiedenen Waldgebieten eingegraben.

1984 wurden ein Einsatzleitwagen und neue Einsatzanzüge beschafft, das Feuerwehrgerätehaus erhielt neue Tore.

Am 29. Januar 1988 wurde der Gemeindebrandmeister Arnold Engelen aus Altersgründen von seinem Stellvertreter Gerhard Schlicht abgelöst. Neuer Stellvertreter wurde Brandmeister Erhard Hoffmann. Arnold Engelen wurde von der Gemeinde zum Ehren-Gemeindebrandmeister ernannt.

Ab 1990 wurde die Fahrzeughalle nebst Unterrichtsraum umgebaut. Eine Teeküche wurde darin eingerichtet, und ein Grundstück für den Parkplatz erworben und ausgebaut.

Die Stützpunktfeuerwehr hatte am 15. Februar 1995 eine Stärke von 54 aktiven Feuerwehrmännern, 20 Jugendfeuerwehrmännern und 177 fördernden Mitgliedern.

Fahrzeugstand: 15. Februar 1995

3 Tanklöschfahrzeuge mit 2.400 Liter Wasser – TLF 24/16
1 Löschgruppenfahrzeug – LF 8
1 Mannschaftstransportwagen
1 Einsatzleitwagen
1 Schlauchanhänger mit 600 m B-Schlauch

Sondergeräte:

3 Motorsägen
1 Hydraulisches Rettungsgerät (Schere und Spreizer)
1 Greifzug 1,5 KN
1 elektrische Seilwinde 2,5 KN
3 Stromerzeuger (2,5 KVA, 5 KVA, 55 KVA)
8 Preßluftatmer

Damals wie heute kann die Gemeinde auf ihre Feuerwehr stolz sein, stolz auch auf den damit bewiesenen Bürgersinn, der hier im kleinen trotz der stärker werdenden materiellen Ausrichtung im großen nicht verlorengegangen ist. Man muß auch hervorheben, daß die Frauen und Mütter der Feuerwehrmänner Großes dazu beitragen, daß die Feuerwehr ihren Wahlspruch hochhält:

»EINER FÜR ALLE, ALLE FÜR EINEN!«

Freundes- und Förderkreis
Albert-König-Museum e.V., Unterlüß

»Am Anfang war der Erhalt des kulturellen Erbes oder eins zieht das andere nach sich«

Bevor es einen Freundes- und Förderkreis Albert-König-Museum und bevor es überhaupt das Albert-König-Museum gab, war da der Mensch und Künstler Albert König und sein Werk.

Albert König wurde am 22. März 1881 in Escheden geboren. Während seiner Kindheit entwickelte er als Hütejunge eine besondere Liebe zur Natur und begann zu zeichnen.

Nach der Schulentlassung lernte er drei Jahre bei einem Dekorationsmaler das Malerhandwerk. In Düsseldorf setzte er anschließend an der Kunstgewerbeschule seine Ausbildung fort. Von 1903 bis 1905 diente er beim Militär, kehrte danach nach Escheden zurück, um ab 1909 an einer privaten Zeichenschule seine künstlerische Ausbildung fortzusetzen. Lovis Corinth und Georg Tappert in Berlin halfen ihm auf seinem Wege. Ab 1911 widmete er sich der Technik des Holzschnittes und feierte bald überregional anerkannte Erfolge.

Die für seinen künstlerischen Werdegang wichtigsten Ausstellungen waren die Internationale Kunstausstellung in Amsterdam (1912) und die 4. Graphische Ausstellung des Deutschen Künstlerbundes (1912) in Chemnitz.
In Amsterdam wurde König gleichermaßen neben Künstlern wie Käthe Kollwitz (Graphik) und Max Slevogt (Malerei) geehrt. Königs Arbeiten fanden daraufhin Interesse bei Käthe Kollwitz, Max Beckmann und Heinrich Vogeler.

Der erste Weltkrieg, den A. König als aktiver Soldat in Ostpreußen selbst erlebte, unterbrach diese fruchtbare Schaffensperiode. Nach seiner Heirat 1919 mit Dorothea Borsdorff, kehrte der Maler und Graphiker Albert König zunächst nach Escheden zurück, um am 19. Januar 1927 nach Unterlüß in ein neu erbautes Haus zu übersiedeln, welches damals am Rande des Ortes unweit des »Urwaldes« lag, eines im Naturzustande belassenen Waldgebietes. Fortan lebte Albert König sehr zurückgezogen, sich bewußt den Gepflogenheiten des Kunsthandels und des Ausstellungswesens enthaltend.

Die Ölmalerei wurde die wichtige Ausdrucksform des Künstlers. Seine starke Verbundenheit mit der Natur manifestierte König in der Darstellung kranker sterbender Bäume und bizarrer Kieselgurgruben.
Obgleich ihm angetragen, lehnte er die Aufnahme in die Kulturkammer des Deutschen Reiches ab. Am 5. Februar 1944 verstarb der Künstler in Unterlüß und wurde in Escheden beerdigt.

Die Witwe Dorothea König zeigte sich dem Orte Unterlüß und der Dorfgemeinschaft stärker zugewandt als ihr verstorbener Ehemann. Als Gewerbelehrerin unterrichtete sie viele Jahre stundenweise die Unterlüßer Schulkinder und schätzte nachbarschaftliche und freundschaftliche Kontakte, unter anderem mit Dr. August Biermann, der 1970 Gemeindebürgermeister wurde und das 21 Jahre lang blieb, und mit dem Gemeindedirektor Friedel Beneker.

Aus den persönlichen Anfangskontakten wurde ein freundschaftliches Verhältnis, welches in gegenseitiger Schätzung durch die Bewältigung von Fragen des alltäglichen Lebens an Tiefe gewann und durchaus auch eine Übertragung und Erweiterung auf die Gemeindeverwaltung Unterlüß erfuhr.

Im Jahre 1978 machte Frau König aus Verbundenheit zur Gemeinde Unterlüß ein Testament zu Gunsten der Gemeinde, in dem sie ihren gesamten Nachlaß, alle Werke Albert Königs, das Wohnhaus und das Grundstück der Gemeinde vererbte. Zugleich war mit diesem Erbe die Verpflichtung für die Gemeinde verbunden, auf dem Grundstück Albert-König-Straße 10 ein Kunstmuseum einzurichten, zu unterhalten und die Werke Albert Königs der Öffentlichkeit zugänglich zu machen. Der Rat der Gemeinde Unterlüß stimmte der Annahme des Erbes einstimmig zu.

Am 24. März 1982 erhielt Frau König die Ehrenbürgerschaft der Gemeinde Unterlüß. Zwei Jahre später verstarb sie am 12. November. Bis zu diesem Zeitpunkt wurde sie von ihrer Nachbarin Frau Martha Schröder gepflegt und nahm rege Kenntnis von der Entwicklung der Dorfgemeinschaft, über die ihr bei den regelmäßigen Besuchen des Bürgermeisters Dr. Biermann, des Gemeindedirektors Klaus Przyklenk und einer Reihe von Bürgern ständig berichtet wurde.

Nach dem Tode von Frau König befaßte sich der Gemeinderat Unterlüß, der Oberkreisdirektor Klaus Rathert, der persönliches Interesse an diesem Projekt hatte, und der leitende Baudirektor des Landkreises Siegfried Olbeter mit der Planung des Museums. An das ursprüngliche Albert-König-Haus wurde ein Anbau gebaut, der als Ausstellungsraum und Museum genutzt wird. Der Keller wurde als Archiv ausgestaltet und dient zur Lagerung von Kunstwerken, da nicht alle Bilder ausgestellt werden können. An eine Wohnung im oberen Teil des Hauses für einen Hausmeister wurde ebenso gedacht wie an Parkplätze vor dem Museum.

Ohne Zuschüsse und Spenden des Landkreises Celle, des Landes Niedersachsen, der Klosterkammer, der Unterlüßer Industrie und einer Spende des Sparkassenverbandes Niedersachsen hätten allerdings die ersten Bauaufträge 1985 nicht vergeben werden können. Am 19. Juni 1987 war die Arbeit vollendet. Das Albert-König-Museum wurde in der Trägerschaft der Gemeinde Unterlüß eröffnet. Von 1986 bis 1988 war Frau Gudrun Kandora mit den Arbeiten zur Eröffnung des Museums betraut. Seit 1987 leitete sie auch das Museum nach dessen Eröffnung. Von 1988 bis 1994 konnte Herr Dr. Volker Probst für die Leitung des Museums gewonnen werden. Seit 1994 hat diese Aufgabe Herr Dr. Klaus Homann, Celle, ehrenamtlich übernommen. Das Museum besitzt heute etwa 1.750 Arbeiten Albert Königs, darunter Gemälde, Holzschnitte und Zeichnungen.

Das Albert-König-Museum ist das einzige Kunstmuseum in der Lüneburger Heide. Es zeigt ständig Gemälde, Zeichnungen und Holzschnitte des Malers und Graphikers Albert König und veranstaltet mehrmals jährlich wechselnde Sonderausstellungen zu unterschiedlichen Themen mit Werken historischer und zeitgenössischer Künstler.

»Das eine zieht das andere nach sich«

Im Zusammenhang mit einer Ausstellung im Sommer 1986 wurde vom Gemeindedirektor Klaus Przyklenk mit dem Gedanke geworben, einen Freundes- und Förderverein für das im Entstehen begriffene Albert-König-Museum zu gründen. Am 4. September 1986, es war der letzte Tag einer Albert-König-Ausstellung im Rathaus, beschlossen 47 anwesende Personen die Gründung eines Freundes- und Förderkreises Albert-König-Museum. Die Gründungsversammlung des Vereins fand dann am 26. Januar 1987 statt.

Der Verein trägt den Namen »Freundes- und Förderkreis Albert-König-Museum e. V.« und hat seinen Sitz in Unterlüß. Er ist in das Vereinsregister beim Amtsgericht Celle eingetragen. In gemeinnütziger Weise das Werk Albert Königs der Öffentlichkeit zugänglich zu machen, ist die vordringlichste Aufgabe des Vereins. Im Vordergrund steht dabei die Erhaltung und Gestaltung des Albert-König-Museums sowie die Vervollständigung, Dokumentation und Pflege der Exponate.

Der Verein kauft Arbeiten Albert Königs an. Er fördert besondere Projekte im Albert-König-Museum, z. B. die Erstellung von Katalogen und das Dorfmalerprojekt. Weiterhin verfolgt der Verein das Ziel, durch Öffentlichkeitsarbeit über den regionalen Umkreis hinaus, Verständnis und Interesse für das Werk A. Königs zu wecken. Dem Vorstand gehören der Gemeindedirektor der Gemeinde Unterlüß und ein Vertreter der Gemeinde Eschede an.

Die Mitglieder des Vereins wohnen überwiegend in der Gemeinde Unterlüß. Die Belebung des kulturellen Lebens ist ihnen im Sinne einer intakten Dorfgemeinschaft ein wichtiges Anliegen. Jedoch gibt es auch eine Reihe von Persönlichkeiten in den Nachbargemeinden und der Stadt Celle, die durch ihre Mitgliedschaft die Akzente unterstreichen und verstärken, die der Verein in der Region setzt. Förderer und Freunde Albert Königs kommen aus ganz Niedersachsen, selbst aus Hamburg, Schleswig-Holstein und Nordrhein-Westfalen, die durch ihre Mitgliedschaft dem Verein eine weite Ausstrahlungskraft geben.

Die Vereinsmitglieder sorgen durch einen ehrenamtlichen Museumsdienst für geregelte Museumsöffnungszeiten. Sie übernehmen die Führung der Besucher und geben fachkundige Auskünfte. Vereinsmitglieder engagieren sich bei den Ausstellungsvorbereitungen im Albert-König-Museum, aber auch außerhalb, wenn Werke Königs auf auswärtigen Ausstellungen gezeigt werden. Die Arbeit des Museumsdienstes kann im ganzen nicht hoch genug eingeschätzt werden!

Der Verein hatte eine Mitgliederzahl von
    50 (1987)
  100 (1988)
  134 (1989)
  174 (1991)
  180 (1992)
  210 (1994)

Die Vorsitzenden des Vereins:

Benjamin Furch, 1987-1989
Dr. Ulrich Dicke, 1989-1990
Jörg-Dieter Landgraf, seit 1990

Im Winter 1987 führte der Verein ein erstes Museumskonzert in der Ausstellungshalle des Albert-König-Museums durch. Das Konzert war gedacht als ein Versuch, mehr aus der Wintersaison im Museum zu machen. Die Veranstaltung überzeugte alle Skeptiker, so daß seitdem jedes Jahr mehrere Konzerte, zum Teil in Zusammenarbeit mit der Gemeinde Unterlüß oder der Sparkasse Celle, aber auch in Eigenregie durchgeführt werden, die zum festen kulturellen Angebot des Vereins geworden sind. Seit 1992 findet jährlich zusätzlich ein Neujahrskonzert statt. Es begann mit dem Jungen Philharmonischen Orchester Niedersachsen. Seit 1993 übernahm es das Göttinger Symphonie-Orchester, für die Region das Neujahrskonzert zu gestalten. Von 1987 bis zum 1. April 1995 konnte der Verein insgesamt 24 Konzerte durchführen.

Außer den Konzerten gehören ebenfalls die Dichterlesungen zu den kulturellen Veranstaltungen, die in Unterlüß für die ganze Region angeboten werden. Bekannte Autoren, wie Walter Kempowski (1989), Reiner Kunze (1989), Arno Surminski (1990) und Erich Loest (1994) lasen in Unterlüß.

Der Freundes- und Förderkreis bemüht sich nicht nur um das kulturelle Leben allgemein, sondern unterstützt auch andere Aktionen, die zum Wohle der Dorfgemeinschaft gereichen.

Dazu gehören die Ferienpaßaktion, das Dorffest, der Weihnachtsmarkt und die Aktion »Sauberer Wald«.

In Verbindung mit der Gemeinde und dem Verkehrsverein wurde im September 1990 der Museumswanderweg nach Hösseringen zum dortigen Landwirtschaftsmuseum eingeweiht.

Vorstand und Mitglieder des Vereins verbindet der gemeinsame Wunsch, daß auch in Zukunft die Bemühungen des Freundes- und Förderkreises Albert-König-Museum um niveauvolle kulturelle Beiträge auf soviel Resonanz in der Bevölkerung treffen, wie das in der Vergangenheit der Fall war!

Der Vorstand

Albert König,
Selbstbildnis,
im Wald zeichnend,
1942

Fußballclub (FC) Unterlüß e.V.

Während der Fußballsaison 1993/94 gab es Überlegungen im TuS Unterlüß, in der folgenden Spielserie nur noch mit zwei anstatt wie bisher mit drei Herrenmannschaften am Spielbetrieb teilzunehmen. Die Anzahl der aktiven Spieler hatte sich stetig verringert, und man hoffte, durch diese Maßnahme zwei neue personalstarke Mannschaften aufstellen zu können.

Viele Spieler der damaligen dritten Herrenmannschaft befürchteten, daß dadurch das Mannschaftgefüge zerstört werden würde. Sie begegneten daher dieser Idee mit wenig Gegenliebe und hegten Austrittsgedanken.

In dem Bestreben die Mannschaft zusammenzuhalten, begann sich ein Spieler der Mannschaft – der spätere 1. Vorsitzende des FC Jürgen Middelbeck –, eigene Gedanken zu machen über die Gründung eines neuen Fußballvereins in Unterlüß.

Was als einfache Idee begann, wurde in den nächsten Wochen in kleiner Runde weiter durchdiskutiert und konkretisiert. Beteiligt waren hierbei die Spieler Dieter Roberts, Rüdiger Frank, Volker Rudzuck, der Betreuer Reinhard Gensch sowie Jürgen Middelbeck.

Am 10. März 1994 gab es eine erste offizielle Versammlung im Restaurant »Mykonos«. Dieses Datum kann als Geburtsstunde des FC Unterlüß bezeichnet werden. Es waren 29 Personen erschienen, die damit ihr Interesse bekundeten, aktiv oder auch als passive Mitglieder in einem Verein mitzuwirken.

Im Laufe des Abends wurde der Entwurf einer eigenen Satzung vorgelegt, außerdem füllte der Großteil der Interessenten bereits verbindliche Eintrittserklärungen für den Fall der Vereinsgründung aus. Ein Vorstand wurde auch schon gewählt, der für die nächsten vier Jahre die

FC Unterlüß - Herrenmannschaft

Geschicke des Fußballclubs Unterlüß leiten soll. Er wurde gebildet durch:

1. Vorsitzender	Jürgen Middelbeck
2. Vorsitzender	Angelika Jansen
1. Beisitzer	Jörg Belau
2. Beisitzer	Jörg Meyer (Mannschaftskapitän)
Kassenwart	Reinhard Gensch
Schriftführer	Heide Middelbeck

Weiterhin wurden Christiane Hemme und Michael Hammann zu Kassenprüfern benannt.

In den folgenden Monaten mußte eine Menge an organisatorischer und bürokratischer Arbeit geleistet werden. Anträge wurden gestellt, Versicherungsfragen abgeklärt. Sponsoren mußten gefunden werden, die die Mannschaft mit der nötigen Ausrüstung versorgen würden. Glücklicherweise fand sich schon bald der Hauptsponsor in Person von Herrn Christodoulos Ribas, der die Mannschaft mit dringend benötigten Trikots und Trainingsbällen ausrüstete.

Auch die Satzung wurde weiter ausgefeilt, auf formale Fehler überprüft und schließlich in einer Versammlung am 17. Mai 1994 von den erschienenen Mitgliedern verabschiedet. Der Verein war gegründet. Zu diesem Zeitpunkt betrug die Zahl der Mitglieder 30 Personen. Im Laufe der Monate sollte sich diese Zahl auf 56 erhöhen, darunter 29 aktive und 27 fördernde Mitglieder. Die Aufnahme des FC Unterlüß in den Landessportbund erfolgte am 31. Juli, die Aufnahme in den NFV am 9. Dezember 1994.

Am 4. September 1994 bestritt die Mannschaft ihr erstes Punktspiel, welches sogleich mit 2:9 verloren wurde. Kein besonders vielversprechender Anfang, doch die Mannschaft sollte sich später zu steigern wissen.

Die erste Jahreshauptversammlung der Vereinsgeschichte wurde am 19. Januar 1995 abgehalten. Hierbei wurde dann auch von allen erschienenen Mitgliedern das offizielle Vereinswappen ausgewählt.
Außerdem wurde beschlossen, den Vorstand auf sieben Mitglieder zu erweitern. In den erweiterten Vorstand wurde Volker Rudzuck in der Funktion eines Sportwartes gewählt.

In sportlicher Hinsicht übertraf die Mannschaft schon bald die in sie gesteckten Erwartungen.
Geplant und erwartet war ein Platz im Mittelfeld, doch schon bald setzte sich das Team im oberen Tabellendrittel fest und gibt damit Hoffnung für die weitere Zukunft des FC Unterlüß...

Gewonnen! FC Unterlüß schlägt den Tabellenführer SV Garßen II 4:3

Gesangverein Liedertafel Frohsinn Unterlüß e.V.

Als im Februar 1913 einige singfreudige Herren den »Männergesangverein Unterlüß« gründeten, war Unterlüß gerade 66 Jahre »jung«. Was der Anlaß für die Vereinsgründung war und unter welchen Umständen sie erfolgte, kann heute nur noch vermutet werden. Auch die Namen der Gründungsmitglieder konnten nur aus späteren Aufzeichnungen und aus Berichten und Erinnerungen älterer Mitbürger rekonstruiert werden. Mit Sicherheit aber kann gesagt werden, daß die Liedertafel Frohsinn einer der ersten Vereine in Unterlüß war. Die Protokolle und Berichte, die uns erhalten geblieben sind, geben nicht nur Aufschluß über die Entwicklung des Chores, sondern auch Einblicke in die Geschichte unseres Ortes. Wir haben uns bemüht, die interessantesten Abschnitte daraus in einer Kurzchronik zusammenzufassen.

Aus unserer Chronik

Im Jahre 1913 wurde die Liedertafel zunächst als reiner Männerchor unter dem Namen »Männergesangverein Unterlüß« gegründet. Gründungsmitglieder waren nach unseren heutigen Kenntnissen die Herren:

Georg Brandt	Wilhelm Griebe
Herr Grotjahn	Heinrich Haase
Bernhard Heine	August Heise jr.
Franz Jäger	Hermann Köllner
Ludwig Kuckuk	Wilhelm Kröger
Otto Schneider	Heinrich Wellhausen

Unsere ersten Aufzeichnungen beginnen mit dem Protokoll über die Mitgliederversammlung vom 17. Dezember 1918. Darin heißt es unter anderem:

> »Nach fast vierjähriger Unterbrechung fand am heutigen Abend die erste Probe statt, an welcher 22 Mitglieder teilnahmen...
> ...Auf Wunsch des Herrn Kröger wurde dieser von seinem Amt als 1. Vorsitzender entbunden und Herr Kuckuk an seine Stelle gewählt...
> ...Die Vergütung für den Dirigenten, Herrn Kröger...«

Aus diesem Protokoll läßt sich schließen, daß der Chor schon etwa anderthalb Jahre nach der Gründung seine Tätigkeit wegen des Ersten Weltkrieges wieder aufgeben mußte. Ebenso sind die ersten Ämter belegt:

Wilhelm Kröger	Chorleiter und 1. Vorsitzender
Ludwig Kuckuk	Kassenführer
Herr Grotjahn	Schriftführer

Am 1. April 1919 wurden in einer neuen Mitgliederversammlung die Damen des nur einige Wochen zuvor neu gegründeten gemischten Chores in den Gesangverein aufgenommen. Mit dem nun aus bisherigen Sangesbrüdern und neu eingetretenen Sangesschwestern entstandenen gemischten Chor wurde auch der Vereinsname geändert in:

»Liedertafel Frohsinn Unterlüß«

Der Gesangverein hatte jetzt zwei Chöre: den Männerchor und den gemischten Chor.

Neuer 1. Vorsitzender wurde Ludwig Kuckuk, der den Verein bis 1924 führte. Im gleichen Jahr fand im September auch das erste Fest im Saal des Kurhotels statt. Ferner wurde beschlossen, von einem aufgelösten Hamburger Gesangverein eine gebrauchte Vereinsfahne zu kaufen. Die dafür erforderliche Summe wurde seinerzeit durch einen Kredit aufgebracht.

1920 hatte die Liedertafel schon über 100 aktive und passive Mitglieder und beschloß den Beitritt zum Deutschen Sängerbund.
Um die Feier der Fahnenweihe am 13. Juni zu gestalten, wurde 1920 erstmals ein Festausschuß gegründet.

Schon von Anfang an war der Chor bestrebt, das öffentliche Leben in Unterlüß mitzugestalten. So wurde zusätzlich zu diversen Sängerfesten, Tanzveranstaltungen und Weihnachtsfeiern, die man bis dahin durchführte, im Februar 1921 das erste Kostüm- und Kappenfest ausgerichtet, das sich als Gründungsfest und Karnevalsveranstaltung bis auf den heutigen Tag erhalten hat und einer der Höhepunkte im Unterlüßer Veranstaltungskalender ist. In dieser Zeit entstand auch die Freundschaft zum Nachbarchor in Hösseringen.

Im Herbst 1923 sang der Verein zur Einweihung des Kriegerdenkmals.

Die bald einsetzende Inflation machte vor dem Verein auch nicht halt. Die Protokolle der folgenden Jahre zeigen dies in eindrucksvoller Weise:

Im Dezember 1918 wurde der Mitgliederbeitrag auf eine Mark je Monat festgelegt, die Chorleitervergütung für Herrn Kröger betrug vier Mark je Abend. Diese Beträge wurden bis 1921 nur unwesentlich geändert.
Dann setzte 1922 die Inflation ein. Das Protokoll vom September 1922 verzeichnet einen Mitgliederbeitrag von acht Mark je Monat und eine Chorleitervergütung von 50 Mark je Abend. Die Kassenberichte wurden in der Folgezeit vierteljährlich vorgelegt.
Im April 1923 beantragte Herr Kröger eine Erhöhung der Chorleitervergütung von 600 RM auf 1.200 RM. Die Mitgliederbeiträge wurden entsprechend verdoppelt.
Für die Teilnahme an einer Trauerfeier entstanden an Kosten:

10.000 RM für einen Kranz
2.000 RM für Trauerschärpen
100 RM für Sicherheitsnadeln

Einen Höhepunkt erreichten die Mitgliedsbeiträge im September 1923:
8.000 RM je Monat für Frauen und 15.000 RM je Monat für Männer.
Im Januar 1924 war der Spuk vorbei. In einer neuen Mitgliederversammlung wurden die Beiträge auf 10 Pf für Frauen und 20 Pf für Männer festgesetzt.

Aber es finden sich auch weniger weltbewegende und trotzdem interessante Einzelheiten in den Berichten. So hatten zum Beispiel die Sängerinnen und Sänger in den Wintermonaten zu den Chorproben Heizmaterial mitzubringen. Es gab einen hauptamtlich bestellten Heizer.
Es wurde viel gefeiert, und es herrschten strenge Regeln. Wer zweimal ohne triftigen Grund fehlte, wurde aus dem Verein ausgeschlossen. Dafür gab es zu Weihnachten stets ein volles Programm. Am 1. Feiertag war Kinderbescherung und abends Theater. Am 2. Feiertag fand regelmäßig ein großer Ball statt. Die Chorproben fanden damals im Schulgebäude statt. Im Januar 1923 verlegte man die Chorproben ins Kurhotel. Doch schon einen Monat später beantragte Chorleiter Kröger, die Singabende wegen »unhaltbarer Zustände bei den Proben« wieder in die Schule zu verlegen. Die Nähe zum Bierhahn wird wohl der Grund dafür gewesen sein.

Im Jahre 1924 übernahm Hermann Köllner den 1. Vorsitz und gab sein Amt 1931 an Ernst Bakeberg ab, der das Amt bis 1940 innehatte.
1929 wird erstmals »Ernchen« Kröger erwähnt, die in diesem Jahr Notenwartin im gemischten Chor wurde.

In den Protokollen der 30er Jahre zeichnet sich eine drastische Veränderung des Vereinslebens ab. Die Machtübernahme der Nationalsozialisten machte sich auch in der Liedertafel bemerkbar. Trotz aller Bemühungen sank die Mitgliederzahl von 95 (1929), auf 57 (1932) und 36 (1939). Im Laufe des Jahres 1932 wurden die Aktivitäten des Männerchores eingestellt. Fortan wurde nur noch im gemischten Chor gesungen. Der 1. Vorsitzende hieß ab 1933 »Vereinsführer«. Die vereinseigene Satzung wurde ersetzt durch die des deutschen Sängerbundes. Demokratisch gewählt wurde nur noch der »Vereinsführer«, der dann die weiteren Vorstandmitglieder bestimmte. 1939 fiel auch noch diese Wahl weg. Der »Vereinsführer« wurde vom Sängerkreisführer bestätigt oder neu bestimmt. Versammlungen schlossen mit einem »Sieg Heil« auf den Führer, das deutsche Vaterland und das deutsche Lied. Erwähnt wird die Teilnahme an nationalen Feiern wie »Fahnenweihe des hiesigen Sturmes« und das »Stahlhelmfest«.

1938 feierte der Chor sein 25jähriges Jubiläum, wobei die Sänger Griebe, Köllner und Weber mit der silbernen und Chormeister Kröger mit der goldenen Ehrennadel durch Sängerkreisführer Engelhardt geehrt wurden.

Mit dem Protokoll der Generalversammlung vom 14. Januar 1940 enden die Aufzeichnungen über das Vereinsleben mit Beginn des Zweiten Weltkrieges. Zum zweiten Mal mußte der Chor wegen eines Krieges seine Aktivitäten einstellen.

Im Frühjahr 1949 erwachte unsere Liedertafel zu neuem Leben, getrennt als Frauen- und Männerchor. Der Frauenchor hatte in Anna Bakeberg eine eigene Vorsitzende und stellte ferner eine eigene Kassiererin und eigene Schriftführerin. Unser Dirigent, Wilhelm Kröger, übernahm wieder die Leitung der Chöre, und Hermann Köllner wurde zum 1. Vorsitzenden gewählt. Erna Hoppe übernahm im Herbst die musikalische Leitung des Frauenchores.

Singen des Männerchors unter Leitung von Wilhelm Kröger auf dem Friedhof, 1952

In den fünfziger Jahren entwickelte sich das Vereinsleben zu einer wahren Blüte. In diesen Jahren wurden von unserem Gesangverein zahlreiche Operetten, Singspiele und Theaterstücke öffentlich auf die Bühne gebracht. Dabei kamen in manchen Jahren gleich zwei Operetten und zwei Theaterstücke zur Aufführung.

Im Mai 1952 führten wir erstmals unsere Theaterstücke und Operetten in den Nachbarorten Faßberg und Suderburg auf. Weitere Gastspiele folgten in den Jahren danach.

1953 feierte der Gesangverein sein 40jähriges Jubiläum im Saal des Kurhotels mit mehreren Gastchören. Friedrich Zorn übernahm den Vorsitz für zwei Jahre. Noch im selben Jahr verstarb unser Dirigent Wilhelm Kröger. Plötzlich stand der Männerchor ohne Chorleiter da. Nach anfänglichen Schwierigkeiten mit verschiedenen fremden Chorleitern übernahm Mitte der fünfziger Jahre Erna Hoppe zusätzlich die Leitung des Männerchores. Vielen Sangesbrüdern war es gar nicht recht, von einer Frau dirigiert zu werden, aber sie gewöhnten sich daran. Damit hatte der Gesangverein erstmals wieder einen gemeinsamen Chorleiter, in diesem Falle eine Chorleiterin.

Von 1955 an wurde die Liedertafel zwei Jahre lang von Alwin Pahl geführt, danach folgte ihm im Jahre 1957 Fritz Schröder als 1. Vorsitzender.

Der 50. Geburtstag des Vereins 1963 fiel buchstäblich ins Wasser. Zwar wurde ein großes Fest mit vielen Gastchören und einem Singspiel veranstaltet, aber es goß in Strömen, und so war der Zuspruch der Unterlüßer Bevölkerung nur mäßig. Nachdem im Jubiläumsjahr Walter Schmull den Vorsitz des Gesangvereins übernommen hatte, waren die Folgejahre gekennzeichnet durch Theateraufführungen und öffentliche Chorkonzerte.

Von 1965 bis 1969 übernahm Werner Prange die Leitung des Männerchores, um Frau Hoppe zu entlasten.

1969 löste Kurt Bartelt Walter Schmull als 1. Vorsitzenden ab.

Die letzte öffentliche Veranstaltung in unserem Vereinslokal »Hotel Habermann« war im August 1975. Wir boten einen bunten Abend, der von den Unterlüßer Bürgern und den anwesenden Feriengästen sehr gut aufgenommen wurde. Dieser bunte Abend gab uns den Anreiz zu Veranstaltungen, die wir für den Anfang der achtziger Jahre planten. Aber zunächst galt es, einen neuen Übungsraum zu finden. Nachdem wir für einige Jahre unser Probenquartier im »Hotel zur Post« aufschlugen, zogen wir später ins neuerbaute Freizeitzentrum um. Unser erster bunter Abend mit anschließendem Tanz im neuen Quartier fand im August 1981 statt. Einige Jahre lang war dieser Heimatabend ein ständiger Punkt im Veranstaltungskalender der Gemeinde Unterlüß. Hohe Ausgaben für Musik und Musiker zwangen uns aber, den bunten Abend in dieser Form 1986 aufzugeben.

Während der Jahreshauptversammlung 1982 wechselte der Vorsitz des Gesangvereins erneut. Kurt Bartelt gab nach 13 Jahren sein Amt als 1. Vorsitzender an seinen Nachfolger Heinz Seinecke ab.

Der Schlag traf uns aktive Sängerinnen und Sänger, als unsere Chorleiterin Erna Hoppe Ende 1982 mitteilte, daß sie ihre über 30jährige Chorleitertätigkeit in Unterlüß aus gesundheitlichen Gründen zum Frühjahr 1983 beenden wollte. Erna Hoppe hatte als Chorleiterin noch beide Chöre geleitet. Doch längst hatten die Sangesbrüder und Sangesschwestern die Freude des gemeinsamen Singens in einem gemischten Chor »wiederentdeckt«.

Wie damals nach dem Tode Herrn Krögers herrschte zunächst einmal Aufregung. »Was wird aus unserem Chor?« Spontan erklärte sich Sabine Tranelis, eine aktive Sängerin und Musikschülerin von Erna Hoppe bereit, die Chorleitung zu übernehmen. Dankbar nahmen wir Sabines Angebot an. Damit wurde die erst 16jährige Sabine die jüngste Chorleiterin im Sängerkreis Celle.

Ein großes Ereignis erlebte die Liedertafel und die Gemeinde Unterlüß im Frühjahr 1984. Auf unseren Antrag bei der Gemeinde Unterlüß hin wurde Frau Hoppe am 3. April für ihre Verdienste durch Oberkreisdirektor Rathert mit dem Bundesverdienstkreuz ausgezeichnet. In einer Feierstunde im Mai verabschiedeten wir unsere Chorleiterin aus ihrer aktiven Tätigkeit und ernannten sie zum Ehrenmitglied und zur Ehrenchorleiterin.

Um in Zukunft dem Problem Chorleiterwechsel gelassener zu begegnen, unterstützten wir außer Sabine Tranelis auch die Sänger Hartmut Timm und Rolf Schulte bei ihrer Ausbildung zu geprüften Chorleitern, die diese mit Erfolg absolvierten, so daß der Verein heute über drei Chorleiter verfügt.

Im Frühjahr 1987 beantragten wir die Eintragung der Liedertafel Frohsinn Unterlüß in das Vereinsregister und die Anerkennung als gemeinnütziger Verein beim Amtsgericht Celle. Dazu war die Verabschiedung einer neuen Satzung notwendig, der in der Jahreshauptversammlung 1987 stattgegeben wurde, so daß der Chor heute das Kürzel »e. V.« hinter seinem Namen führt. Seit diesem Jahr singen Frauen und Männer gemeinsam in einem Chor.

Ein Höhepunkt der achtziger Jahre war unser 75jähriges Jubiläum im Jahre 1988. Schon eineinhalb Jahre vorher begann der Festausschuß unter der Leitung von Karin Witka mit den Vorbereitungen. Die Aktivitäten und Feiern wurden über das ganze Jahr verteilt.

Auftakt des Jubiläums war der Karnevalsabend, der in diesem Jahr genau auf den Gründungstag fiel.

Die Festwoche im Mai begann mit dem Kommers, der Weihe unserer neuen Fahne und einem großen Theaterabend.

Dem Festgottesdienst am Sonntag folgte ein Umzug durch Unterlüß, an dem alle Unterlüßer Vereine und Verbände sowie 36 Gastchöre teilnahmen. Nachdem an jedem Tag der Woche gefeiert wurde, endete die Festwoche mit einem großen Sängerball.

Mit einem Chorkonzert im Oktober, das wir gemeinsam mit dem »Chor der Chorleiter des Chorverbandes Niedersachsen-Bremen« bestritten, ließen wir das Jubiläumsjahr ausklingen.

Nach sechs Jahren Chorleitertätigkeit gab Sabine Tranelis ihr Amt im Frühjahr 1989 aus beruflichen Gründen ab, blieb dem Chor aber als Sängerin und Pianistin erhalten.

Der gemischte Chor

Neuer Chorleiter wurde Rolf Schulte, der den Chor bis heute musikalisch führt.

Als nach der Öffnung der Mauer die Gemeinde Unterlüß begann, mit der Gemeinde Stiege im Harz Kontakte zu knüpfen, war es die Liedertafel Frohsinn, die als erste die neuen Kontakte auf Vereinsebene aufnahm. Schon im Februar 1990 fuhr ein Teil des Festausschusses nach Stiege, um mit dem dortigen Chor ein gemeinsames Konzert zu planen. Im Mai reiste dann die Liedertafel im Rahmen des jährlichen Chorausfluges in den Harz. Durch mehrere gegenseitige Einladungen entstanden auf privater Basis engste Freundschaften.

Auch bei weiteren Bemühungen der Gemeinde um eine Partnerschaft in die ehemalige DDR, gemeint ist Woltersdorf bei Berlin, gehörte die Liedertafel zu den ersten, die aktiv wurden. So konnten wir im Mai 1993 zu unserem Chorkonzert anläßlich des 80jährigen Jubiläums der Liedertafel neben unseren Freunden aus Hösseringen auch den gemischten Chor Woltersdorf mit einem Streichquartett begrüßen.

Im Februar 1991 übergab Heinz Seinecke sein Amt als 1. Vorsitzender an Thea Maelecke, die bis dahin schon fast 20 Jahre als 2. Vorsitzende gewirkt hatte. In der Geschichte der Liedertafel ist dies eine Besonderheit, denn zum ersten Mal nach 78 Jahren stand eine Frau an der Spitze des Vereins. Der Vollständigkeit halber soll aber hier nicht vergessen werden, daß schon einmal eine Frau eine leitende Funktion im Verein inne hatte. So stand Anna Bakeberg dem Frauenchor von 1949 bis 1961 als 1. Vorsitzende vor.

1994 absolvierte Rita Formella einen Chorhelfer-Lehrgang beim Sängerkreis Celle-Soltau. Diese Ausbildung befähigt sie, den Chor zu dirigieren und somit den Chorleiter zu vertreten.

Die Vereinsvorsitzenden

Wilhelm Kröger	1913-1919
Ludwig Kuckuk	1919-1924
Hermann Köllner	1924-1931
Ernst Bakeberg	1931-1940
Hermann Köllner	1949-1953
Friedrich Zorn	1953-1955
Alwin Pahl	1955-1957
Fritz Schröder	1957-1963
Walter Schmull	1963-1969
Kurt Bartelt	1969-1982
Heinz Seinecke	1982-1991
Thea Maelecke	seit 1991

Chorleiter der Liedertafel Frohsinn

Wilhelm Kröger	1913-1953
E. Müller, Georg Schulz, Pastor Noack	1953-1954
Erna Hoppe	1954-1983
Sabine Tranelis	1983-1989
Rolf Schulte	seit 1989

stellvertretende Chorleiter seit 1989:

Hartmut Timm
Sabine Tranelis

Die Ehrenmitglieder der Liedertafel Frohsinn

Erna Hoppe (auch Ehrenchorleiterin)
Emma Wisbar
Frieda Schumacher
Alwin Pahl
Kurt Hummel
Wilhelm Stollorz
Magdalene Stratmann
Anni Pahl

Gewerbeverein Unterlüß e.V.

Das Logo des Gewerbevereins

Bereits im Jahre 1956 bildeten Unterlüßer Gewerbetreibende einen Arbeitsausschuß für die Besetzung eines Gewerbeausschusses, wobei deren Mitglieder nicht dem Gemeinderat angehören sollten.

Lediglich der Kaufmann Hermann Harms sollte von seiten des Rates für den Gewerbeausschuß benannt werden.

Es handelte sich um die Herren:

> Schlachtermeister Behn
> Bäckermeister Bonhage
> Kaufmann Dettmer
> Elektromeister Dübbert
> Uhrmachermeister Franke
> Kaufmann Kastern
> Drogist Nitsche
> Kaufmann Nölke

Zu einer Vereinsgründung kam es aber nicht.

Der Gewerbeverein Unterlüß e. V. wurde dann am 20. März 1980 gegründet. Von 50 angeschriebenen Firmen folgten 21 der Einladung zur Gründungsversammlung, wovon 18 Firmen spontan Ihren Beitritt erklärten.

Federführend in der Entstehungsphase des Vereins war Herr Karl-Heinz Kursawe.

Zum 1. Vorsitzenden wurde Herr Eberhard Staiger gewählt. Er führte den Gewerbeverein bis zum 10. Januar 1989, dann übernahm der bisherige Stellvertreter, Herr Günter Bonhage, den Posten des 1. Vorsitzenden. Herr Eberhard Staiger erhielt die Ehrenmitgliedschaft.

Am 5. September 1989 erfolgte beim Amtsgericht die Eintragung ins Vereinsregister als »Gewerbeverein Unterlüß e. V.«

Am Jahresende 1992 betrug der Mitgliedsstand 48 aktive Firmenmitglieder.

Aufgaben des Gewerbevereins:

a. die Wahrnehmung der örtlichen Interessen des Gewerbes gegenüber den Behörden, Verbänden, Vereinigungen und Parteien.
b. gemeinsame, kostensparende Aktionen und Werbemaßnahmen.
c. Abstimmung von Betriebsferien und Ladenöffnungszeiten im Interesse der Konsumenten.
d. Mitwirkung bei der Erhöhung des Freizeitwertes.
e. Pflege der Gemeinschaft und des gegenseitigen Verständnisses.
f. Zusammenarbeit und ständiger Kontakt mit den überörtlichen Verbänden.

Aktivitäten des Gewerbevereins zum Wohle der Bevölkerung und der Gäste in der Gemeinde Unterlüß:

Musik und Schmalzbrotabende / Schmalzbrot-Tombola, große Dorffestbeteiligung, attraktive Weihnachtsbeleuchtung, Weihnachtsmarkt, Ferienpaßaktion, Beteiligung an den Begrüßungsschildern am Dorfeingang.

Der jetzige Vorstand setzt sich wie folgt zusammen:

1. Vorsitzender Werner Behn, Fleischermeister
1. Stellvertreterin Karin Steinemann, Floristin
2. Stellvertreter Gerhard Winkler, Schreibwaren
Kassenführer Klaus Hummel, Kaufmann
Schriftführer Walter Eckhardt, Friseurmeister

Mitglieder:

Hans-Joachim Alm, Installateur, Fam. Hans-Joachim Alm
F. W. Behn, Lebensmittel, Haushaltswaren, Fam. Klaus Hummel
Werner Behn, Fleischerfachgeschäft, Fam. Werner Behn
Erwin Dahms, VGH-Versicherungsgruppe, Fam. Erwin Dahms
Walter Eckhardt, Friseurmeister, Fam. Walter Eckhardt
Dieter Eisermann, Eisdiele, Fam. Dieter Eisermann
Gasthaus Buchhop, Fam. Buchhop
Glocken-Apotheke, Fam. Helmut Werner

Hoffmann & Co., Containerdienst, Mobil-Heizöle-Kohlen, Fam. Erhard Hoffmann
Hotel Goldene Kugel, Kegelbahnen, Fam. Horst Staiger
Sparkasse Celle, Geschäftsstelle Unterlüß
Landgraf GmbH, Lüftungs- und Klimaanlagen, Fam. Jörg Landgraf
Moden Frühling Lentz, Moden + Geschenkartikel, Fam. Lentz
Bernd Liebermann, Shell-Station, Kfz.-Meisterbetrieb, Fam. Bernd Liebermann
Manfred Meyer, Malermeister, Teppichböden-Verlegung u. Reinigung, Fam. Manfred Meyer
Gerhard Müller, Schuhhaus, mod. Schuhreparatur, Fam. Gerhard Müller
Mykonos, Griechisches Grill-Restaurant, Fam. Zol. Riba
Thomas Leopoldt, Tischlermeister, Bestattungsinstitut, Fam. Thomas Leopoldt
Gabi's Frisiersalon, Gabriele Linsel
Dirk Lippert, Bäckerei und Konditorei, Fam. Dirk Lippert
W. Liebeneiner, Apparatebau, Fam. Wolfgang Liebeneiner
Joachim Nitsche, Paracelsus-Drogerie, Fam. Joachim Nitsche
Nürnberger Versicherungen, Fam. Klaus-Werner Bunke
Restaurant Am Hochwald, Fam. Waldemar Kresse
Handelsgärtnerei (Meyerhoff), Fam. Bernd Meyerhoff
Rheinmetall-Kantine, Fam. Lutz Finke
Horst Rohrmoser, Malermeister, Fam. Horst Rohrmoser
Gaststätte »Zum Urwald«, Lisa Reinhard
Heide-Grill, Manuela Meyerhoff
Klaus Sasse, Holzzäune aller Art, Fam. Klaus Sasse
Gerhard Schimeck, Versicherungsbüro, Fam. Gerhard Schimeck
Gerd Krüger, Heidekutschfahrten, auch Hochzeiten, Fam. Gerd Krüger
Karin Steinemann, Blumen- und Geschenkartikel, Karin Steinemann
Herbert Scholz, Maurermeister, Fam. Herbert Scholz
Kosmetik-Studio, Bärbel Niebuhr, Fam. Niebuhr
Wilfried Staiger, Mietwagen, Krankentransporte, Wilfried Staiger
Farbenhaus Reineke, Farben, Tapeten, Bodenbeläge, Bastelbedarf, Fam. Walter Reineke
R + M Vertrieb, Inh. Maike Suhm, Fam. Rüdiger Suhm
Willy Tranelis, Elektromeister, Fam. Willy Tranelis
Volksbank Hermannsburg-Bergen eG, Zweigstelle Unterlüß
Ilse Wagner, Toto-Lotto-Zeitschriften, Reisen, Fam. Jörg Wagner
Peter Wagenführ, Fuhrunternehmen, Fam. Peter Wagenführ
Wolf-Rainer Weghenkel, Elektroinstallation, Fam. Wolf-Rainer Weghenkel
G. Winkler, Tabakwaren, Zeitschriften, Spielwaren, Fam. Gerhard Winkler
Schützenheim, Fam. H. J. Müller
Gerhard Rabe, Maurermeister-Schornsteintechnik, Fam. Gerhard Rabe
Olaf Müller, Zimmermeister, Olaf Müller
Blumenhaus Sonnenschein, Fam. Dieter Sonnenschein

Jugendförderinitiative Unterlüß e.V.

Vorgeschichte und Gründung:

Die Jugendförderinitiative wurde am 21. März 1995 fünf Monate nach der erfolgreichen Etablierung des von der Gemeinde Unterlüß geführten »Jugendtreffs Hubachstraße« gegründet. Der »Jugendtreff Hubachstraße« verdankt seine Entstehung den guten Erfahrungen mit einem gemeindlichen Jugendheim am Fuchsweg (Neulüßer Straße 7a), das zuerst 1947 in einer damals gerade drei Jahre alten Halle der Firma Rheinmetall-Borsig A. G. eingerichtet wurde und nach größeren Umbauten durch die Gemeinde 1955 starken Zuspruch bei den Jugendlichen fand.

Seine Fortsetzung fand dieses Jugendheim, das 1970 einem Wohnblock weichen mußte, im Jahre 1978 in den Räumen des Jugend- und Freizeitzentrums am Hochwald. Allerdings ergab sich bald nach dem erfolgreichen Start eine nur schwer zu haltende Vereinbarkeit zwischen dem ebenfalls im Freizeitzentrum ansässigen Restaurant und den Jugendlichen. Das Restaurant ist heute noch in Betrieb.

Die ausgezeichneten personellen und infrastrukturellen Voraussetzungen, die heute der »Jugendtreff Hubachstraße 23« mit seiner zentralen Lage mitten im Orte für eine Förderung von Jugendlichen mit sich bringt, veranlaßten an der Jugendarbeit interessierte Erwachsene schließlich zur Gründung der »Jugendförderinitiative Unterlüß e. V.«

Aufgaben und Ziele:

Der Verein »Jugendförderinitiative Unterlüß e. V. « stellt sich die Aufgabe, in gemeinnütziger Weise die Zusammenarbeit mit den Jugendlichen der Gemeinde Unterlüß und der Elternschaft zum Wohl der Kinder und Jugendlichen zu fördern. Gerade der spontane Aktionsdrang von Jugendlichen kann manchmal dem Ruhe- und Ordnungsbedürfnis von Erwachsenen in auffälliger Weise widersprechen. Unstimmigkeiten sind daher ohne Mittler zwischen diesen beiden nur scheinbar so unterschiedlichen Welten nur schwer vermeidbar. Der Verein kann und will hier helfen, indem er sich die folgenden Ziele gesetzt hat:

• die Förderung des »Jugendtreffs Hubachstraße 23«

• die Förderung von Projekten und Freizeiten für die Unterlüßer Jugendlichen

• die Unterstützung der pädagogischen Betreuung durch Fortbildungsmaßnahmen

Die »Jugendförderinitiative Unterlüß e. V. « unterstützt die Jugendlichen zum Beispiel durch die Beschaffung

Der Vorstand der Jugendförderinitiative mit Gemeindedirektor Klaus Przyklenk (ganz links); v. l. n. r.: Friedrich-W. Kuhfuß, Edith Urban, Elfriede Lettner, Siegfried Kluge, Beate Steudte, Dr. Markus Löffler

Unterlüß wird mit dem 28. Mai 1995 InterRegio-Haltestelle. Ein Grund zur Freude; v. l. n. r.: Dr. Löffler, stellv. Gemeindedirektorin Lütje und Bürgermeister Staiger

von Ausstattungsgegenständen und Spielen für den Jugendtreff, fallweise auch durch die Betreuung oder organisatorische Hilfestellung bei der Vorbereitung und Durchführung besonderer Veranstaltungen des Jugendtreffs.

Zur Förderung von Projekten und Freizeiten, wie zum Beispiel Kunst-Projekten, Musikveranstaltungen, Fahrradtouren, Ferienfahrten und ähnlichem, sind insbesondere der persönliche Einsatz der Vereinsmitglieder aber auch Geld- und Sachmittelspenden erforderlich.

Es ist nicht Ziel des Vereins, die Eltern der Jugendlichen von ihrer Aufsichts- und Erziehungspflicht zu entlasten. Der Verein sieht es hingegen als sein Ziel an, die notwendigen Freiräume für Jugendliche außerhalb ihres Elternhauses zu erhalten und zu fördern.

Mitgliedschaft, Vorstand und Adressen:

Mitglied der »Jugendförderinitiative Unterlüß e. V.« sollte jeder werden, der in der Förderung der Jugend einen wichtigen Beitrag für das entspannte und kooperative Zusammenleben zwischen den künftigen und den bereits jetzt Erwachsenen sieht und dem die wirksame Erbringung dieses Beitrags durch einen Verein am aussichtsreichsten erscheint. Angesprochen sind Jugendliche, Noch-Jugendliche, Erwachsene, andere Vereine und Verbände sowie juristische Personen. Die Mitgliedsbeiträge sind gering (Jugendliche 1 DM/Monat, Erwachsene und juristische Personen 3 DM/Monat, Familien 5 DM/Monat; Stand 21. März 1995).

Der in Drei-Jahres-Abständen neu zu wählende Vorstand besteht in weiblicher und männlicher Zusammensetzung aus dem Vorstandsvorsitzenden, dessen Stellvertreter, dem Schriftführer, dem Rechnungsführer und zwei Beisitzern. Um seiner Förder- und Mittlerrolle besser gerecht werden zu können, gehören dem Vorstand außerdem zwei Vertreter der Jugendlichen des Jugendtreffs und der entsprechende Haupt- oder ehrenamtliche Jugendpfleger sowie der Gemeindedirektor mit beratender Stimme an. Zur Vorbeugung einer »Verkrustung« des Vorstandes kann dessen Vorsitzender nur einmal wiedergewählt werden.

Die Vorstandsmitglieder sind derzeit (Stand 21. März 1995):

- Markus Löffler, Forststraße 6 (Vorstandsvorsitzender)
- Siegfried Kluge, Sägemühlenstraße 8 (stellvertretender Vorsitzender)
- Elfriede Lettner, Süllweg 29 (Schriftführerin)
- Edith Urban, Ostsiedlung 37 (Rechnungsführerin)
- Friedrich-Wilhelm Kuhfuß, Altensothriethweg 13 (Beisitzer)
- Beate Steudte, Neulüßer Straße 2 (Beisitzerin)

Die Vorstandsmitglieder stehen für Rückfragen und weitere Informationen gerne zur Verfügung.

Kaninchenzuchtverein F 104

Im Januar 1936 trafen sich Kaninchenhalter, um einen Verein zu gründen. Es waren Zimmermann, K. Nolte, K. Kruse und A. Nolte. Sie schlossen sich zusammen und traten dem Kaninchenzuchtverein F 159 Eschede bei. Nach zwei Jahren wurde das Interesse an der Rassekaninchenzucht in Unterlüß immer größer, so daß schließlich im Januar 1938 unser Kaninchenzuchtverein Unterlüß gegründet wurde.

Als weitere Gründungsmitglieder wurden dann Willi Buchhop, Heinrich Licht, Hermann Licht, Fritz Zietz, Heinz Rübenapp, Willi Vetter, Heinrich Peters und Paul Wagenführ aufgenommen. Der Verein wurde der Reichsfachgruppe Deutscher Kaninchenzüchter e. V. angeschlossen und erhielt von der Landesfachgruppe das Vereinszeichen F 104.

Durch den unglückseligen Krieg, der 1939 begann, wurde die Arbeit im Verein sehr erschwert. Aber die aufgebrachte Mühe für die Kaninchenzucht wurde dann doch auf den Ausstellungen in Eschede, Celle und Hannover, die mit Kaninchen beschickt wurden, durch hohe Preise belohnt. Im Kriege sind die Züchter Hermann Licht, Wilhelm Graumann und Heinz Rübenapp aus unseren Reihen gerissen worden. Es waren drei der besten Züchter in der Kaninchenzucht. Der Verein wird ihnen ein ehrendes Andenken bewahren.

Nun kam eine schwere Zeit für Unterlüß und so auch für den Kaninchenzuchtverein. Der Krieg war zu Ende. Der Ort wurde zu 90 Prozent evakuiert. Die Züchter wurden in alle Richtungen verstreut, so daß nur wenige Züchter am Ort blieben und den Kaninchenzuchtverein aufrecht erhalten konnten. Im Juni 1946 konnte die erste ordentliche Versammlung wieder abgehalten werden. Aufgenommen wurden in der Versammlung:
W. Zimmermann, K. Nolte, K. Kruse, J. Reinhards, A. Haase, E. Schäer, W. Schütz, K. Schneider und E. Kostrewa. Als Vorsitzender wurde Karl Nolte einstimmig gewählt.

Im November 1947 wurde im Mitarbeiterraum des Sägewerks Boswau & Knauer die erste Tischbewertung für Kaninchen durchgeführt. Der Preisrichter Lissek aus Celle hatte 80 Tiere aus gutem Zuchtmaterial zu bewerten. Eingetreten sind im selben Jahr noch die Zuchtfreunde Alfred Jung, Gerhard Schirmeister, Horst Nolte, Hermann Koch, und Hermann Kruse. So hatte der Verein F 104 1947 schon 17 aktive Mitglieder.

Im März 1948 trat Zuchtfreund Richard Mechler dem Verein bei. Am Himmelfahrtstag unternahm der Verein einen Ausflug mit einem Lastkraftwagen der englischen Einheit. Man fuhr nach Osterholz zu einer ehemaligen Wehrmachtszuchtanlage für Angora-Kanichen, die dem Zuchtfreund Lindemann inzwischen gehörte. Die Fahrt ging dann weiter über Verden, Walsrode und Hermannsburg zurück nach Unterlüß. Gutes Wetter und einige Flaschen »Rübenöl« hatten für die nötige Stimmung gesorgt. Den ersten großen Höhepunkt erlebte der Verein mit der Austragung einer Kreisverbandsschau im Januar 1949 in der Gaststätte Gerigk. 478 Kaninchen wurden bei der Kreisverbandsschau ausgestellt. Diese Schau fand bei unseren Züchtern einen so guten Anklang, daß am darauffolgenden Samstag ein gemütlicher Abend in der Gaststätte Kröger stattfand. Eine Torte des Zuchtfreundes Mechler, die dort versteigert wurde, brachte hinterher viel Spaß und Gelächter, da sie eine Holzfüllung hatte.

Am 26. Februar 1949 fand die Jahreshauptversammlung statt. Mit Stimmenmehrheit wurde der 1. Vorsitzende Gerhard Schirmeister gewählt, 2. Vorsitzender wurde Erich Schäer, und Kassierer wurde Richard Mechler. Wilhelm Bücher wurde Schriftführer und Walter Zimmermann Tätowiermeister. Laufend wurden neue Züchter aufgenommen, auch Züchterfrauen. So wurde der Anfang für eine Frauengruppe geschaffen. Am Himmelfahrtstage unternahm der Verein einen Ausflug mit einem Pferdefuhrwerk. Leider wurde das gesteckte Ziel nicht erreicht, da starker Regen dies verhinderte, und so wurde in Lutterloh Endstation gemacht.

Im Jahre 1950 wurde offiziell eine Frauengruppe des Zuchtvereins gegründet. Leiterin dieser Gruppe wurde Sophie Sondheimer. Ebenso wurde eine Jugendgruppe ins Leben gerufen und eine Sparte »Geflügel« gegründet. Jetzt beschloß der Verein, den »F 104« in den Kleintierzuchtverein F 104 umzubenennen. Den Züchtern W. Zimmermann und K. Nolte wurde die silberne Ehrennadel des Kreisverbandes überreicht.

Im Jahre 1951 ruhte leider die Frauengruppe, da die Beteiligung zu gering war. Mit Stimmenmehrheit wurde zum Vorsitzenden Erich Schäer gewählt. Es kam zu Unstimmigkeiten bei den Neuwahlen, und so traten G. Schirmeister und Fr. Schnabel aus dem Verein aus.

Auch im Jahre 1952 gab es wieder eine Vorstandsveränderung. 1. Vorsitzender wurde Alfred Jung.

1953 veränderte sich der Vorstand wieder. Einstimmig wurde Richard Mechler zur Vorsitzenden gewählt. Im November führten wir unsere alljährliche Ortsschau im »Kurhotel« durch.

Im Jahre 1954 verstarb der Zuchtfreund Josef Reinhards. Der Vorstand wurde einstimmig wiedergewählt.

Im Jahre 1955 bestand der Verein aus 31 Alt- und sieben Jungzüchtern. In diesem Jahr führten wir eine Tischbewertung durch. Den Siegerpreis für Geflügel erhielten Fr. von Engelhardt und für Kaninchen Erich Schäer.

Im Jahre 1956 wurden die Züchter Alfred Friedemann und Heinz Scheibchen für Kaninchen und ferner der Zuchtfreund Mill aufgenommen. Dem Zuchtfreund Erich Schäer wurde die silberne Ehrennadel des Landesverbandes überreicht.

1957 gab es keine Veränderungen im Vorstand. 16 Kaninchen brachten wir zur Landesverbandsschau. Zuchtfreund Erich Schäer errang dabei einen Landesverbandspokal.

1958. Im Vorstand gab es keine Veränderungen. Als neue Mitglieder wurden die Zuchtfreunde Hertha Mensinger und Rudi Schulz aufgenommen. Im November wurde im Gasthaus Niebuhr eine Tischbewertung durchgeführt.

1959 bis 1961. Für diese Jahre ist leider kein Protokollbuch auffindbar.

1962. Der Vorstand setzte sich wie folgt zusammen: 1. Vorsitzender Richard Mechler, 2. Vorsitzender Alfred Jung, Kassierer Günther Milke, Schriftführerin Hertha Mensinger, Zuchtwerbewart Erich Schäer, Tätowiermeister Rudi Schulz, Zuchtberaterin für Geflügel Fr. von Engelhardt. Am 1. Dezember fand eine Tischbewertung bei den Züchtern statt.

1963. Der Vorstand wurde einstimmig wiedergewählt. Den Zuchtfreunden Alfred Jung und Günther Milke wurden die silberne Ehrennadel des Kreisverbandes verliehen. Am 3. November fand bei den Züchtern eine Tischbewertung statt. So gingen die ersten 25 Jahre Vereinsgeschichte vorüber.

1964. Der alte Vorstand wurde wiedergewählt. Es verstarb am 14. August der Zuchtfreund Karl Schneider. Eine Tischbewertung wurde am 8. November durchgeführt.

1965. Mit Alfred Jung wurde ein neuer Vorsitzender gewählt. Züchter des Vereins F 104 schnitten bei der Landesverbandsschau in Hannover sehr gut ab. Aufgenommen wurde Zuchtfreund B. Erdt.

1966. Der Vorstand wurde bestätigt. Am 10. Dezember wurde wieder eine Tischbewertung durchgeführt. Die Geflügelzüchter beschickten die Kreisverbandsschau in Burgdorf.

1967. Im Vorstand gab es keine Veränderung. Wir beteiligten uns sehr stark an der Kreisverbandsschau für Kaninchen in Müden. Aufgenommen wurden die Züchter Rudi Schaper, Jochen Kudnik, Willi Buchhop und Egon Polzin. Dem Zuchtfreund Schäer wurde die silberne Ehrennadel des Landesverbandes verliehen.

1968. Als neuer Vorsitzender wurde Rudi Schulz gewählt. Dem Züchter Alfred Jung wurde die goldene Ehrennadel des Kreisverbandes verliehen. Die goldene Ehrennadel erhielt auch Züchter Günther Milke. Die Züchter Fritz Zietz und Fritz Müller erhielten die Ehrennadel des Kreisverbandes in Silber. Im September nahmen Züchter an der Kreisjungtierschau in Celle teil. Aufgenommen in den Verein wurde Zuchtfreund Jürgen Erdt.

1969. Im Vorstand gab es keine Veränderung. Die Landesverbandsschau wurde von Züchtern unseres Vereins beschickt. Aufgenommen wurden Renate Erdt in der Jugendgruppe, ferner Alfred Peglo, Friedhelm Behn und Klemens Engelen.

1970. Der Vorstand wurde wiedergewählt. Die Ehrenmitgliedschaft des Vereins wurde Zuchtfreund Erich Schäer verliehen. Laut Versammlungsbeschluß wird fortan nur noch alle zwei Jahre ein neuer Vorstand gewählt. Zur Kreisverbandsschau in Groß Eicklingen stellten wir 27 Kaninchen zur Schau und schnitten sehr gut ab.

1971. Die Bundesrammlerschau sowie die Landesverbandsschau wurden von den Züchtern Jung, Paaries, Erdt und Schulz mit Kaninchen beschickt. Die Jahreshauptversammlung des Kreisverbandes fand am 27. Februar statt. Züchter des Vereins stellten auf der Heideschau in Visselhövede aus. Eine Tischbewertung fand am 17. November statt.

1972. Um das Vereinsleben stärker zu fördern, wurde beschlossen, wieder eine Ortsschau ins Leben zu rufen. Die erste Unterlüßer Ortsschau fand am 25. und 26. November im »Kurhotel« statt. Dabei wurde ein Geldüberschuß von 298 DM erzielt. Aufgenommen wurden Gerhard Pathen und Gerhard Brygier als neue Vereinsmitglieder.

1973. Dem Zuchtfreund Rudi Schulz wurde die goldene Ehrennadel des Landesverbandes verliehen, der Züchterin Fr. von Engelhardt die silberne Ehrennadel des Landes- und Kreisverbandes. In den Verein aufgenommen wurden Hermann Linsel, Werner Meyer und Wolfgang Blume.

1974. Dem Zuchtfreund Erich Schäer wurde ein Zinnbecher des Kreisverbandes überreicht. Die Zuchtfreunde Alfred Jung und Günther Milke erhielten die goldene Ehrennadel des Landesverbandes. Der Züchterin Herta Mensinger wurde die goldene und silberne Ehrennadel des Kreisverbandes verliehen. Aufgenommen wurden als neue Mitglieder Berthold Schönfelder, Paul Plonski, Dora Behn, Joachim Pfeil und Michael Paaries und Gabi Linsel, die beiden letzteren in der Jugendgruppe.

1975. Der Vorstand setzte sich wie folgt zusammen: 1. Vorsitzender Rudi Schulz, 2. Vorsitzender Alfred Jung, Kassierer Erwin Paaries, Schriftführer Werner Meyer, Zuchtwerbewart Werner Meyer, Jugendwart Erwin Paaries. Dem Zuchtfreund Erwin Paaries wurde die goldene Ehrennadel des Kreisverbandes verliehen. Die Züchter Friedhelm und Dora Behn mußten ihre Zucht wegen der Krankheit Myxomatose einstellen, was einen Verlust von 75 Tieren ausmachte. Der Verein machte einen Ausflug zum Safari-Park. Am 22. November führten wir unsere Ortsschau im »Kurhotel« durch. Aufgenommen im Verein wurden Erika Pfeifer, Margitta Erdt, Elli Paaries, Helmut Rieckenberg, Gustav Pajewski und Günther Federin, in der Jugendgruppe Frank und Dirk Plonski sowie Hermine Schönfelder.

1976. Der Verein führte 28 Alt- und fünf Jungzüchter als Mitglieder. Wir feierten ein Wintervergnügen im »Kurhotel«. Die Frauengruppe wurde wieder ins Leben gerufen. Im August besuchte der Verein geschlossen die Steinhuder Jungtierschau. Im Verein aufgenommen wurden Ella Erdt, Fritz Kruse, Rudolf Pahl, Sibille Übel und Liselotte Gabischinski.

1977. Im Vorstand gab es keine Veränderung. Im März fand die Jahreshauptversammlung des Kreisverbandes in Unterlüß statt. Die Familie Erdt trat aus persönlichen Gründen aus dem »F 104« aus. Dank sagen möchten wir der Gemeinde Unterlüß für die Überlassung eines ehemaligen Schlichthauses, welches wir als Vereinsheim umbauen konnten! Am 19. und 20. November konnten wir die erste Ortsschau im neuen Vereinsheim durchführen. Aufgenommen wurden Klaus Schacht, Monika Pahl, Manfred Jendrischeck und für die Jugendgruppe Manfred Jahnke, Nicoll und Katrin Pahl, Klaudia Weber und Silke Bojen.

1978. Der Verein zählte 32 Alt- und elf Jungzüchter. Die langjährige Vorstandsmitarbeiterin Herta Mensinger trat wegen Umzuges nach Gütersloh aus. Zuchtfreund Rudi Schulz stellte ein zinsloses Darlehen von 3.000 DM für den Kauf von Käfigen zur Verfügung. Aufgenommen wurden in den Verein Bruno Schacht, Andrea Müller, Sigurd Klein, Christa Meyer, Günther Winkes und Jürgen Berg und für die Jugendgruppe Bernd Jonoleit.

1979. Neuwahl des Vorstandes: 1. Vorsitzer Rudi Schulz, 2. Vorsitzender Erwin Paaries, Schriftführer Werner Meyer, Kassierer Rudi Pahl, Zuchtwerbewart Alfred Jung, Zuchtbuchführer Klaus Schacht, Tätowiermeister Sigurd Klein. Mit unserem Zuchtfreund Klaus Schacht stellten wir einen Landesmeister in der Klasse Kaninchen, Dalmatiner-Rex. Im September führten wir eine Gemeinschaftsschau der Jugendgruppen des Kreisverbandes durch. Diese wurde verbunden mit einem Zeltlager auf dem Dorfplatz. An der Kreisverbandsschau in Lachendorf beteiligten wir uns mit 28 Kaninchen. Aufgenommen wurden Jochen Lewin, Michael Lewin und Rolf Kröger. Der Verein führte jetzt 34 Alt- und zwölf Jungzüchter.

1980. Der Verein trauert um den verstorbenen Zuchtfreund Erich Schäer. Er war seit 1927 Kaninchenzüchter und einer der Mitbegründer unseres Vereins. Über viele Jahre hatte er Vorstandsarbeit geleistet. Er war Ehrenmitglied des Kreisverbandes und des örtlichen Vereins. Das zinslose Darlehen von Zuchtfreund Schulz für den Kauf von Käfigen wurde getilgt. Wie in den letzten Jahren wurde eine Ortsschau durchgeführt. Von der Gemeinde erhielt der Verein einen Versammlungsraum. Dieser wurde in Eigenleistung umgebaut, auch wurden neue Toilettenräume hergerichtet. Als neue Vereinsmitglieder wurden begrüßt: Wilfried Jenß, Walter Schädlich, Anna Pajewski und Helga Lewin.

1981. Neuwahl des Vorstandes: 1. Vorsitzender Werner Meyer, 2. Vorsitzender Erwin Paaries, Kassierer Rudi Schulz, Zuchtbuchführer Klaus Schacht, Tätowiermeister Werner Meyer, Jugendwart Erwin Paaries. Zuchtfreund Rudi Schulz wurde als Obmann für Ausstellungen im Kreisverband gewählt. Zuchtfreund Alfred Jung wurde Ehrenmitglied im »F 104«. Der Verein schaffte Vereinsnadeln an. Unsere Ortsschau war ein voller Erfolg. Aufgenommen wurden: Lutz Finke, Horst Nisserie und Günther Mennerich, Reinhard Jung, Jutta Jenß, Lothar Jenß und Dr. August Biermann.

1982. Bei der Jungtierschau im Kreisverband Uelzen stellten aus dem Verein sieben Züchter aus. Unsere Kaninchen waren dort so gut, daß fast alle Pokale von uns mit nach Hause genommen wurden. Dem Züchter Fritz Zietz wurde die goldene Ehrennadel des Kreisverbandes verliehen. Zuchtfreund Alfred Jung wurde Ehrenmitglied im Kreisverband. Für 780 DM erwarb der Verein eine

Vereinsmeister Wilfried Jenß, Kreisverbandsvorsitzender Hans-Adolf Aldag und Gemeindedirektor Klaus Przyklenk (von links) freuen sich über die guten Zuchtergebnisse. *Foto CZ*

Waage. Ein Vereinsmitglied stiftete für den Erwerb dieser Waage die Summe von 250,08 DM. Die Jugend fuhr zum Landesjugendtreffen nach Eldagsen. Eine zweite Kreisverbands-Jungtierschau wurde im Vereinsheim durchgeführt. Aufgenommen wurden Helmut Walzek, Inge Walzek und in der Jugendgruppe Christian Schöbel.

1983. Im Vorstand gab es keine Veränderungen. Fr. von Engelhardt wurde Ehrenmitglied im »F 104«. Dem Ehrenmitglied Alfred Jung wurde die Auszeichnung »Meister der Rassekaninchenzucht« verliehen. Unser Zuchtfreund Horst Nisserie wurde Landesmeister mit der Kaninchenrasse Deutsche Riesen, weiß. Rudi Schulz wurde die goldene Ehrennadel des Landesverbandes verliehen. Aufgenommen wurden Irmgard Nisserie, Gisela Jenß, Hannelore Mennerich und Harald Schöbel. Im Mai verstarb Zuchtfreund Willi Buchhop.

1984. Dem Zuchtfreund Werner Meyer wurde die silberne Ehrennadel des Kreisverbandes verliehen. Am 7. und 8. Januar führten wir im Freizeitzentrum eine Kreisverbandsschau durch. Eröffnet wurde sie vom Minister Hasselmann. Diese Schau zeigte das große Interesse der Bevölkerung an der Kaninchenzucht. Da im Verein keine Geflügelzüchter vertreten waren, wurde der Kleintierzuchtverein wieder in Kaninchenzuchtverein F 104 umbenannt. Aufgenommen wurden Helmut und Gisela Schöbel, Peter und Inge Schaup, Reinhard Jung, Margrit Schacht und Christel Kaschulla und in der Jugend Jens und Jessika Hellberg.

1985. Die Jugend fuhr wieder zum Landesjugendtreffen nach Eldagsen. Zuchtfreund Werner Meyer wurde zum Obmann für Kurzhaarrassen im Kreisverband gewählt. Wir beteiligten uns am Dorffest und an der Aktion »Sauberer Wald«. Aufgenommen wurde Maria Gramlicht. Unsere Ortsschau führten wir am ersten Advent durch.

1986. Der Verein führte 43 Alt- und zwölf Jungzüchter. Zur Kreisverbandsschau in Wathlingen brachten wir 78 Kaninchen. Der Züchterin Fr. von Engelhardt wurde die goldene Ehrennadel des Landesverbandes verliehen. Einen sehr großen Anklang fand ein Spanferkelessen im Sommer. Zuchtfreund Werner Meyer wurde auf der Kreisverbandsversammlung zum Kreisverbandsjugendleiter gewählt. Erfreulicherweise konnten wir vier Jungzüchter aufnehmen: Maik Treptow, Ramona Schaup, Nicol Gramlich und Steffanie Parthey.

1987. Neuwahl des Vorstandes: 1. Vorsitzender Werner Meyer, 2. Vorsitzender Reinhard Jung, Schriftführerin Hildegard Güttler, Kassiererin Gisela Jenß, Zuchtwerbewart Werner Meyer, Zuchtbuchführerin Margrit Schacht, Tätowiermeister Peter Schaup, Jugendwart Werner Meyer. Aufgenommen wurden Annemarie Fröse, Udo Parthey, Konrad, Hildegard und Karsten Güttler, Bettina Bösch und in der Jugendgruppe Wolfgang, Manuela und Sandra Bösch. Die Jugend fuhr auf Kreisverbandsebene an die Ostsee. Jungzüchter Tobias Meyer erhielt die ZDK-Ehrennadel in Silber. Auf Kreisverbandsebene wurde eine Sternfahrt nach Unterlüß zum Vereinsheim durchgeführt.

1988. Unsere Jahreshauptversammlung wurde am 6. Februar 1988 im Hotel »Zur Post« durchgeführt. Aufgenommen wurden Ina Parthey, Ingo Petzholt, Herget Lücke, Herbert Wittmund. Der Verein richtete die Kreisverbandsschau im Freizeitzentrum aus. Diese Schau wurde für die Unterlüßer Züchter ein voller Erfolg. Wir stellten drei Kreismeister in den Rassen und wurden Vizemeister. Der Kaninchenzuchtverein bestand aus 46 Alt- und zwölf Jungzüchtern und einer Frauengruppe mit neun Züchterinnen. Der Unterlüßer Kaninchenzuchtverein war der zahlenmäßig stärkste Mitgliedsverein im Kreisverband Celler Kaninchenzüchter.

1989. Unsere Jahreshauptversammlung wurde am 21. Januar im Hotel »Zur Post« durchgeführt. Es wurde ein neuer Vorstand gewählt: 1. Vorsitzender Werner Meyer, 2. Vorsitzender Klaus Schacht, Schriftführerin Hildegard Güttler, Kassiererin Gisela Jenß, Zuchtbuchführerin Margrit Schacht, Zuchtwerbewart Werner Meyer, Tätowiermeister Peter Schaup. Zuchtfreundin Anna Pajewski erhielt die silberne Ehrennadel des Vereins. Zuchtfreund Karsten Güttler wurde eine Urkunde überreicht für den errungenen Titel eines Vizemeisters bei der Jubiläumsschau, als er den Erich-Schäer-Wanderpokal erhielt. Die Zuchtgemeinschaft Schacht bekam eine Urkunde überreicht, zugleich errang sie den Oswald-Harz-Pokal.

1990. Die Jahreshauptversammlung wurde am 3. Februar im Gasthaus »Zur Post« durchgeführt. Die Jungzüchter Manuela Lindmüller und Lothar Jenß wurden in den »F 104« übernommen. Folgende Zuchtfreunde erhielten die silberne Ehrennadel: Helga Lewin, Peter Jenß und Peter Schaup. Zuchtfreund Gerhard Brygier erhielt die goldene Ehrennadel. Die Kreisverbandsschau war am 6. und 7. Januar in Eschede.

1991. Jahreshauptversammlung war am 26. Januar im Hotel »Zur Post«. Der neue Vorstand: 1. Vorsitzender Werner Meyer, 2. Vorsitzender Karsten Güttler, Schriftführerin Hildegard Güttler, Kassiererin Gisela Jenß, Zuchtbuchführerin Anna Pajewski, Zuchtwerbewartin Christel Kaschulla, Tätowiermeister Günther Mennerich, Jugendwartin Jutta Jenß. Folgende Zuchtfreunde erhielten die silberne Ehrennadel für zehnjährige Vereinsmitgliedschaft: Jutta Jenß, Lothar Jenß, Reinhard Jung, Günther Mennerich, Dr. August Biermann und Lutz Finke.

1992. Jahreshauptversammlung war am 22. Februar wieder im Hotel »Zur Post«. Es folgte eine Nachwahl. Zum 2. Vorsitzenden wurde Helmut Schöbel gewählt. Aus dem Verein traten aus: Christa Meyer, Karsten Güttler, Hildegard Güttler, Konrad Güttler, aus der Jugendgruppe: Ramona Schaup, Sandra, Michaela und Wolfgang Bösch. Aufgenommen wurde Heike Lodemann. Geehrt mit der goldenen Vereinsehrennadel wurden Wilfried Jenß und Thorsten Lindmüller. Manuela Lindmüller und Hildegard Güttler erhielten die silberne Ehrennadel. Zur Jahreshauptversammlung des Kreisverbandes Celle fuhren Vereinszüchter am 28. März nach Garßen, Gasthof »Lindenhof«.

1993. Das Jahr begann mit der Jahreshauptversammlung am 30. Januar im Vereinshaus Hubachstraße 19. Ein neuer Vorstand wurde gewählt: 1. Vorsitzender Helmut Schöbel, 2. Vorsitzender Gustav Pajewski, Schriftführerin Anna Pajewski, 1. Kassiererin Gisela Jenß, 2. Kassierer

Wilfried Jenß, Zuchtbuchführerin Anna Pajewski, Zuchtwerbewartin Christel Kaschulla, Tätowiermeister Peter Schaup und Jugendwart Werner Meyer. Am 23. März verstarb Zuchtfreund Gerhard Brygier. Wir trauern um ihn. Die Jahreshauptversammlung des Kreisverbandes fand am 27. März statt. Einen Sommernachtsball feierten wir am 10. Juli im Vereinsheim. Beim Dorffest am 28. August stellten wir Kaninchen zur Schau, veranstalteten ein Meerschweinchenrennen und verkauften Kaninchenbraten. Am gleichen Tage baute die Firma Liser aus Gerdau eine Gasheizung in unseren Versammlungsraum ein. Einen herzlichen Dank an die Gemeinde, die den Verein dabei unterstützte!

Die letzten Kaninchen wurden am 10. Oktober geimpft.

Das Jahr 1994 begann mit der Kreisverbandsschau in Eschede am 8. und 9. Januar. Die Züchter stellten Kaninchen zur Schau, die Frauengruppe noch zusätzlich ihre Erzeugnisse aus Kaninchenfellen. Am 15. Januar war Jahreshauptversammlung im Gasthaus Buchhop. Werner Meyer trat als Jugendwart zurück. Am 9. April wurden ein Skat- und Kniffelturnier im Vereinsheim ausgetragen. Am 1. Mai beteiligten wir uns beim Aufstellen des Maibaumes, an dem auch unser Vereinsemblem angebracht wurde. Am 17. Juli wurde die Kaninchenimpfung an 369 Tieren durchgeführt. Am 5. September verstarb das Ehrenmitglied Alfred Jung. Er war seit 1947 im Verein F 104 und hatte wichtige Funktionen innerhalb des Vereins übernommen. Am 28. und 29. Oktober war vereinsinterner Arbeitsdienst. Dabei wurde ein Fernheizungsrohr in das Ausstellungsgebäude verlegt und die Heizkörper angeschlossen. Am 26. und 27. November fand die Ortsschau im Vereinsheim statt. Eine Weihnachtsfeier feierten die Vereinsmitglieder am 17. Dezember. Der Verein hat 32 Alt- und vier Jungzüchter.

Sieger der Kleintierzuchtausstellung 1991

Katholische Kirchengemeinde St. Paulus

Die kleine katholische Kirchengemeinde St. Paulus in Unterlüß hat ungefähr 650 Mitglieder. Sie leben hier in der Südheide in fordernder Diaspora. Zur Kirchengemeinde Unterlüß gehören noch Lutterloh und Blickwedel. Die St. Paulus-Gemeinde gehört zum Dekanat Celle und damit zum Bistum Hildesheim.

Mit der Niederlassung der Rheinischen Metallwaren-Fabrik (»Rheinmetall«) in Unterlüß 1899 kamen später auch aus dem Düsseldorfer Raum Katholiken, ungefähr 50 bis 60 Gläubige, die hier ihren Arbeitsplatz fanden. Sie feierten ihren Gottesdienst alle vier Wochen in einem Gasthaus in Unterlüß mit Dechant Kopp, der Pfarrer der St. Ludwig-Kirche in Celle war.

Eine eigene Kirche zu bauen, wurde bei den Unterlüßer Zuwanderern nach dem Ersten Weltkrieg immer dringlicher. 1925 wurde ein Kirchenverein gegründet, der die Mittel für den Bau der Kirche zu gewinnen suchte.

Am 22. August 1926 konnte der Grundstein gelegt werden, und am 1. Mai 1927 die Weihe der Kirche erfolgen. Gefördert und ermöglicht wurde der Bau der Kirche durch das Bonifatius-Werk und Spenden der Firma Rheinmetall.
Seelsorglich wurde die Gemeinde Unterlüß von Dechant Kopp aus Celle bis 1940 betreut. 1940 kam Pastor Heinrich Witte nach Unterlüß, der bis 1943 hier tätig war. Von 1943 bis 1949 übernahm die seelsorglichen Aufgaben Pastor Heinrich Leifels.

Noch bei Kriegsende im April 1945 erlitt die Kirche beträchtliche Kriegsschäden. Das Kirchendach konnte aber noch unter Pastor Leifels, der auch kurze Zeit Bürgermeister in Unterlüß war, restauriert werden.

Im Jahre 1950 wurden im Auftrag von Pater Artur Johann die restlichen Schäden in der Kirche beseitigt.

1951 übernahm Pastor Otto Nowak die Gemeinde. Zu Unterlüß gehörten zu dieser Zeit in kirchlicher Hinsicht auch Faßberg, Müden/Ö., Oberohe und Blickwedel. Seelsorgearbeit geschah hier mit Hilfe des Kapellenwagens, der damals der Zeit entsprechend ein gebräuchliches Fortbewegungsmittel war.

1952 feierte die Gemeinde mit Generalvikar Dr. Offenstein den 25. Weihetag der Kirche. In diesem Jahr wurde auch eine Kolpingfamilie gegründet.

1955 wurde ein Kreuz vor der Kirche aufgestellt mit einem lebensgroßen Korpus. Da er nicht wetterfest war, hängt dieser Korpus nun im Pfarrheim.

Pastor Werner Möhle übernahm 1955 die St. Paulus-Gemeinde. Während seiner Amtszeit wurden die Kirchenbänke, die Kniebank, die Figuren des Hl. Josef und des Hl. Antonius gestiftet.

1956/57 wurde erstmals für die beiden Kirchengemeinden Unterlüß und Faßberg ein gemeinsamer Kirchenvorstand gewählt. Nach seiner Konstituierung beschloß der Kirchenvorstand den Einbau einer Heizung in die Unterlüßer Kirche. Auch eine Heimorgel konnte 1958 angeschafft werden.

Um den Forderungen des II. Vatikanischen Konzils gerecht zu werden, wurde 1952 der Innenraum der Kirche völlig neu gestaltet. Vordringlich wurde eine neue Sakristei geschaffen. Dankenswerterweise fanden sich Stifter für die Kirchenfenster der Paulus-Kirche.

Die Kirchengemeinde beschaffte während der Amtszeit Pastor Möhles einen neuen Kreuzweg, der als Bildhauerwerk E. van Briels, Münster, durch den Franziskaner-Pater H. Gola zur Ausführung gelangte.

Auf Pastor Möhle folgte 1963 Pastor Gerhard Lakomy. An praktischen Ergänzungen im Gottesdienstraum wurde in dieser Zeit auch gedacht.

1969 führte der Nachfolger Pastor Johannes Brodmann weitere Baumaßnahmen und Kircheninnengestaltungen durch. So folgte eine Kupfereindeckung des Turmes, das Bronze-Tabernakel sowie die gleichartige Sakristei- und Altarraumausstattung.

1971 erhielt die Paulus-Kirche eine holzgeschnitzte Madonna aus Oberammergau.

In der Amtszeit des Domkapitulars Höbbel aus Celle konnte sich die Gemeinde aus Mitteln des Bonifatius-Werkes im September 1972 ein Gemeindehaus errichten.

Pastor Brodmann förderte von 1973 bis 1977 bewußt Bildungsarbeit in der Paulus-Gemeinde.

Seelsorgliche Mitbetreuung geschah durch Pastor Bruno Prießnitz von 1977 bis 1983 von Eschede aus. 1983 bis 1984 wirkte Pfarrer J. Switala für Unterlüß.

Die Folgejahre bis September 1985 war die Gemeinde wiederum an Eschede seelsorglich angeschlossen. Für diese Zeit ist das Wirken von Sr. Ignatia in der Bildungs- und Seelsorgearbeit hervorhebenswert.

Seit 1983 konnte in Unterlüß auch eine erfreuliche und gemeindefördernde Sternsinger-Aktion aufleben.

Von September 1985 bis 1986 wurde die Kirchengemeinde St. Paulus wiederum mit Faßberg zusammen durch Pastor Algermissen betreut. Einige Bau- und Instandsetzungsmaßnahmen fielen an.

Während der Einweihung der Katholischen Kirche

Bannerweihe der Kolpingfamilie Unterlüß, 7. September 1952

Das Kircheninnere, 1993

Für das Folgejahr bis Januar 1988 übernahm Pfarrer Grzeschik die Anleitung der Kirchengemeinde. Von Februar 1988 bis Juni 1990 wirkte Pfarrer Georg Pochaba als ortsansässiger Pfarrer in der Paulus-Gemeinde.

Am 1. Juli 1990 übernahm Pfarrer M. Wieczorek aus Rotenburg/W. die Unterlüßer Gemeinde.

Nach längerem Renovierungsbedarf der Kirche ging Pfarrer Wieczorek Neugestaltungsaufgaben an. Der Altarraum erhielt in Form von Tabernakelstelle, Mensa, Ambo, Halbrelief-Heiligenfiguren im Absis-Halbrund ein zeitnahes, liturgiewürdiges Gesicht.

Für die hervorragenden Arbeiten und solide Gestaltung zeichneten Joachim Klug und Dagmar Gallinger aus Hannover.

Einen guten Gesamteindruck vermittelt die Kirche durch freundliche Ausmalung und erneuerten Fußboden, von neuer Innenbeleuchtung abgerundet.

Seit November 1991 dient den Gottesdiensten und Feiern der Gemeinde eine klangtechnisch bewährte Computerorgel. In einer Weihe der Gemeinde durch Prälat Stoffers aus Hildesheim wurde sie übergeben.

Am Karfreitag, dem 17. April 1992, wurde ein neues Kreuz vor der Kirche geweiht.

Da in den letzten Jahren viele Aussiedler aus Rußland nach Unterlüß gekommen waren, mußten hier besondere seelsorgliche Aufgaben übernommen werden. So wurden 1993 auch Erwachsene erstmals auf die Heilige Erstkommunion vorbereitet. Einige Gläubige mußten noch getauft werden, und eine kirchliche Trauung wurde nachgeholt.

Im Februar 1995 besuchte Weihbischof Hans Georg Koitz die St. Paulus-Gemeinde und spendete elf Jugendlichen und sechs Erwachsenen das Sakrament der Firmung. Die Erwachsenen (Rußland-Deutsche) wurden von Herrn Pfarrer Wieczorek auf dieses Ereignis besonders vorbereitet.

Um Gästen in Unterlüß die Geschichte der St. Paulus-Kirche näherzubringen, liegt ein Gästebrief aus, in dem in Kurzform die Chronik der Pfarrgemeinde geschildert wird.

Seit der Nachkriegszeit, über die mühe- und arbeitsvollen 50er und 60er Jahre und darüber hinaus, hat die St. Paulus-Gemeinde in Unterlüß trotz häufigem Wechsel ihrer Seelsorger durch alle Jahrzehnte hindurch stete Aufgeschlossenheit, Opferfähigkeit und Glaubenseinsatz bewiesen.

Keglervereinigung Unterlüß
im D.K.B. v. 1967

Kegeln als Hobby – aus Gründen der Geselligkeit und der Kameradschaft – wurde in Unterlüß schon vor dem 1. Weltkrieg betrieben. Die ältesten Unterlüßer erinnern sich noch, daß zu dieser Zeit schon eine Kegelbahn in Hubachs Hotel vorhanden war. Man kann vermuten, daß die ersten »Rheinmetaller« um Heinrich Ehrhardt dieses Vergnügen ab 1899 aus dem Rheinland mitbrachten und in Unterlüß verbreiteten und so auch Unterlüßer Bürger schnell Gefallen und Spaß am Kegeln fanden.

Gründung des ersten Kegelklubs in Unterlüß

Kegelfreudige Handwerksmeister und Waldarbeiter gründeten am 7. Oktober 1925 den ersten Kegelklub im Orte. Gekegelt wurde in Hubachs Hotel, Inhaber Sander, später Achenbach, dann Meine.

Zu den Gründungsmitgliedern gehörten die Kegelbrüder Walter Mösner sen., Georg Brandt, Karl Grüne, August Engelke, August Brakebusch, Hermann Köllner, Heinrich Lilje und Heinrich Meyer. – Nachdem man schon einige Wochen auf einer Scherenbahn gekegelt hatte, wurde ein Clubname gesucht. Man kam darauf als Heinrich Meyer, auch genannt »langer Meyer«, durch Zufall eine kleinere Kugel mitten durch das Kegelbild warf, ohne daß ein Kegel berührt wurde. Mit diesem Wurf war der Klubname »Zwischendurch« aus der Taufe gehoben.

Den Vorsitz des neuen Klubs übernahm Kegelvater Walter Mösner sen. von 1925 bis zum Jahre 1960. Aus gesundheitlichen Gründen löste ihn dann der heute 92jährige Otto Müller von 1961 bis 1973 als Vorsitzender ab. Seit 1973 ist Berthold Schulz 1. Vorsitzender.
Die Klubkasse verwaltete August Engelke von 1925 bis zu seinem Tode 1955. Danach führte bis 1991 Albert Bunge die Kassengeschäfte, der dann diese aus gesundheitlichen Gründen an Siegfried Hausmann übergab. Als Schriftführer fungiert seit 1966 Heinrich Lange.

Auch in der Zeit des Krieges von 1939 bis 1945 fühlten sich die Kegelbrüder, soweit sie nicht zum Heeresdienst eingezogen waren, dem Kegeln verbunden. Von 1945 bis 1947 war die Kegelbahn allerdings von den Engländern beschlagnahmt.

Von 1950 bis Ende 1960 wurde wieder aktiv die Kugel geschoben. Von 1961 bis 1966 fuhr man einmal im Monat nach Sülze zur Bundeskegelbahn von Arnold Gralher.

In diesen Jahren wurden mit der »Dorfschwalbe«, einem Bus des Staiger-Fuhrbetriebes, auch zahlreiche Vergnügungsfahrten durchgeführt. Es ging an den Bodensee, in den Schwarzwald, an den Rhein und die Mosel, aber auch an Ziele im Norden, um hier nur einiges aufzuführen.

Als Matthias Staiger an der Müdener Straße das Hotel »Die goldene Kugel« mit vier vollautomatischen Kegelbahnen baute, die am 23. November 1966 eingeweiht wurden, erlebte das Kegeln einen starken Auftrieb.

Der Kegelklub »Zwischendurch« hat sich mittlerweile stark verjüngt und kann 1995 mit 15 Mitglieder auf ein »70«jähriges Bestehen zurückblicken. Erwähnt sei, daß »Zwischendurch« ein geselliger Klub ist. Dazu kommt aber auch das sportliche Element. Einige Kegelbrüder nehmen am Sportkegeln teil und haben das Kegelsportabzeichen erworben.

Weitere Kegelklubs in Unterlüß

Am 16. Juni 1952 wurde der 1. Unterlüßer Damenkegelklub »Heideröslein« gegründet. Damals sagten sich einige Damen, daß nach den zurückliegenden schweren Jahren, die hauptsächlich von den Fragen bestimmt wurden, ob man satt wurde oder ob man eine Wohnung hatte, jetzt die Zeit gekommen war, es den Männern gleichzutun und zum Vergnügen an einem Tag in der Woche zu kegeln. Dies war sicher auch ein Schritt in Richtung Emanzipation.

Die couragierten Damen trafen sich in Hubachs Hotel, um gegen eine geringe Gebühr und mit Hilfe von Kegeljungen zu kegeln. Anfangs mehr mit gutem Willen als mit Können ausgestattet – bekanntlich fällt kein Meister vom Himmel –, übten sich die Frauen hier bis 1963 im Kegeln. Dann fuhr man alle zwei Wochen nach Sülze oder Gerdehaus. Diese Fahrten konnten dank der Tatkraft und Fahrtüchtigkeit einer Kegelschwester durchgeführt werden, und stets gab es dabei viel Gaudi.

Ab 1966, als es im Orte eine neue Kegelbahn gab, war man wieder zu Hause. Während dieser Jahre gab es natürlich Mitgliederschwankungen. Am 25. Geburtstag des Vereins im Jahre 1977 waren jedoch noch sechs Gründungsmitglieder dabei. Zu dieser Zeit bestand der Damenkegelklub aus 14 Mitgliedern.

In den folgenden Jahren unterstützten die Damen den neugegründeten Keglerverein und beteiligten sich am Sportabzeichenkegeln. Insgesamt 20mal wurde das goldene Sportabzeichen erkegelt. Bei allem Interesse für den Kegelsport wurde auch an das Vergnügen und die Kameradschaft gedacht. Fast jedes Jahr wurde eine gemeinsame mehrtägige Fahrt unternommen, und auch sonst gab es mancherlei zu feiern.

Leider wurde der Kegelklub am 12. Juni 1989 aus Altersgründen aufgelöst.

*Deutsche Jugendmeisterschaft in Lübeck, 1978;
v.l.n.r.: (vorn)
S. Staiger, A. Röttger,
(hinten)
Jugendwart W. D. Voigt,
J. Greef, B. Kretzschmar,
P. Borowski,
Jugendwart H. H. Brust*

Bertha und Matthias Staiger waren Mitglieder dieser Kegelklubs. Sie waren zugleich Förderer von Geselligkeit und sportlichem Wettkampf. Beide waren in jungen Jahren in der Gastronomie tätig, kamen 1938 nach Unterlüß und pachteten den Mietwagenbetrieb Renken.

Nach dem Neuaufbau und der Erweiterung des Fuhrbetriebes wurde 1964 ein Grundstück in zentraler Lage erworben, um dort 1966 ein Hotel mit Kegelbahnen zu erbauen. Die Kegelbahn wurde dann auf Anraten des Bezirksvorsitzenden des Keglerverbandes Niedersachsen mit vier Bohle-Bahnen ausgerüstet, um grundsätzlich auch Sportkegeln und damit die Austragung von Meisterschaften zu ermöglichen. Der Keglerverband versprach eine höhere Auslastung mit positiven Auswirkungen für die Gastronomie.

Wie richtig diese Entscheidung der Familie Staiger zum Bau der neuen Bahnen war, bewies die rasante Aufwärtsentwicklung des Kegelns. Die neue Kegelanlage erlangte zusätzliche Bekanntheit wegen des ebenfalls hier durchgeführten Sportabzeichenkegelns. Ungefähr 500 Keglerinnen und Kegler aus ganz Norddeutschland kämpften um das Bronzene, Silberne und Goldene Kegelsportabzeichen. Sie waren angetan von der technisch perfekten Anlage. Aus diesem Grunde wurden mehrfach Meisterschaftsaustragungen und zahlreiche Punktspiele von den Kreisligen bis zur Oberliga nach Unterlüß vergeben.

In Unterlüß gab es also nun wieder eine Kegelbahn. Bereits bestehende Kegelklubs hatten wieder eine Heimat, und neue Klubs gründeten sich: »Scharfe Kante«, »KC 66«, »Traumkugel«, »Kegelschoner« und »Erika«. Das Kegeln erfreute sich großer Beliebtheit. Familien, Arbeitskollegen und verschiedene Gemeinschaften begannen regelmäßig zu kegeln.

Gründung der Keglervereinigung

Ziel des Landesverbandes war es, in Unterlüß einen Keglerverein zu gründen, der den Gedanken des Sportkegelns als satzungsmäßiges Ziel verfolgen und ausbauen sollte. So versuchte der Bezirksvorsitzende Karl Linnenbrügger gemeinsam mit zwölf Interessierten am 30. September 1967, diesen Verein durch einen Zusammenschluß mehrerer Kegelklubs zu gründen. Der erste Versuch schlug aber fehl, weil gerade die neugegründeten Klubs erhebliche Verpflichtungen und Verantwortung übernehmen sollten. Nach langer mühevoller Kleinarbeit unter Führung des Kegelklubs »Scharfe Kante« (SKU) schien eine Vereinsgründung am 2. November 1967 erfolgversprechend. 38 Unterschriften für eine Vereinsgründung lagen schon vor, 33 Interessenten waren anwesend, davon waren 25 als Mitglieder stimmberechtigt. Der Bezirksvorstand war durch seinen 2. Vorsitzenden Ewald Bartels, Lüneburg, und den Bezirkssportwart Heinz Ludwig, Celle, vertreten. Ebenso war der Kreissportwart Ernst Gadau zugegen.

Zu Beginn der Gründungsversammlung gab der Klubvorsitzende von »Scharfe Kante« Eberhard Staiger einen Überblick über die Aktivitäten des Klubs und formulierte dann den Wunsch, am Punktspielbetrieb sowie an Meisterschaften im Kreis Celle teilnehmen zu wollen. Deshalb habe »Scharfe Kante« eingeladen, um mit einer Vereinsgründung die Voraussetzung dafür zu schaffen. Der 2. Bezirksvorsitzende ergriff darauf das Wort, erklärte Sinn und Zweck des Deutschen Keglerbundes, der Mitglied im Deutschen Sportbund ist, und erläuterte, daß das Kegeln eine sehr geeignete Sportart sei, die Frauen wie Männer von der Jugend bis ins hohe Alter zur körperlichen Ertüchtigung ausüben sollten. Weiter verwies er auf die überall in den Klubs besonders gepflegte Geselligkeit. Nach diesen überzeugenden Worten wurden nun die Vereinsgründung der »Keglervereinigung 1967 Unterlüß« und die Vorstandswahlen vorgenommen. Zum 1. Vorsitzenden wurde Eberhard Staiger gewählt, Sportwart wurde Heinz Reckow, Kassenwart Friedrich Kruse, Frauenwartin Helene Cieplik, und zu Kassenprüfern wurden Fritz Zietz und Eckardt Bössow gewählt.

Bereits eine Woche später führte der Wirt ein Pokalkegeln anläßlich des einjährigen Bestehens der Kegelbahn durch. Es gab eine Mannschafts- und eine Einzelwertung. Bei den Damen war der Klub »Heideröslein« siegreich vor »Traumkugel« und »Kegelschoner«. Bei den Herren siegte deutlich der Klub »Heidekegler« vor »Scharfe Kante« und »Zwischendurch«. Beste Einzelkegler waren Helene Cieplik mit 711 Holz bei den Damen und Karl-Heinz Decker mit 739 bei den Herren. Am folgenden Sonntag wurden die Wanderpokale im Einzel ausgekegelt, hier siegte bei den Herren Eberhard Staiger mit 737 Holz.

Im Dezember 1967 begann die 1. Vereinsmeisterschaft. Nach drei Durchgängen konnten am 4. Februar 1968 die ersten Unterlüßer Vereinsmeister geehrt werden: bei den Damen Gertraud Schön (»Heideröslein«) und bei den Herren Horst Staiger (»Scharfe Kante«). Am 5. April 1968 nahmen vier Einzelbewerber sowie eine Mannschaft an den Bezirksmeisterschaften in Uelzen teil und belegten hintere Plätze. Noch im gleichen Jahr wurde eine Jugendabteilung gegründet und Eckardt Bössow zum kommissarischen Jugendwart ernannt. Im Herbst beteiligte sich der junge Verein bereits mit zwei Jugendmannschaften am Punktspielbetrieb. Beim Jugend-Förderkegeln des Bezirks erreichte Bernd Liebermann nach vier Durchgängen unter 18 Teilnehmern den 3. Platz.
Die Klubs »Scharfe Kante«, »Zwischendurch« und »KC 66« beteiligten sich an den Punktspielen. »Scharfe Kante« 1. und 2. Mannschaft sowie »Zwischendurch« stiegen in die nächst höheren Klassen auf. Die Damen-Mannschaften von »Kegelschoner« und »Heideröslein« erreichten den 4. und 8. Platz.

In der Mitgliederhauptversammlung am 19. Dezember 1968 wurde ein neuer Vorstand gewählt und erstmals die Posten des 2. Vorsitzenden und des 2. Sportwartes besetzt. Zu Jugendwarten für die Jungen wurden Horst Staiger, für die Mädchen Eberhard Staiger bestellt. Gerhard Harms wurde Schriftführer.
So wurden die Voraussetzungen für einen kontinuierlichen Vereinsaufbau geschaffen. Bereits 1969 erreichte die männliche B-Jugend das Startrecht für die Landesmeisterschaften und erzielte einen beachtlichen 3. Platz.

1970 wurde ein besonders erfolgreiches Jahr. Kreismeister wurden Willi Krohne, Isolde Schulz und Jürgen Backeberg. Hans-Hermann Brust wurde Vizemeister. Er war auch bei den Bezirks- und Landesmeisterschaften erfolgreich und erkegelte sich das Startrecht für die Deutschen Meisterschaften in Hamburg, wo er in der männlichen B-Jugend den 10. Platz belegte.
Am 1. Februar 1971 wurde der Klub »Fortuna« von Jugendlichen gegründet. Die Damen von »Kegelschoner« wurden Kreismeister. Die Kegelbahnen der »Goldenen Kugel« wurden generalüberholt und das 2. BKSA-Kegeln mit 394 Startern durchgeführt.

1972 war das Jahr von Wolfhard Helms. Er wurde Kreismeister der Junioren, belegte bei den Bezirksmeisterschaften den 3. und bei den Landesmeisterschaften den 7. Platz.
Kreismeistertitel erlangten 1973 der Klub »Scharfe Kante« und Emil Becker bei den Senioren A, während 1974 nur Wolfhard Helms bei den Junioren zu Titelehren kam. Sehr erfolgreich waren unsere Vereinsmitglieder 1975. Bei den Herren wurde Wolfgang Böhl Kreismeister und Eckardt Bössow Vizemeister. Bei den Junioren siegte Jürgen Backeberg, der es dann bis zum 6. Platz bei den Landesmeisterschaften brachte. Emil Becker wurde Vizemeister bei den Senioren A, und der Damenklub »Kegelschoner« wurde zum zweiten Mal Kreismeister.

Im Jahre 1976 bauten Heinz und Christel Taacke in Faßberg eine neue 4-Bahnenanlage, so daß unsere Faßberger Mitglieder hier nun ebenfalls eine Wettkampfstätte ohne lange Anreise zur Verfügung hatten. Der Vereinsname wurde ergänzt in »Keglervereinigung Unterlüß-Faßberg«.
Das BKSA-Kegeln in Faßberg war dann ein voller Erfolg. 471 Starter besuchten uns in der Zeit vom 8. bis 16. Mai 1976. In diesem Jahr wurde Eckhardt Bössow erneut Vizekreismeister und schaffte einen 4. Platz bei den Bezirksmeisterschaften.

1977 brachte bei den Klubkämpfen Kreismeistertitel für »Kegelschoner« und »Scharfe Kante«. Im fairen Wettstreit mit den anderen fünf Kreismeistern unseres Bezirks erreichten beide Klubs bei den schweren Aufstiegsspielen vordere Plätze und stiegen in die Bezirksklasse auf. Zwei Kreismeistertitel erreichte die weibliche B-Jugend, die auch bei den Bezirksmeisterschaften hervorragend abschnitt. Im zehnten Jahr des Bestehens hatte die »Keglervereinigung Unterlüß-Faßberg« 72 erwachsene Mitglieder, eine Jugendabteilung in Unterlüß mit 20 Jugendlichen und eine im Aufbau befindliche Jugendabteilung in Faßberg mit ungefähr 20 Jugendlichen. Vom 29. Oktober bis 6. November feierte der Verein sein 10jähriges Jubiläum mit einer Sportwoche. Es begann mit einem Ball im Hotel »Goldene Kugel« und zwar auf der Kegelbahn. Dazu wurde mit Hilfe der Vereinsmitglieder über den Bahnen ein Holzfußboden zum Tanzen verlegt. Der Vorsitzende konnte zahlreiche Ehrengäste begrüßen, unter ihnen Bürgermeister Dr. Biermann, Kreisvorsitzender W. Jenne und die Vorsitzenden der Nachbarvereine Hermannsburg und Escheden. Zahlreiche Mitglieder wurden für 10jährige Treue mit einer Urkunde geehrt. Eine große Tombola rundete dieses gesellschaft-

Gründungsmitglieder der Keglervereinigung, 25jähriges Jubiläum 1992;
v.l.n.r.: H. H. Brust, M. Staiger, B. Staiger, G. Harms, E. Staiger, A. Staiger

liche Ereignis ab. Es schloß sich eine Woche sportlicher Wettkämpfe für jung und alt an. Den Abschluß bildete ein Mixed-Turnier in Faßberg mit Siegerehrung und Tanz bei Taacke. Eine gelungene Sportwoche mit Top-Veranstaltungen über die noch lange gesprochen wurde.

Doch nun kam der bisher größte sportliche Erfolg unseres jungen Vereins. Die weibliche B-Jugend wurde in der Punktspielrunde 77/78 ungeschlagener Bezirksmeister. Bei der Landesjugendmeisterschaft in Celle errang diese Mannschaft den 2. Platz und war damit zur Deutschen Meisterschaft in Lübeck qualifiziert. Mit den Keglerinnen Stephanie Staiger, Angela Röttger, Birgit Kretzschmar, Petra Borowski und Sabine Lange erkämpfte man sich den sensationellen 5. Platz. Auch die nächsten Jahre brachten eine Reihe von guten Plazierungen bei Mannschafts- und Einzelwettbewerben auf Kreis- und Bezirksebene. 1980 wurde Heike Lindmüller als Jugendliche erstmals in die Niedersachsenauswahl berufen.

Doch auch für den Verein unerfreuliche Dinge sind aus dieser Zeit zu berichten. Nach dem Bau der Kegelanlage in Faßberg wurde im Klub »Erika« der Ruf nach Selbständigkeit im Jahre 1979 wegen Unstimmigkeiten immer lauter. Trotz vieler Schlichtungsversuche durch den Vorsitzenden verließen mit Wirkung vom 1. August 1981 die Faßberger Mitglieder den Verein und schlossen sich dem »ASV Faßberg« an. Der schlagartige Verlust vieler Mitglieder war außerordentlich schmerzhaft und lähmte vorübergehend die Aktivitäten des Vereins. Dennoch konnten durch eine »Jetzt-erst-recht-Haltung« sofort alle vakanten Vorstandsposten wieder besetzt werden. Der Verein erholte sich und machte »kleiner, aber feiner« weiter. Das Kameradschafts- und Zusammengehörigkeitsgefühl verbesserte sich, der Vereinsname wurde wieder in »Keglervereinigung 1967 Unterlüß« geändert.

1982 wurde die erste Fahrradtour nach Hösseringen durchgeführt. Gegrilltes und Getränke sowie Kaffee und Kuchen wurden reichlich verzehrt. Fortan war diese Veranstaltung ein fester Bestandteil des Vereinslebens. In diesem Jahr wurden Marion Harms Kreismeister bei der weiblichen Jugend A und Lutz Kuhlmann bei den Junioren.

1983 wurde der junge Klub »Fortuna« Kreismeister und stieg in die Bezirksklasse auf. Thomas Staiger erreichte den Kreistitel bei der männlichen A-Jugend.

1984 gründeten vornehmlich »Jugendliche Damen« den Kegelklub »Concordia« und beteiligten sich am Punktspielbetrieb. Kreismeister wurden bei den Junioren Lutz Kuhlmann und bei der weiblichen A-Jugend Sabine Lange, Vizemeisterin Marion Harms. Bei der Bezirksmeisterschaft erreichte Sabine den 6. Platz. In der Zeit vom 7. bis 15. April wurde im Keglerheim »Goldene Kugel« zum dritten Mal das BKSA-Kegeln auf den vier generalüberholten Bahnen durchgeführt. Etwa 450 Starter bemühten sich, die Bedingungen für die Erlangung des Sportabzeichens zu erfüllen. Der Verein durfte erstmals in eigener Regie diese Veranstaltung durchführen und verbuchte dadurch einen beachtlichen finanziellen Erfolg.

1985 erzielte wiederum die Jugend drei Kreismeistertitel, in der männlichen Jugend B war Oliver Helms erfolgreich, in der männlichen Jugend A Thomas Staiger und bei der weiblichen Jugend A Sabine Meyer. Vize wurde Sabine Lange.

1986 gewann die Herrenvereinsmannschaft erstmalig den Kreispokal vor Celle und vertrat unseren Kreis bei den Bezirksmeisterschaften. Dabei wurde Thomas Staiger Kreismeister der Junioren.

1987 wurde die Keglervereinigung 20 Jahre alt und beging dieses Jubiläum im Rahmen der Aktion »Ein Dorf geht auf Reisen«. Mit einem Sonderzug der Dorfgemeinschaft besuchte man Travemünde mit anschließender Schiffsfahrt auf der Ostsee. Der 1. Vorsitzende des Vereins Eberhard Staiger wurde vom Landesverband für 20jährige Vorstandsarbeit mit der silbernen Ehrennadel ausgezeichnet.

1988 verzeichnete der Verein bei der Kreismeisterschaft der Männer einen seltenen Erfolg. Kreismeister wurde Eberhard Staiger, Vizemeister Manfred Zaton, und der 4. Platz ging an Jürgen Kruck.

1989 gewannen sowohl die Damen als auch die Herren den Kreispokal. Stephanie Staiger erreichte über vordere Plätze bei Kreis- und Bezirksmeisterschaften das Startrecht für die Landesmeisterschaften in Wilhelmshafen.

1990 qualifizierte sich Sabine Lange über die Bezirksauswahl für die Niedersachsenauswahl und gewann mit dieser Mannschaft den Länderpokal.

1991 gab es drei Kreistitel im Kegeln für Unterlüß: Oliver Helms bei der männlichen A-Jugend, Sabine Lange bei den Damen und Manfred Zaton bei den Herren. Bei der Jahreshauptversammlung wurde ein Festausschuß zur Planung und Durchführung des 25jährigen Vereinsjubiläums gebildet. Die nächsten Monate standen ganz im Zeichen dieser Vorbereitungen. Der Verein hatte finanzielle Rücklagen gebildet, um das Fest auch finanzieren zu können. Zunächst wurde beschlossen, für alle Mannschaften neue Sportkleidung zu beschaffen und diese erstmals zur Sportwoche zu benutzen. Während der Sportwoche sollten nicht nur der Kegelsport, sondern natürlich auch die Geselligkeit und Kameradschaft gepflegt werden. Als aktiver Verein innerhalb der Dorfgemeinschaft stand daher der Gedanke im Vordergrund, der Öffentlichkeit den Kegelsport vorzustellen und zum Mitmachen anzuregen. So wurden die Unterlüßer Vereine zum sportlichen Wettstreit eingeladen, um die besten Mannschaften und Einzelkönner unter den Laien zu ermitteln. Mit insgesamt 48 Mannschaften hatten wir einen Riesenerfolg. Ein Abend der Sportwoche wurde dem internen Kegelspaß gewidmet. Es wurden Kegelspiele durchgeführt und die Geselligkeit gepflegt.

Auch die Jugend hatte ihren großen Tag. Nach Wettkämpfen und Spielen gab es eine Jugend-Disco mit Gästen aus Adensen, Celle und Hermannsburg.

Höhepunkt war unbestritten der große Festball mit Tombola am Samstag, den 31. Oktober 1992 im Freizeitzentrum. Der Vereinsvorsitzende konnte zahlreiche Ehrengäste der Gemeinde Unterlüß, den Vorsitzenden des Kreissportbundes Söhnholz, das Bezirksvorstandsmitglied Nikulla, den Kreisvorsitzenden Jenne, die Vorsitzenden der Unterlüßer Vereine sowie über 180 Festteilnehmer begrüßen. Bei diesem Festball wurde Eberhard Staiger durch die Gemeinde Unterlüß für 25 Jahre aktive Vereinsarbeit und durch den Landesverband mit der Überreichung der Ehrennadel in Gold geehrt.

Die Sieger der Vereinskegelns wurden ferner mit Pokalen bedacht, und die Tombola hatte als Hauptgewinn eine Reise. Zahlreiche Spenden von Unterlüßer Firmen hatten dies ermöglicht. Erst weit nach Mitternacht ging das Jubiläumsfest zu Ende.

Kleingärtnerverein Unterlüß e.V.

1947. Etwa Anfang des Jahres rief ein Herr Albrecht zu einer Versammlung in einem Saal in Unterlüß auf. Es ging um die beabsichtigte Gründung eines Schrebergartens. Das dazu benötigte große Gelände konnte an der Neulüßer Straße von der Forstverwaltung gepachtet werden.

Dieser Gedanke fand großen Zuspruch, denn die Flüchtlinge besaßen keinen Grund und Boden, um darauf etwas anzubauen, was half, den großen Hunger zu stillen und die eigene Ernährungsgrundlage zu verbessern. Es wurde ein Verein gegründet, und jeder Bewerber bekam eine Parzelle von 900 qm. Das Gelände war damals fast doppelt so groß wie heute. Um das ganze Gelände wurde ein Zaun gezogen, und einige Wasserzapfstellen wurden angelegt. Es war für alle eine mühsame Arbeit gewesen, denn auf dem abgeholzten Gelände standen noch die Stucken. Die ersten Kartoffeln, die geerntet wurden, hatten auch nur die Größe von Haselnüssen, da ja kein Dünger im Boden war. Mit der Zeit wurde es besser, so daß auch Kohlköpfe gediehen. An diesen fanden auch englische Soldaten Interesse und ernteten gratis.

Die damaligen Gartenfreunde arbeiteten aber nicht nur, sie feierten auch Feste mit Essen und Tanz bei Willi Sander.

In den Anfängen betrugen Pacht und Beitrag monatlich 1,20 DM. Dieser Betrag wurde von einem Gartenfreund zu Hause abgeholt und auf einer Karte abgestempelt. Seit 1983 ist der Kleingärtnerverein Mitglied des Bezirksverbandes Celle. Jedes Mitglied erhält monatlich die Zeitschrift »Deutscher Kleingärtner« mit der Post ins Haus. Der Kleingärtnerverein beteiligte sich in Unterlüß auch immer am Dorffest sowie der Ferienpaßaktion. Schon in früheren Jahren war jedes Gartenmitglied verpflichtet, sechs Arbeitsstunden im Jahr zu leisten, was der Instandhaltung der ganzen Gartenanlage zum Nutzen gereicht.

Die Gartenfreunde im Kleingärtnerverein Unterlüß e.V.

Blumen verbinden. So war der Sommer 1995. – Spätaussiedler Wilhelm Pfaff (links neben dem Gemeindedirektor) bearbeitet seit mehreren Jahren mit seiner Frau eine Kleingartenparzelle.

1950. Im Februar führte der Kleingärtnerverein schon den Namen Kleingärtnerverein Unterlüß e. V., obwohl der Name erst noch in das Vereinsregister eingetragen werden mußte.
Der Verein ist die Vereinigung der Kleingärtner der Gartenkolonie in der Neulüßer Straße - Ortsteil Hohenrieth. Er arbeitet gemeinnützig nach der Kleinpachtlandverordnung vom 31. Juli 1919. Bei der Generalversammlung am 27. Februar wurde eine Satzung verfaßt, welche am 1. März in Kraft trat. Der Vorstand bestand aus den sechs Mitgliedern:

1. Vorsitzender Hasenheyer
2. Vorsitzender Engelhardt
1. Schriftführer W. Helms
2. Schriftführer Haritg
1. Beisitzer Schulenburg
2. Beisitzer Wilhelm Koch

1961. Bei der Jahreshauptversammlung am 11. November wurde bekannt gegeben, daß 33 Parzellen an die Firma Rheinmetall zurückgegeben wurden. Der Verein hatte noch 72 Parzellen. Die Mitgliederzahl betrug 54; 52 aktive und zwei passive Mitglieder.
Der Hauptvorstand wurde besetzt mit:

1. Vorsitzender Bruno Staib
2. Vorsitzender S. Kiehlblock
1. Kassenführer Schmull
1. Schriftführer Hornbostel

1963 fingen die Gartenfreunde an, Wasserleitungen zu legen.

1965. Bei der Jahreshauptversammlung am 25. Oktober wurde bekannt gegeben, daß der Verein beim Amtsgericht eingetragen wurde.

1966. Bei der Jahreshauptversammlung wurde berichtet, daß der Kassenstand 163,18 DM betrug. Die laufenden Ausgaben konnten durch die Einnahmen nicht bestritten werden.

1968. Bei der Jahreshauptversammlung am 26. September wurde erwogen, den Kleingärtnerverein aufzulösen. Es gab hitzige Debatten. Schließlich wurden 16 Parzellen 1969 an die Firma Rheinmetall abgegeben.

1969. Die Gartenfreunde wählten einen neuen Vorstand:

1. Vorsitzender Sieberger
2. Vorsitzender Erwin Paaries
1. Kassenführer Schmull
1. Kassierer Tobias
1. Schriftführer Hornbostel

1972 wurden P.V.C.-Wasserleitungen verlegt und Wasseruhren eingebaut.

1975. Ein neuer Vorstand:

1. Vorsitzender Gunther Wolz
2. Vorsitzender Bernd Vogt
Kassenführer Johann Saueressig
Schriftführer Bernd Vogt

Im Jahre 1976 nahm der Verein an der Aktion »Sauberer Wald« teil.

1979. Seit Oktober besteht ein neuer Pachtvertrag zwischen der Firma Rheinmetall und der Forst Unterlüß. Der Verein hatte 44 Mitglieder.

1981. Ein neuer Vorstand:

- 1. Vorsitzender Brunke
- 2. Vorsitzender Emil Zietz
- 1. Kassierer Johann Saueressig
- 1. Schriftführer Faude

Es wurden wieder Schafe im Garten gehalten. Auch die nachbarlichen Erdbeerpflanzen wurden von ihnen gefressen. Es gab auch Pferde auf dem Gartengelände.

1982 wurde die Aufnahme des Vereins in den Bezirksverband ab dem nächsten Jahr beschlossen.

Im Jahre 1984 bauten die Mitglieder in Gemeinschaftsarbeit ein Vereinshaus. Ein Kinderspielplatz wurde im nächsten Jahr errichtet. Nun konnten die Vorstandssitzungen im eigenen Vereinsheim abgehalten werden.

1985. Ein neuer Vorstand:

- 1. Vorsitzender Reinhardt Jung
- 2. Vorsitzender Hilde Güttler
- 1. Kassierer Otto Niesel
- 1. Schriftführer Margitta Erdt

1986. Gartenlauben dürfen nur nach einem vorgegebenen Plan gebaut werden und nur eine Größe von 24 qm haben. Der Rohbau wird vom Bauausschuß abgenommen.

Am 6. Juli 1987 feierte der Verein sein 40jähriges Jubiläum.

Im Jahre 1988 erhielten die ersten Aussiedler Parzellen im Kleingarten.

1990 wurde eine Toilettenanlage gebaut und ein Parkplatz angelegt. Des weiteren wurde eine Jugendgruppe gegründet.

1993. Bei der Jahreshauptversammlung erhielten neue Gartenfreunde, ehemalige Aussiedler, eine Urkunde für 5jährige Mitgliedschaft im Kleingärtnerverein Unterlüß e. V.

1994. Ein neuer Vorstand:

- 1. Vorsitzender Werner Meyer
- 2. Vorsitzender Ingo Petzold
- 1. Kassierer Georg Behrens
- 1. Schriftführer Hildegard Güttler

Motor-Sport-Club Maht-Heide e.V. Unterlüß im ADAC

Der MSC Maht-Heide wurde am 18. August 1966 gegründet. Zu den Gründungsmitgliedern gehörten Hermann Fabian, Ulrich Frisch, Karl Reimer, Otto Pahl und Herbert Weiß.

Im Jahre 1968 stellte die Firma Rheinmetall im »Eschengrund« dankenswerterweise ein Übungsgelände für die Aktivitäten des Clubs zur Verfügung.

Zeitweise waren vier aktive Spezial-Cross-Fahrer mit eigenen Fahrzeugen im Club, darunter auch der Fahrer Manfred (»Manni«) Große, der zuletzt 1988 das Ende seiner aktiven Laufbahn als Motorsportler und Cross-Fahrer krönte, indem er Clubmeister im Auto-Cross wurde, sowohl Niedersachsenmeister als auch Sieger im Deutsch-Dänischen-Pokal.

Die Hauptaufgaben des Clubs, die Pflege der sportlichen Kameradschaft und der Harmonie im Clubleben, wurden bei zahlreichen Touristik-, Nacht-Orientierungs- und Bilderbuchfahrten unter Beweis gestellt und erfüllt. Mehrfach beteiligte sich der Motorsportclub an der 5-Städtefahrt nach Meran. Auch mehrere Trial-Veranstaltungen in den Oberoher Kieselgurgruben gehörten zu den unvergessenen Clubhöhepunkten. Leider mußten die meisten Clubaktivitäten, die nun einmal mit Motorengeräuschen und -aktivitäten verbunden sind, aufgrund nicht mehr erfüllbarer Umweltauflagen mehr und mehr eingestellt werden, so daß heute der Club den Schwerpunkt seiner Aktivitäten in der Organisation und Durchführung von Jugendfahrrad-Turnieren an den Schulen sieht. Selbstverständlich gibt es einmal monatlich einen Clubabend, so daß das gemütliche Beisammensein nicht zu kurz kommt.

Die Mitgliederzahl beträgt zur Zeit 48.

1. Vorsitzende: Herbert Weiß 1966-1986
   Peter Lampe seit 1986

Führungswechsel beim MSC am 21.2.1986. Peter Lampe übernimmt den Vorsitz; rechts Herbert Weiß, links Peter Lampe

MSC-Werkstatt auf der Tankstelle „Auto-Meyer", 1988

Naturschutzbund Deutschland (NABU) Ortsgruppe Unterlüß

Der Naturschutzbund im Celler Land

Ende des vorigen Jahrhunderts – 1899 – wurde der Bund für Vogelschutz, heute »Naturschutzbund Deutschland« (NABU) gegründet.

Bereits zehn Jahre später wurde im Jahre 1909 die Celler Gruppe als Kreisgruppe Celle ins Leben gerufen. Wenn auch zu der damaligen Zeit noch nicht die heutigen Ziele verfolgt wurden, so konnte doch bereits in den Anfangsjahren das Vogelschutzgebiet »Mathieshagen« bei Lachtehausen angelegt werden, welches auch heute noch von uns betreut wird.

Heute setzt sich der NABU laut Satzung für das Erhalten, Schaffen, Verbessern und Wiederherstellen von Lebensgrundlagen für eine artenreiche Tier- und Pflanzenwelt ein. Darüber hinaus vertritt der Verband in der Öffentlichkeit den Natur-, Tier- und Umweltschutzgedanken und fördert in vielfältiger Form seine Verbreitung.

Um möglichst viele naturinteressierte Menschen anzusprechen, haben wir in den letzten Jahrzehnten in zehn Orten des Landkreises Ortsgruppen gründen können. Diese Neugründungen tragen dazu bei, daß auch vor Ort ein aktiver Naturschutz betrieben wird und die Bevölkerung unmittelbarer zur Mithilfe aufgefordert werden kann. Die Mitgliederzahl ist durch diese Verbandsstrategie auf über 2.000 im Landkreis Celle gestiegen.

Die jüngste Ortsgruppe konnte 1994 in Unterlüß gegründet werden. Mit dem Vorstand haben wir Mitarbeiter und Mitarbeiterinnen gewinnen können, die bereits in der Vergangenheit aktiv Naturschutzvorhaben unterstützten und zukünftig die Gewähr dafür bieten, daß auch in der Gemeinde Unterlüß die Ziele des NABU verwirklicht werden.

Im Rahmen von Arbeitsgruppen (AG.) setzt der Kreisverband die Satzungsziele um und versucht dadurch, einen Beitrag zum Erhalt von Natur und Landschaft zu leisten. So setzt sich die AG. Feuchtwiesenschutz für den Erhalt von feuchten Wiesen ein. Zusammen mit dem Landkreis Celle konnte ein Programm entwickelt werden, nach welchem größere Flächen für an feuchte Landschaften gebundene Vogelarten (zum Beispiel Kiebitz und großer Brachvogel) gesichert wurden. Das angekündigte Feuchtgrünlandschutzprogramm der Landesregierung wird hoffentlich weitere Impulse bringen. Ein besonders aktuelles Thema ist der Schutz der Fließgewässer. Die Renaturierungsvorschläge an Lutter und Weesener Bach werden von fachkundigen Mitarbeitern und Mitarbeiterinnen begleitet. Ein Zukunftsthema dieser AG. wird aber auch die heftig umstrittene Staulegung der Allerwehre sein. Ziel muß es sein, verlorene Flächen für den Naturschutz zu reaktivieren. Besonders aber beim Hochwasserschutz an unseren Bächen und Flüssen ist ein Umdenken erforderlich. Die Politik der Wasserausdrängung muß der Vergangenheit angehören. Zu diesem Thema laufen zur Zeit Initiativen unseres Verbandes, die unter anderem Vorschläge enthalten, wie dieses Ziel erreicht werden kann. Dort, wo es ohne Schaden zu verwirklichen ist, muß das Wasser gehalten werden und langsamer als bisher den großen Flußsystemen zugeleitet werden.

Die botanische AG. kartiert schutzwürdige Flächen unter dem Gesichtspunkt der Pflanzenwelt. Die Gruppe hat bereits wesentlich dazu beigetragen, daß botanische Kostbarkeiten, wie zum Beispiel Orchideenbestände, unter Schutz gestellt werden konnten. Die gesammelten Daten bilden eine wertvolle Grundlage für zu stellende Schutzanträge. Mehrere Ortsgruppen setzen sich aktiv für den Schutz von Hecken ein. Es stimmt allerdings nachdenklich, wenn engagierte Naturschützer in ihrer Freizeit Hecken pflegen und auch pflanzen und in der Nachbarschaft diese großflächig gerodet werden!

Der Amphibienschutz ist ein weiterer Schwerpunkt unserer Aktivitäten. Der Bau von Krötenzäunen im Frühjahr ist sichtbarer Ausdruck dieser Bemühung. Gerade die Ortsgruppe Unterlüß ist beispielgebend für diese Naturschutzarbeit.

Um frühzeitig Kinder und Jugendliche mit den Zielen des Naturschutzes vertraut zu machen, wurden Kinder- und Jugendgruppen gegründet. Diese werden dem Alter entsprechend unter anderem anläßlich von Exkursionen mit Natur und Landschaft vertraut gemacht. Ein neues Arbeitsgebiet haben uns die Schulen erschlossen. Im Rahmen des Schulunterrichts ist es uns möglich, hier unseren Standpunkt zu Natur- und Umweltschutzfragen deutlich zu machen. Diese wirkungsvolle Aufgabe gilt es noch weiter auszubauen.

Im Artenschutz gilt unser Hauptaugenmerk dem Weißstorch. Durch Horstbaumaßnahmen, aber insbesondere durch entsprechende Nahrungsangebote, zum Beispiel feuchte Flächen, konnte der Storchbestand im Kreis Celle angehoben werden. Ob diese Tendenz anhält, muß zunächst abgewartet werden. Wir wollen nicht nur theoretische Fragen erörtern, sondern auch praktisch tätig sein. Aus diesem Grunde haben wir Flächen gepachtet oder auch vereinzelt gekauft. Die Biotope, wie kleine Moore, Trockenrasen oder Feuchtwiesen, werden regelmäßig gepflegt, das heißt, um das Schutzziel zu erreichen, müssen Mäh- und Entkusselungsmaßnahmen durchgeführt werden. Als anerkannter Verband nach § 29 Bundesnaturschutzgesetz geben wir Stellungnahmen bei Eingriffen in Natur und Landschaft ab. Beispiele aus jüngster Zeit dafür sind: Straßenbaumaßnahmen naturverträglich gestalten, beim Aufstellen von Bebauungsplänen die Struktur von Natur und Landschaft berücksichtigen und bei Anträgen auf Kiesabbau das Berücksichtigen des vorhandenen Potentials beziehungsweise bei Durchführung als Folgenutzen: Naturschutz.

Alle diese Aufgaben werden begleitet durch eine intensive Öffentlichkeitsarbeit, dazu zählt unser Angebot an Exkursionen und Dia-Vorträgen. Aber auch die Mitarbeit in den Umweltausschüssen der Gemeinden zählt zu diesem Aufgabengebiet und schließlich auch der Kontakt zu den politischen Mandatsträgern.

Der Vorstand anläßlich der Gründung der Ortsgruppe Unterlüß des Naturschutzbundes Deutschland; v. l. n. r.: Claus Rump, Frauke Landgraf, Edith Urban, Astrid Putzbach und die 1. Vorsitzende Eva Todt

Diese vielseitigen Aufgaben sind nur möglich, wenn ein großer Mitgliederstand und damit auch ein aktiver Mitarbeiterstab diese aufgeführten beispielhaften Arbeiten erledigen hilft. Wenn auch Sie Interesse an unserer Arbeit haben sollten und mithelfen wollen, den nachfolgenden Generationen eine noch verhältnismäßig intakte Umwelt zu übergeben, so laden wir Sie ein, uns zu unterstützen oder auch einmal unsere Angebote zu nutzen.

Dieter Schipper, Vorsitzender Kreisverband Celle e. V. (NABU)

Grußwort zur Ortsgruppengründung des NABU in Unterlüß

Sehr geehrte Damen und Herren, liebe Mitstreiterinnen und Mitstreiter für unsere heimatliche Natur!

Leider bin ich verhindert, an Eurer Gründungsversammlung am 21. Oktober teilzunehmen. Hier für Euch mein Grußwort!

Im Jahre 1896 vor fast 100 Jahren schrieb ein großer Mahner, Eduard Gabain, der auch zeitweise in Unterlüß lebte, über den Lüßwald: »Wißt ihr, daß der Wald ein Lebewesen ist, zusammengesetzt aus einer unendlichen Zahl großer, kleiner und kleinster Tiere und Pflanzen, die nebeneinander und gegeneinander leben, die sich unterstützen und bekämpfen, sich helfen und vernichten und doch eine untrennbare Gemeinschaft bilden? Wißt ihr auch, daß dieses Lebewesen eine Seele hat, eine Seele, die lachen und weinen kann, eine Seele, die ihr verstehen lernen könnt, wenn ihr wollt...«

Mögen diese Worte einem jeden von Euch Aufgabe und Verpflichtung sein, um zu retten, was noch zu retten ist. Schwer wird's sein! Laßt Euch nicht entmutigen, es gibt immer wieder Erfolge und unerwartete Hilfe! Hier in Unterlüß wartet viel Arbeit auf Euch. Nicht nur Kröten und Lurchschutz. Da sind hier in mehr als zehnjähriger Arbeit mehr als 25.000 Kreaturen gesammelt und übergesetzt worden. Mir liegen die Zahlen von den Sothriether Teichen vor:

22.680 und ungefähr 1.200 Verkehrstote

Es sind besonders die Verdienste von Herbert König, Gabi Guddusch, geb. Rekow, und von Manfred Fuhrmann lobend und anerkennend hervorzuheben. Den Genannten gilt unser aller Dank! Dank auch der Gemeinde, dem Verkehrsverein, der Feuerwehr, dem Kaninchenzüchterverein und all den anderen Helfern!

Der anfangs genannte Autor Gabain schreibt unter anderem die Mahnung an alle, die es angeht: »Unkluge Ausnutzung, Unverstand und Gleichgültigkeit haben der Landschaft und dem Wald unnötigen Schaden zugefügt und vieles ihrer ursprünglichen Schönheit beraubt. Diese drei Mächte sind trotz aller Naturschutzbestrebungen und

Aufklärung noch unentwegt an der Arbeit«. Es ist heute nach 98 Jahren noch so!

Er schließt: »Bedenkt, was ihr zerstören könnt! Bedenkt, was euch anvertraut ist!« Mögen diese Worte Euch ein Ansporn für Eure Arbeit sein! Ich wünsche Euch den nötigen Mut, den Erfolg, aber vor allem die Freude an dieser Arbeit!

Herzliche Grüße Euer Heinrich Lange

Heinrich Lange, 1. Vorsitzender der OG Hermannsburg

Von unserer Arbeit im Naturschutz in Unterlüß

Seit vielen Jahren wird in Unterlüß aktiver Naturschutz betrieben. Leider sind viele Helfer der vergangenen Jahre nicht mehr aktiv, doch ohne die langjährige »Vorarbeit« der Familie König, des Herrn Fuhrmann, der Frau Guddusch, Frauke Landgrafs und der vielen anderen gäbe es heute keine Kröten mehr, die wir über die Straße bringen könnten! Heute sind wir in der Lage, wieder steigende Zahlen bei der Krötenpopulation zu schreiben. Unser Amphibienvorkommen in Unterlüß ist eines der größten in Niedersachsen! Deshalb auch vom jetzigen Vorstand der Ortsgruppe Unterlüß ein herzlicher Dank an alle früheren und heutigen Mitstreiter! Es wird viel über Naturschutz geschrieben und gesprochen, und einige sind auch bereit, sich finanziell an der Unterstützung unseres Vereins zu beteiligen. Wenn aber tatsächlich Mithilfe benötigt wird, bleiben nur wenige übrig, die ihre Freizeit zur Verfügung stellen. Ihnen ein großes Dankeschön!

Wir betreuen die Krötenschutzzäune in Unterlüß an den Sothriether Teichen, der Sothriether Straße und in Lutterloh. In der Wander- und Laichzeit der Kröten und Frösche von Anfang März bis Anfang Mai müssen die Zäune aufgestellt werden, die Fangeimer eingegraben und an den Sothriether Teichen die Eimer mit Nummern versehen werden. Beim Aufbau der Zäune hilft uns jedes Jahr die Gemeinde und die Feuerwehr. Herzlichen Dank dafür!

Morgens und abends müssen die Eimer abgesucht werden, auch bei Schnee, Regen und Kälte. Die gefundenen Tiere werden nach Art und zum Teil nach Geschlecht bestimmt und ihre Anzahl pro Eimer notiert. Diese Zahlen gehen an die Naturschutzbehörde und helfen mit, mehr über das Wanderverhalten der Tiere und die Wanderstrecken herauszufinden. Zur Zeit sind es bei den Sothriether Teichen ungefähr 2.300 Tiere pro Jahr, mit steigender Tendenz! Leider sinken die Bestände an der Sothriether Straße und erlöschen dort vermutlich in den nächsten

Ferienpaßaktion 1995 – Bemalen von Tierfiguren

Jahren. Da Kröten und Frösche eine sehr sinnvolle Aufgabe in der Natur als Insektenvertilger haben und sie selbst wieder Nahrung für andere Tierarten sind, zum Beispiel Störche und Reiher, verschwinden mit den Amphibien auch von ihnen abhängige Arten.

In der Zukunft wollen wir mit den Jugendlichen Nistkästen bauen. Wir beteiligen uns an der Ferienpaßaktion der Gemeinde zum Beispiel mit der Öko-Ralley. In den nächsten Jahren planen wir auch Exkursionen unter fachkundiger Leitung.

Die Zukunft hält viele Aufgaben für uns bereit, und wir würden uns freuen, wenn wir helfen können, Unterlüß der nachfolgenden Generation mit einer reichen, lebendigen Natur zu hinterlassen.

Eva Todt, 1. Vorsitzende der Ortsgruppe Unterlüß

Reichsbund der Kriegs- und Zivilbeschädigten, Sozialrentner und Hinterbliebenen - Ortsgruppe Unterlüß

REICHSBUND
der Kriegs- und Wehrdienstopfer
Behinderte, Sozialrentner und
Hinterbliebene e.V.

10. 4. 1919
Gründungsversammlung der Ortsgruppe Unterlüß des Reichsbundes der Kriegsbeschädigten, Kriegsteilnehmer und Hinterbliebenen im Lokal des Herrn Sanders (Hubachs-Hotel).
Anzahl der Gründungsmitglieder: 26 Kameraden.
Als provisorischer Vorstand wurden folgende Kameraden gewählt:
Johannes Alm als Vorsitzender, Hermann Niebuhr als Kassierer und Meinecke als Schriftführer.
Im Mai 1919 während einer Mitgliederversammlung wurde Hermann Müller als Nachfolger des Kameraden Meinecke zum Schriftführer gewählt.

18. 1. 1921 - 28. 9. 1921
übernahm Hermann Niebuhr das Amt des 1. Vorsitzenden

28. 9. 1921 - 1. 4. 1930
1. Vorsitzender Johannes Alm

10. 8. 1948
Neugründung der Ortsgruppe Unterlüß des Reichsbundes der Kriegs- und Zivilbeschädigten, Sozialrentner und Hinterbliebenen: 28 Mitglieder.

10. 8. 1948 - 14. 12. 1948
1. Vorsitzender Willy Klimmesch

14. 12. 1948 - 6. 3. 1966
1. Vorsitzender Hermann Niebuhr, sen. ; 237 Mitglieder, während der Jahreshauptversammlung am 24. März 1963 wurden 19 Kameraden und vier Kameradinnen mit der goldenen Ehrennadel für 40jährige Mitgliedschaft geehrt.

6. 3. 1966 - 18. 3. 1973
1. Vorsitzender Friedrich Zorn
Am 30. November 1969 wurde das 50jährige Bestehen des Reichsbundes, Ortsgruppe Unterlüß, während der Adventsfeier im kleinen Saal des Kurhotels begangen. Als Ehrengäste waren Bürgermeister Busse und Gemeindedirektor Benecker anwesend, sowie der Kreisvorsitzende Celle-Land Kamerad Heindorf. Für 50jährige Mitglied-

Gruppenausflug des Reichsbundes, 1977

schaft im Reichsbund wurden drei Kameradinnen und sieben Kameraden mit einer goldenen Ehrennadel geehrt.

18. 3. 1973 - 1. 9. 1978
1. Vorsitzende Lieselotte Zorn

1. 9. 1978 - 23. 3. 1990
Vom Vorstand wurde Johann Oltmanns kommissarisch als 1. Vorsitzender eingesetzt und durch die Jahreshauptversammlung am 25. März 1979 bestätigt.
In der Vorstandssitzung vom 21. November 1980 wurde auf Vorschlag des 1. Vorsitzenden beschlossen, den über 80 Jahre alten Mitgliedern, die nicht an den Adventsfeiern des Reichsbundes teilnehmen können, vor Weihnachten ein kleines Präsent zu überbringen.

Am 9. April 1989 fand eine Jubiläumsfeier aus Anlaß des 70jährigen Bestehens des Reichsbundes – Ortsgruppe Unterlüß – im Saal des Freizeitzentrums statt. 160 Mitglieder nahmen an dieser Feier teil. Als Gäste waren vom Rat und der Verwaltung Bürgermeister Dr. August Biermann und Gemeindedirektor Klaus Przyklenk anwesend, ferner der Kreisvorsitzende des Reichsbundes Kamerad Horst Wendland. Für 40jährige Mitgliedschaft im Reichsbund wurden eine Kameradin und zwölf Kameraden geehrt, sowie zahlreiche Mitglieder für zehn Jahre Mitgliedschaft. Das Reichsbund-Ehrenschild in Silber wurde Herbert Hahn für 25 Jahre ehrenamtliche Tätigkeit im Vorstand verliehen. Die Kameraden Karl Belau und Karl Wülfroth konnten das Reichsbund-Ehrenschild in Gold mit der Zahl 40 für ihren ehrenamtlichen Einsatz in 40 Jahren in Empfang nehmen.

23. 3. 1990
wurde als 1. Vorsitzender Karl Belau gewählt.
Mit Ablauf des Jahres 1990 mußten die Sprechstunden im Rathaus Unterlüß wegen Überlastung der Kreisgeschäftsstelle in Celle eingestellt werden.

Mitgliederstand 1990 147 Mitglieder.

*Der Vorstand zeichnete 1995 treue Mitglieder aus;
v.l.n.r.: Karl Belau, Anni Boek, Emma Ceyp-Blume, Grete Warm, Herbert Wojaczek, Johann Oltmanns*

Reservistenkameradschaft Unterlüß

Die Reservistenkameradschaft Unterlüß im Verband der Reservisten der Deutschen Bundeswehr e. V. wurde im Jahre 1967 in Unterlüß im Gasthaus Buchhop gegründet. Vorher fuhren Kameraden drei Jahre nach Eschede, um dort an Kameradschaftsabenden teilzunehmen.

Warum gibt es überhaupt Reservistenkameradschaften?

Reservisten sind Kameraden, die aus dem aktiven Dienst ausgeschieden sind und es sich zur Aufgabe gemacht haben, als Bindeglied zwischen Bundeswehr und örtlicher Bevölkerung zu dienen. Sinn und Zweck von Reservistenkameradschaften liegen in der Kameradschaftsförderung, der theoretischen und praktischen Fortbildung der Kameraden, um immer auf dem neuesten Stand zu sein, sowie in der Öffentlichkeitsarbeit.

Aktivitäten in diesem Sinn sind:
Teilnahme an Schießwettbewerben der Bundeswehr und ziviler Schießsportvereine; Märsche, Wanderungen, Dorffeste, Hochseeangeln, Gestaltung und Durchführung des Volkstrauertages, um nur einiges zu nennen.

Zu einem festen Bestandteil unserer Öffentlichkeitsarbeit gehören unsere Veranstaltungen, wie:
eine »Mondscheinwanderung« im Januar, ein Preisskat im Februar sowie eine »Heidewanderung« im Sommer, zu der die Unterlüßer Bürger und Gäste herzlichst eingeladen werden.

Ferner sind wir bei Veranstaltungen der örtlichen Vereine, wie Sportwoche und Herbstmarsch, vertreten. Unsere überörtlichen Aktivitäten bestehen darin, daß wir bei militärischen Wettkämpfen, Militärpatrouillen und Schießwettkämpfen auf Kreis-, Bezirks- und Landesebene teilnehmen. Aufgrund unserer guten Erfolge wurden und werden wir ständig vom Verteidigungskreis- (VKK) und Verteidigungsbezirkskommando (VBK) zur Aufstellung von Mannschaften aufgefordert.

Fahnenweihe auf dem Rathausplatz, 1988

Kameraden nach erfolgreichem Wettkampf

Der Gründungsvorsitzende der Kameradschaft Unterlüß im Jahre 1967 war der Kamerad Oberleutnant der Reserve Martin Liebermann. Kassenwart war der Oberfeldwebel der Reserve Karl-Heinz Arens aus Faßberg.

Mit Beginn des Jahres 1970 mußte der Kamerad Martin Liebermann seinen Vorsitz aus gesundheitlichen Gründen in andere Hände legen. Leider verstarb unser geschätzter Kamerad für uns alle viel zu früh im Februar 1977.

Kommissarisch übernahm den Vorsitz der Kamerad Gefreiter der Reserve Peter Kaiser. Bei der Vorstandswahl im März 1970 wurde er dann in seinem Amt bestätigt. Stellvertreter wurde bei dieser Wahl der Obergefreite der Reserve Wilhelm Meyer. Zum weiteren Vorstand gehörten die Kameraden Obergefreiter der Reserve Hubert Lessner und Obergefreiter der Reserve Werner Schlagmann.

Im Rahmen der militärischen Weiterbildung nahmen die Gefreiten der Reserve Werner Schlagmann, Hans Schlagmann, Wilhelm Meyer, Woldemar Maier (Weesen), Hubert Lessner und Peter Kaiser erfolgreich am Unteroffiziers-Lehrgang an der Kampftruppenschule III in Munster teil.
Die Mitgliederentwicklung unserer Kameradschaft war zu diesem Zeitpunkt sehr gut.

Die ersten Erfolge bei örtlichen und überörtlichen Wettbewerben wurden 1975 erzielt. Hier ist der 1. Platz beim Nachtmarsch im Jahr 1975 bei den Pionieren aus Minden, die jährlich Ihre Militärausbildung im »Eschengrund« durchführten, zu erwähnen.
1974 gab es im Vorstand eine Veränderung, indem der Kamerad Burkhard Stecklum, ein förderndes Mitglied, zum Kassenwart gewählt wurde. Der weitere Vorstand führte die Amtsgeschäfte bis zum Jahre 1982 erfolgreich weiter.

Bei der 1982 stattgefundenen Vorstandswahl wurde als neuer Vorsitzender der Kamerad Stabsunteroffizier der Reserve Wilhelm Scheland in die Pflicht genommen, die Kameradschaft zu leiten. Stellvertreter wurde der erfahrene langjährige Vorsitzende Peter Kaiser. Zum weiteren Vorstand gehörten die Kameraden B. Stecklum als Kassenwart. Schriftführer wurden der Obergefreite der Reserve Manfred Latus und der Unteroffizier der Reserve Werner Schlagmann. Zu den Vorständen der Jahre 1984-1988 gehörten die Kameraden Wilhelm Scheland als Vorsitzender, Klaus Zernin als Stellvertreter und Kassenwart. Schriftführer waren die Kameraden Christian Kastern, Werner Schlagmann, Peter Kaiser, Manfred Latus.

Ein Höhepunkt in unserer Kameradschaft war die Fahnenweihe im Jahre 1988. Mit einer großen Veranstaltung auf dem Rathausplatz wurde unsere Fahne in Anwesenheit vieler Unterlüßer Bürger, des Rates und der Verwaltung sowie in Anwesenheit militärischer Honorationen und der Pateneinheit mit der Fahne der Reservistenkameradschaft Achim (bei Bremen) geweiht.

Die Weihe führte der Hauptmann der Reserve und damalige Bezirksvorsitzende Hartmut Netzer durch.
Den Firmen und Gönnern, die uns finanziell unterstützen, gilt noch heute Dank, denn ohne sie wäre die Anschaffung einer Fahne sowie die vorgenannte Feier gar nicht möglich gewesen.

Die Vorstandswahl im Jahre 1990 erbrachte folgendes Ergebnis. Unser bisheriger Vorsitzende Wilhelm Scheland wünschte aufgrund seiner Tätigkeit als Schießsportleiter bei der Betriebssportgruppe Rheinmetall den Vorsitz abzugeben. Wir konnten ihn jedoch zumindest als Stellvertreter gewinnen. Unser neuer Vorsitzende wurde der Obergefreite der Reserve Manfred Latus. Zum Kassenwart wurde der Oberleutnant der Reserve Holger Beiersdorf verpflichtet. Schriftführer wurden die Kameraden Obergefreite der Reserve Wolfgang und Dirk Lemke.

Nach kurzer Amtszeit trat der Vorsitzende aus persönlichen Gründen von seinem Amt zurück, und die Kameradschaft hatte erneut die Aufgabe, einen neuen Vorstand zu wählen. Diese Wahl ergab, daß wir nach unserem Gründungsvorsitzenden wieder einen Offizier an die Spitze der Kameradschaft bekamen. Gewählt wurde der Oberleutnant der Reserve Holger Beiersdorf. Ihm zur Seite stand Wilhelm Scheland als Stellvertreter. Der Kamerad Peter Kaiser meldete sich als Kassenwart in den Vorstand zurück. Die Schriftführer wurden in ihrem Amt bestätigt.

Groß war unser Bedauern, als im Dezember 1991 der inzwischen zum Hauptmann beförderte Kamerad Holger Beiersdorf erklärte, daß er seinen beruflichen Werdegang in den neuen Bundesländern fortsetzen würde.
Seine Nachfolge als 1. Vorsitzender trat am 28. Januar 1992 der Stabsunteroffizier der Reserve Manfred Hartmann an. Der weitere Vorstand wurde im Amt bestätigt.

Seit dem 1. Mai 1992 ist auch unser Kameradschaftswappen unter den vielen anderen am Maibaum der Gemeinde auf dem Rathausplatz vertreten.

Folgende Kameraden sind aufgrund ihrer Verdienste im Reservistenverband mit der Ehrennadel ausgezeichnet worden:

- Stabsunteroffizier d. Res. Wilhelm Scheland (silberne Ehrennadel)
- Unteroffizier d. Res. Peter Kaiser (silberne Ehrennadel)
- Unteroffizier d. Res. Werner Schlagmann (bronzene Ehrennadel)

Abschließend ein Auszug der vielen Erfolge, die wir bei Wettbewerben erreichten:

1981 1. Platz Bezirkspokalschießen
     1. Platz Internationales Pokalschießen Gewehr G3

1982 3. Platz Bezirkspokalschießen

1983 3. Platz Nachtmarsch in Uelzen

1984 1. Platz Kreispokalschießen

1985 2. Platz Bezirkspokalschießen

1986 3. Platz Bezirkspokalschießen
     1. Platz Marsch in Uelzen

1987 3. Platz Internationaler Marsch in Lachendorf

1988 3. Platz Wehrsportlicher Wettkampf
     2. Platz TuS Fußballturnier Sportwoche

1989 1. Platz Kreispokalschießen (1. Mannschaft)
     2. Platz Kreispokalschießen (2. Mannschaft)

1990 3. Platz Komb. Schießwettkampf BSG (Betriebssport) Rheinmetall Tontauben

1991 1. Platz Herbstmarsch Schützenverein Unterlüß

1992 1. +
     3. Platz Kreispokalschießen
     3. Platz Bezirkspokalschießen (Maschinengewehr)

1993 2. Platz Kreispokalschießen

1994 2. Platz Kreispokalschießen
     3. Platz Bezirkspokalschießen

Schulverein Unterlüß e.V.

1963 - 1993, 30 Jahre Schulverein Unterlüß e. V. zum Wohle der Unterlüßer Schulkinder.

Wie kam es zur Gründung des Vereins?

Am 8. Januar 1963 fanden sich auf Anregung von Herrn Rektor Gehr 16 Eltern in der »Waldschule« mit der Absicht ein, durch die Gründung eines Schulvereins die Zusammenarbeit zwischen Schule und Elternhaus zu fördern sowie durch gezielte finanzielle Zuwendungen die Arbeitsbedingungen in der Schule zu verbessern. Aus dieser Gruppe wurde dann der geschäftsführende Vorstand bestimmt.

Nach der ersten Mitgliederversammlung wurde der Verein am 28. April 1965 in das Vereinsregister beim Amtsgericht Celle eingetragen und als gemeinnützig anerkannt.

Der erste Vorsitzende war von

1963-1967   Herr Hans-Eberhard Buhr
1967-1971   Herr Lothar Hiestermann
1971-1980   Herr Bruno Müller
1980-1989   Herr Heinz Kaufmann
seit 1989   Herr Horst-Dieter Flegel

Mit den Jahren stieg die Mitgliederzahl durch die aktive Werbung und vor allen Dingen aufgrund vieler Veranstaltungen, wobei auf den Schulverein aufmerksam gemacht wurde.

Nach Fertigstellung des Schulerweiterungsbaues im Jahre 1967 führte der Schulverein in Zusammenarbeit mit dem Schulelternrat eine Spendenaktion durch, wodurch es der Schule möglich wurde, technische Geräte, wie zum Beispiel ein Filmvorführgerät, ein Tonbandgerät, aber auch Projektoren, Thermographen und anderes, anzuschaffen.

Auf Anregung des Schulvereins fand 1968 das erste Schulfest in Unterlüß statt. Da das Schulfest allgemein viel Anklang fand, wurde beschlossen, auch 1970 und danach etwa alle zwei Jahre ein Schulfest durchzuführen. Im September 1993 feierte der Schulverein anläßlich seines 30jährigen Bestehens ein besonderes Schulfest mit abendlicher Disco für Kinder und Jugendliche sowie einen feierlichen Elternball für Mitglieder und Freunde des Vereins.

Von 1968 bis 1984 fanden jährlich Flaschensammlungen statt. Sie mußten jedoch aufgegeben werden, weil sich keine Aufkäufer mehr für die Flaschen fanden.

Die »Laienspielgruppe Langlingen« war erstmals 1971 mit dem Schwank »Tante Frieda« zu Gast in Unterlüß. Die Theateraufführung war ein großer Erfolg. Die »Laienspielgruppe Langlingen« hält Unterlüß immer noch die Treue. Die jährlichen Aufführungen, die ersten fanden noch in der Aula der Schule statt, werden heute im Saal des Freizeitzentrums aufgeführt.

Theateraufführung im Saal des Freizeitzentrums

Losbude des Schulvereins während eines Schulfestes in der Grund- und Hauptschule

Es finden jährlich an einem Sonntag im Januar zwei Veranstaltungen statt, eine Nachmittags- und eine Abendveranstaltung. Der musikalische Rahmen wird hierbei in der 14.00-Uhr-Vorstellung von dem »Schulchor« der Grund- und Hauptschule Unterlüß und in der 18.00-Uhr-Vorstellung von der »Liedertafel Frohsinn« gestaltet.
Die Theateraufführungen sind für die Unterlüßer Bevölkerung zu einem festen kulturellen Ereignis geworden. 1995 fand die 25. Veranstaltung mit dem Schwank »Der Pantoffelheld« statt. Anläßlich des Jubiläums fand eine kleine Feier mit Aktiven und Ehemaligen der »Laienspielgruppe Langlingen« und des Vorstandes des Schulvereins statt.

Seit Bestehen des Dorffestes in Unterlüß beteiligte sich der Schulverein regelmäßig mit Aktivitäten an diesem Fest.
Es wurden Kartoffelpuffer gebacken, und für groß und klein standen ein Schminkstand, der immer stark umlagert war, sowie verschiedene Spiele für Kinder bereit.

Da von seiten der Schulträger nur bedingt Mittel für Veranstaltungen im Klassenverband und zur Verbesserung der Arbeitsbedingungen in der Schule zur Verfügung stehen, die Schule selbst aber keinerlei Spenden annehmen darf, sorgt der Schulverein für entsprechende Hilfen und Ergänzungen.
Alle Beiträge, Spenden und Reinerlöse, die der Verein erwirtschaftet, werden ausschließlich der Grund- und Hauptschule Unterlüß zur Verfügung gestellt. Dadurch, und insbesondere durch den Erlös der Schulfeste, war es möglich, der Schule Mittel für die Anschaffung von Musikinstrumenten für eine Orff-Gruppe, Orgel, Akkordeon, Keybord, Verstärker, Backofen, Tischtennisplatte, für Einrichtungsgegenstände für den Werkraum, Episkop, Tageslichtprojektoren sowie für Einrichtungsgegenstände für die Lehrküche und vieles mehr zur Verfügung zu stellen. Die letzten größeren Anschaffungen waren 1994 eine neue Bühne für die Aula der Schule und 1995 eine Gesangsanlage für die Musik-AG. Der Schulverein zahlt auch Zuschüsse zu Klassenfahrten und Beiträge zu den Klassenkassen der Grund- und Hauptschule Unterlüß.

Der Schulverein dankt allen, die mitgeholfen haben, die Arbeit des Vereins zu einen festen Bestandteil der schulischen und kulturellen Aufgaben in der Gemeinde Unterlüß werden zu lassen.

Der Vorstand

Schützenverein Lutterloh e.V. 1928

Diese Kurzdarstellung soll einen Rückblick geben auf das Leben und Wirken des Schützenvereins Lutterloh, der immer eingebettet war und ist in die Entwicklung des Ortes Lutterloh.
Sie ist dem Gedenken der Gründer, der Gefallenen und Vermißten des 2. Weltkrieges und den vielen Helfern gewidmet, die dem Schützenverein Lutterloh treu gedient haben!

Eine alte Sage erzählt, daß der deutsche Kaiser Lothar in Lutterloh geboren wurde. Da man die Geburt des Kaisers zwischen 1060 und 1065 annimmt, könnte eine erste Besiedelung des Ortes Lutterloh schon mehr als 900 Jahre zurückliegen. Urkundlich erwähnt wird Lutterloh zum ersten Mal unter den Steuereinnahmelisten der Burgvoigtei Celle im Jahre 1438.

Wie sah es nun 1928 bei der Gründung des Schützenvereins im Orte aus?
Die Landstraße von Hermannsburg kommend, vorne links das Forsthaus Sasse, etwas weiter Heinrich Schröder, zur Rechten Ernst Ahrendt, Hermann Raabe und Wilhelm Kothe, über den Weesener Bach die beiden Vollhöfe Hiestermann und Reinhold. – Wandte man sich zum Raakamp, dann war da zur Linken Wilhelm Lange, das Schulhaus, der Abbauer Hildebrandt, Willi Hiestermann, Wilhelm Harms, Hermann Raabe, zur Rechten Heinrich Hiestermann; nun südostwärts der Theerhof, Inhaber Wilhelm Schulz, mit seiner Nebenstelle, der Schröderhof, Inhaber Gustav Eggert.

Das Bedürfnis nach kameradschaftlicher Aktivität und Geselligkeit war da, und bei einem Beisammensein unter den Eichen auf Hiestermanns Hofe forderten Heinrich Stratmann und Hermann Raabe sen.: »Laßt uns was unternehmen, laßt uns zusammentun, laßt uns in Lutterloh auch einen Schützenverein wie in Hermannsburg gründen!«

Das war die Geburtsstunde des Schützenvereins Lutterloh in den letzten Apriltagen des Jahres 1928.
Der ehemalige Dorfschullehrer Martin Walter übte kurzerhand das Amt des 1. Schriftführers bis zur konstituierenden ersten Versammlung aus. Im Mai traf man sich zur Gründungsversammlung in der Gastwirtschaft Hiestermann. Die Vereinsgründer hießen:
Ahrens, Bellert, Carsten, Crone, Eggert, Giemenz, Gröbel, Harms, H. Hildebrandt, W. Hildebrandt, Kitzler, Kaiser, Kophamel, Kröscher, Kramer, H. Lange, W. Lange, Raabe, Renner, H. Schröder, Sander, Schulz, Stratmann, Schwenker und Sasse.

Sie wählten ihren ersten Vorstand:

1. Vorsitzender Fritz Sasse
2. Vorsitzender Kophamel
1. Schriftführer Crone
1. Kassierer H. Schröder

Der erste einstimmig gefaßte Beschluß bestand darin, im Mai 1929 das erste Schützenfest zu feiern, den ersten König auf einen noch provisorisch herzurichtenden Schießstand in der Kieskule hinter dem Hofe Hiestermann auszuschießen und die Scheune auf dem vorerwähnten Hof für das Fest herzurichten.

Der erste König des Schützenvereins Lutterloh wurde am 11. Mai 1929 Heinrich Renner.
Der mündlichen Überlieferung nach standen zur Finanzierung des ersten Schützenfestes ganze 70 Mark zur Verfügung.

Aus Vereinsmitteln bekam der König 1931 25 Mark. Anläßlich des Annagelns der Ehrenscheibe »durfte« er dafür allen Schützen ein Essen geben. Bares Geld war knapp. Nur so ist ein Eintrag im Protokollbuch vom 20. September zu verstehen: »Wenn Erwerbslose nicht in der Lage sind, ihren Monatsbeitrag laufend zu bezahlen, wird dieser gestundet.« Der Monatsbeitrag betrug damals 0,25 Mark.

Am 3. Januar 1932 beschloß die Versammlung, den Mitgliedsbeitrag für alle bis auf weiteres zu stunden. Daß das Schützenfest überhaupt stattfand, war angesichts der finanziellen Belastung des Vereins eine knappe Entscheidung.

Zum ersten Mal ist 1933 am 19. März vor dem Kriegerdenkmal vom »Antreten« der Schützen die Rede. Auch der Vorschlag, das Schützenfest am Tage Christi Himmelfahrt durchzuführen, war neu.

1934 traten drei weitere Mitglieder in den Verein ein.

Am 16. November 1935 wurde die Auflösung des Schützenvereins erörtert. Nach Auszählung der Stimmzettel sprachen sich jedoch alle Schützen für den Fortbestand des Vereins aus.

Das Schützenfest 1936 wurde an Christi Himmelfahrt und dem darauffolgenden Sonntag begangen. Am 16. August legte der bisherige Vereinsvorsitzende seinen Posten nieder. Zum 1. Vorsitzenden wurde Heinrich Meyer gewählt.

1937 traten acht neue Mitglieder in den Verein: Nun waren es 37.

Zum Wintervergnügen des Jahres 1938 gab es als Festessen Erbsensuppe. Das Schützenfest und die Nachfeier mußten vom Ortsgruppenleiter genehmigt werden. Die Anschaffung eines Gewehrs mit Zielfernrohr wurde beschlossen.

1939. Das Wintervergnügen am 28. Januar, das Schützenfest am Christi-Himmelfahrts-Tag. Acht Neuaufnahmen. Der Krieg wirkte sich lähmend auf die Aktivitäten des Vereins aus.

1940 bis 1945 wurden Schützenbrüder zur Wehrmacht eingezogen. Das jährliche Schützenfest fiel fortan aus. Gesammelt wurde für die Frontsoldaten.

Im Juni 1945 wurde der Schützenverein zwangsweise aufgelöst. Auf Anordnung der britischen Militärregierung mußten alle Waffen abgegeben werden. Wir gedachten der Gefallenen und Vermißten aus unseren Reihen:

Siegfried Sasse	gefallen 16. Oktober 1941
Heinrich Hildebrandt	gefallen 4. Februar 1942
Wilhelm Buhr	vermißt 22. Februar 1944
Hans Gröbel	vermißt 1945

Am 9. November 1946 wurde in der Gastwirtschaft Hiestermann der Schützenverein Lutterloh unter Umgehung des Vereinsverbots als getarnte »Geselligkeitsvereinigung Lutterloh« gegründet. In offener Wahl wurde Hermann Freikamp zum 1. Vorsitzenden gewählt. Die Mitbegründer dieser »Geselligkeitsvereinigung« waren: Otto Hiestermann, Heinrich Schröder, Otto Ahrens, Willi Janzek, Gustav Knecht, Fritz Sasse, Walter Rabe, Erwin und Arthur Merk, Lothar Hiestermann und Hermann Freikamp. Am 7. Dezember trat auch Ernst Frank der Vereinigung bei. Man traf sich an den Winterabenden zu Klönsnacks, Skat und Doppelkopf bei selbstgedrehter Zigarette und selbstgebrautem »Rübensaft«.

Ein großer Tanzabend mit stärkster Beteiligung wurde am 5. Juli 1947 veranstaltet. Gefeiert wurde in der großen Hiestermannschen Scheune. Alt und jung halfen beim Herrichten! Die Scheune war bis auf den letzten Platz gefüllt. Eine außerordentliche Vollversammlung beschloß am 18. Januar 1948 den Bau eines Gesellschaftsheimes. Der von Otto Hiestermann zur Verfügung gestellte Schafstall konnte dazu verwandt werden. Verantwortlich für den Umbau waren W. Janzek und H. Schröder.

Lutterloh – Das erste Schützenfest 1929; v.l.n.r.: O. Ahrens, K. Giemenz, O. Hogrefe, H. Lange, H. Gröbel, G. Eggert, H. Hildebrandt, W. Harms, G. Kröscher, H. Schröder sen., W. Hildebrandt, H. Rabe, H. Stratmann, K. Bellert, W. Lange, H. Schröder, H. Sander, A. Kophamel, W. Schwenker, H. Kaiser, H. Carsten, F. Kramer, W. Schulz, R. Kitzler

Das Jahr 1949 brachte die Souveränität der Bundesrepublik.

In einer am 25. Juni einberufenen Generalversammlung wurde die »Geselligkeitsvereinigung« mit zwei Drittel Stimmenmehrheit aufgelöst und die Wiedergründung des Schützenvereins unter dem alten Namen beschlossen. Nach vielen königslosen Jahren sollte unter dem 1. Vorsitzenden Hermann Freikamp wieder ein Schützenfest gefeiert werden.

Es gab 1950 viele erwerbslose Schützenbrüder. Der Verein trat dem neugegründeten Kreisschützenverband Celle bei.

1951 wurden Vereinsnadeln beschafft.

Anläßlich des Wintervergnügens am 19. Januar 1952 wurden den Mitgliedern die Vereinsabzeichen ausgehändigt. Am 3. Mai 1952 wurde der bisherige 1. Vorsitzende Hermann Freikamp durch Heinrich Schröder abgelöst. Das Schützenfest wurde erstmalig auf dem Hof Meyer in der großen Scheune gefeiert. Am 1. November wurde die Gründung einer Jugendgruppe für die Altersstufe 12 bis 18 beschlossen.

Der Schützenverein schloß sich im Januar 1952 mit den benachbarten Schützenvereinen Baven, Eschede, Faßberg, Hermannsburg und Unterlüß zum Schützenring »Mahdheide« zusammen. Gleichfalls wurde beschlossen, eine Schießhalle zu bauen. Das Königsschießen wurde dann schon auf dem neu errichteten Schießstand durchgeführt.

1953 war ein Jahr ohne besondere Vorkommnisse.

Der Verein trat dem neu gegründeten Kreisschützenverband Celle Stadt und Land 1954 bei.

Der Chronist berichtete über das Schützenfest 1955 lapidar: Das Wetter war zufriedenstellend, der Festwirt war zufrieden, der Verein mußte zufrieden sein. Für die Schutz- und Blendvorrichtungen am Schießstand spendete der Hof Hiestermann Eichen.

1956 wurde vorgeschlagen, eine eigene Vereinsfahne anzuschaffen. Hermann Freikamp wurde wieder 1. Vorsitzender.

Der Schriftführer Willi Janzek war schwer erkrankt. Eine große Lücke tat sich auf. Von 1957 bis 1960 wurde nichts aufgeschrieben.

50jähriges Jubiläum des Schützenvereins Lutterloh – Himmelfahrt 1978.
(1. Reihe v. l. n. r.:) R. Friedrich, Fr. Sasse, B. Sasse, Co. Friedrich, I. Wetzmüller, P. Krienke, M. Kaufmann, Chr. Kaufmann, V. Junuscheit, (2. R.) A. Friedrich, K. Hiestermann, H. J. Schlicht, H. Meyer sen., W. Wandke, S. Kothe, M. Müller, H. Junuscheit, G. Kothe, P. Hiestermann, P. Lauber, Fr. Wetzmüller, Mi. Müller, U. Andresen, (3. R.) J. Oevermann, D. Oevermann, K. H. Krause, Fried. Wetzmüller, G. Tegtmann, Kl. Weiland, I. M. Sasse, Monika Krienke, A. Andresen, E. Scheer, Re. Ahrens, Fr. Andresen, D. Andresen, W. Schlicht, E. Kothe jun., S. Köppel, A. Meyer, E. Kothe sen., (4. R.) H. Krienke, M. Staiger, M. Weiland, W. Zielke, H. Przyklenk, A. Staiger, M. Wetzmüller, B. Hermann, H. Rabe, W. Weiland, Chr. Munstermann, B. Kothe, H. Krüger, H. Schlicht, E. Meyer, M. Lange, Horst Krüger, B. Krienke, (5. R.) A. Jung, H. Meyer jun., G. Ahrens, H.J. Eggert, E. Lettner, J. Lettner, M. Kothe, G. Häußler, H. Friedrich, O. Ahrens, Wi. Minte, H. P. Schlicht, H. Timm, Wi. Rabe, G. Krienke, J. Hausig, Kl. Sasse, J. Siemering

1958. Gerade noch rechtzeitig am Morgen des Himmelfahrtstages traf zur 30jährigen Bestehensfeier des Schützenvereins die Vereinsfahne ein.

Zwei automatische Scheibenanlagen wurden 1961 leihweise auf dem Schießstand aufgestellt, eine aber konnte später nur gekauft werden.

1962 wurde beschlossen, daß jeder Schützenbruder, der das 65. Lebensjahr vollendet hat, automatisch »Ehrenmitglied« des Vereins wird.

1963 traten drei weitere Mitglieder dem Verein bei. Der Verein zählte jetzt 44 Mitglieder.

1964 wurden elektrische Anlagen auf dem Schießstand installiert.

1965 bestand der allgemeine Wunsch, daß der Vorstand äußerlich an den Schulterstücken der Schützenjacke erkennbar sein sollte. Daraufhin erhielt der 1. Vorsitzende je zwei goldene Sterne, der 2. Vorsitzende je einen goldenen Stern, der Schriftführer, der Kassenwart und der Schießwart je einen silbernen Stern. Die Adjutantenschnur wurde erstmalig zum Schützenfest verliehen. Aus Sicherheitsgründen mußte der Schießstand eingezäunt werden. Für die seit dem 1. Juli bestehende Damengruppe wurde ein besonderer Status im Schützenverein vereinbart.

Die Gemeinde Weesen gestattete 1966 dem Schützenverein, in dem neu zu erbauenden Dorfgemeinschaftshaus einen Schießstand zu errichten.

Der Vertragsentwurf zwischen der Gemeinde Weesen und dem Schützenverein Lutterloh über Rechte und Pflichten im Dorfgemeinschaftshaus wurde 1967 angenommen. Der Verein wurde in das Vereinsregister des Amtsgerichts Bergen eingetragen. Der bisherige 1. Vorsitzende Hermann Freikamp trat aus persönlichen Gründen zurück. Neuer 1. Vorsitzender wurde Heinrich Meyer.

Die Jahreshauptversammlung am 23. März 1968 beschloß, daß ein Porträt des jeweiligen Schützenkönigs im Dorfgemeinschaftshaus aufgehängt wird.

1969 wurde ein Küchenbau im Dorfgemeinschaftshaus geplant.

1970 wurde der Bau dann fertig gestellt.

1971 zeigte sich, daß dringender Bedarf an einer weiteren KK-Zuganlage bestand.

1972 wurden fortan fördernde Mitglieder aufgenommen. Eine weitere Scheibenzuganlage wurde eingerichtet.

Als Motiv für ein Armabzeichen wurde 1973 der Adler ausgewählt.

1974 wurde die Jugendmannschaft im Luftgewehrschießen Kreismeister. Der Scheibenstand wurde mit einer weiteren Zuganlage ausgestattet.

1975 bestand die Damengruppe zehn Jahre und führte aus diesem Anlaß ein Plakettenschießen durch. Monika Krienke wurde Landesmeisterin im Luftgewehrschießen.

1976 nahm Monika Krienke an den Bundesmeisterschaften in München teil.

1977 hatte der Schützenverein den Stand von 111 Mitgliedern erreicht. Die Damengruppe bestand aus 20 Mitgliedern.

1978 bestand der Verein 50 Jahre, und es wurde daher im größeren Rahmen ein Jubiläumsschützenfest mit Ehrengästen gefeiert. Für dieses Fest wurde auch eine Chronik erstellt.

1979 zählte der Verein 123 Mitglieder. Der Bau des Luftgewehrstandes wurde beschlossen.

1980 wurde auf Anregung von Paul Herrmann eine Patenschaft mit der Ausbildungskompanie 413 aus Munster eingegangen.
Des weiteren wurde der Luftgewehrstand gebaut, für den 1. 508 Arbeitsstunden abgegolten wurden.

1981 beschaffte der Verein unter anderem eine Tischtennisplatte für weitere sportliche Aktivitäten.

1982 fand am 20. August ein feierliches Gelöbnis der Patenkompanie in Lutterloh statt.

1983 fand anläßlich des 30jährigen Bestehens des »Mahdheide-Ringes« in Lutterloh ein Grünkohlessen statt.

1984 zählte der Verein 136 Mitglieder. Es wurde eine Broschüre des Vereins an alle Lutterloher verteilt.

1985 wurde die 5jährige Patenschaft mit einem Biwak der Bundeswehr in Lutterloh begangen.
Die Damengruppe bestand 20 Jahre.

1986 fand in Lutterloh das erste Seefest statt.

1987 erwarb die Damengruppe die Vollmitgliedschaft im Verein. Des weiteren wurde eine Satzungsänderung bezüglich der Beschlußfähigkeit durchgeführt, und es gab ein zweites Gelöbnis der Patenkompanie.

1988 wurden der Mitbegründer des Vereins Otto Ahrens und der noch im Gründungsjahr eingetretene Max Müller für 60jährige Mitgliedschaft geehrt.

1989 gab es erstmals eine Heidekutschfahrt mit anschließendem Grillen.

1990 beging die Damengruppe mit einer Feierstunde im Dorfgemeinschaftshaus ihr 25jähriges Jubiläum.

1991 fand das erste Kaiserschießen und das zweite Seefest statt.
Entlang des Theerhofer Weges wurde eine Windschutzhecke gepflanzt.

1992 betrug der Mitgliederstand 123 Personen.

1993 gab es das erste Osterfeuer unter Leitung des Schützenvereins.

1994 wurde anläßlich des Schützenfestes ein Schießpokal eingeführt, außerdem endete die Patenschaft mit der Kompanie aus Munster.

1995 trat Heinrich Meyer nach 28 Jahren vom Vorsitz zurück. Neuer 1. Vorsitzender wurde Harry Krüger.
Ein weiteres Seefest ist in der Planung.

Könige des Schützenvereins Lutterloh e. V. 1928:

1929 Heinrich Renner	1967 Christoph Munstermann
1930 Heinrich Renner	1968 Friedhelm Wetzmüller
1931 Heinrich Stratmann	1969 Otto Ahrens
1932 Rudolf Kitzler	1970 Christoph Munstermann
1933 Heinrich Hildebrandt	1971 Horst Krüger
1934 Heinrich Schröder sen.	1972 Heinz Schlicht
1935 Ernst Gaede	1973 Klaus Sasse
1936 Otto Hiestermann	1974 Siegfried Kothe
1937 Hermann Rabe	1975 Paul Herrmann
1938 Ernst Ahrens	1976 Klaus Weiland
1939 Otto Hiestermann	1977 Heinrich Kaufmann
1949 Hermann Freikamp	1978 Siegfried Kothe
1950 Otto Hiestermann	1979 Günther Ahrens
1951 Heinrich Meyer sen.	1980 Gottfried Krienke
1952 Fritz Sasse	1981 Michael Weiland
1953 Willi Janzek	1982 Heinz Kaufmann
1954 Heinrich Meyer jun.	1983 Uwe Schehr
1955 Willi Schlicht sen.	1984 Alfred Jung
1956 Heinrich Knoop	1985 Günther Ahrens
1957 Fritz Sasse	1986 Martin Walter
1958 Heinrich Knoop	1987 Siegfried Kothe
1959 Alfred Schön	1988 Martin Friedrich
1960 Heinrich Meyer jun.	1989 Paul Herrmann
1961 Heinrich Penzhorn jun.	1990 Uwe Andresen
1962 Willi Schlicht jun.	1991 Wolfgang Wandke
1963 Harry Krüger	1992 Uwe Andresen
1964 Otto Ahrens	1993 Wolfgang Wandke
1965 Willi Schlicht jun.	1994 Uwe Andresen
1966 Erich Zyche	1995 Werner Hildebrandt

Schützenverein Unterlüß von 1951 e.V.

v.l.n.r.:
Walter Meyer jun.
Rudolf Kröger
Fritz Zorn

Anläßlich einer Veranstaltung des »Verbandes Deutscher Soldaten« im Jahre 1951 in den Räumen der Firma Rheinmetall fanden sich ein paar beherzte Männer und kamen auf den Gedanken, in Unterlüß einen Schützenverein zu gründen. Man wollte die Tradition der Kyffhäuserkameradschaft weiterführen, beziehungsweise ins Leben rufen, denn das Schießen mit Sportgewehren war inzwischen wieder erlaubt worden.

So kam es dann, daß am 4. August 1951 die Gründungsversammlung einberufen wurde. 57 Interessenten waren erschienen. Nach regen Debatten und Aussprachen wurde die Wahl des ersten Vereinsvorstandes mit folgendem Ergebnis getätigt:

1. Vorsitzender Willy Sanders
   (einstimmig, mit 57 Stimmen)
2. Vorsitzender Herbert Rautenberg
Schriftführer   Matthias Staiger
Kassierer   Kurt Hummel.

Beisitzer wurden die Schützenbrüder Beyer, Bleß und Tackmann. Als Name des Vereins einigte man sich auf »Schützenverein Unterlüß v. 1951«.

Und nun begann das Leben und Wirken des Vereins. Das erste Königsschießen wurde am 11. November 1951 auf der Kegelbahn des Schützenbruders Hermann Meine ausgetragen. Hier wurden zunächst die 20 besten Schützen ermittelt. Geschossen wurde auf zehn Meter mit dem Luftgewehr. Im Anschluß ging es in den Jagen 63, wo die Schützen auf dem KK-Gewehr die Besten ermittelten - Schützenkönig sowie den 1. und 2. Adjutanten. – Von 13.00 bis 18.00 Uhr fand das erste Preisschießen statt, ebenfalls auf der Kegelbahn des Schützenbruders Meine. Der Höhepunkt des Tages war dann die erste »Königsproklamation«, die in den Räumen des Kurhotels bei dem Schützenbruder Heinrich Habermann stattfand.

Der erste Schützenkönig war »Rudi der Erste«, Rudolf Kröger. Als seine Adjutanten wurden ermittelt: Walter Meyer, Fritz Zorn und Matthias Staiger. Der König erhielt eine Königsscheibe, sowie einen Königsorden am Band, die Adjutanten erhielten ebenfalls einen Orden als äußeres Zeichen. Zu erwähnen ist: Die Durchführung des ersten Schießens lag in den Händen des Schießleiters Richard Bartels und seines Stellvertreters Günter Zschiesche.

Im gleichen Jahr wurde dann auch die Vereinssatzung geschaffen. Am 12. Januar 1952 erfolgte die Eintragung in das Vereinsregister unter der Nummer 246.

Die eigentliche Arbeit des Vereins fiel nun erst an. Sehr stolz war der Verein, als ihm im Februar 1952 aus den Händen des Kameraden Robert Busse die Königskette der Kyffhäuser-Kameradschaft übereignet wurde. Ebenfalls im Jahre 1952 pachtete der Verein ein Grundstück von der Forstverwaltung zum Bau eines KK-Schießstandes.

Mit vielen Eigenleistungen der Mitglieder entstand dort ein Kugelfang, sowie eine Anzeigerdeckung. Der Stand wurde am 13. Juli 1952 seiner Bestimmung übergeben. Damit waren auch die Voraussetzungen für das erste Schützen- und Volksfest gegeben, das vom 2. bis 4. August 1952 stattfand.

Am 1. Februar 1953 wurde der Verein Mitglied im neugegründeten Schützenring »Maht-Heide«, und am 13. März 1953 war er an der Gründung des Kreisschützenverbandes beteiligt. Schützenbruder Fritz Zorn wurde als stellvertretender Schriftführer in den Kreisvorstand gewählt. In die erweiterte Schießsportleitung wurde Schützenbruder Ernst Rudolph und in den Ehrenrat Schützenbruder H. Meyer gewählt. 1955 gab Schützenbruder Willy Sanders aus beruflichen Gründen seine Funktion als 1. Vorsitzender auf. An seine Stelle trat der Schützenbruder Willi Schmidt. Unter seiner Leitung nahm der im Grunde noch junge Verein einen steilen Aufschwung. In seine Amtszeit fiel auch das Fest der Fahnenweihe, das am 28. Juli 1956 stattfand. Leider dauerte seine Amtszeit nicht lange. Am 29. August 1957 verstarb er. Der 2. Vorsitzende H. Alm übernahm bis zur Neuwahl sein Amt.

1957 wurde bei unserem Nachbarverein, der Schützengilde Faßberg, der erste Heidekönig ausgeschossen. Diese hohe Auszeichnung holte unser altbewährter Schützenbruder und Ehrenmitglied Heinrich Meyer sen. nach Unterlüß. An dieser Stelle muß erwähnt werden, daß er am Aufbau des Vereins große Anteile hatte.

1958 wurde dann Martin Liebermann zum neuen Vorsitzenden berufen. Mit ihm wurden neue Ideen geschaffen und verwirklicht. So wurde im Frühjahr 1958 mit dem Bau einer Schießhalle begonnen. Allerdings liefen die Verhandlungen mit der Gemeinde zum Erwerb einer Baracke bereits seit dem 6. Oktober 1956. Alle Arbeiten wurden in Eigenleistung erstellt. Am 25. Juli 1958 noch vor dem Schützenfest konnte die Schießhalle mit fünf KK-Ständen eingeweiht werden. Zum Schützenfest 1958 stellte sich dann auch der neugegründete Spielmannszug unter der Leitung des Schützenbruders Willi Wöhler vor. Beteiligt an der Gründung waren: Die Gemeinde (Feuerwehr), der Sportverein und der Schützenverein.

Nach vielen Vorbesprechungen wurde zum Stiftungsfest 1960 die Damengruppe ins Leben gerufen und von allen anwesenden Schützen freudig begrüßt. Die erste Damenleiterin war Schützenschwester Else Uhlenhop.

Unter großen Anstrengungen und Opfern wurden dann im Jahre 1961 vier elektrische Zuganlagen für den KK-Stand geschaffen und in Betrieb genommen. Dem Schießausschuß unter der Leitung des Schützenbruders Walter Meyer jun. und allen Mitgliedern gehört Dank dafür, denn sie leisteten mit Spenden und vielen Arbeitsstunden Großes. So konnte jetzt ein optimales KK-Schießen durchgeführt werden.

Nachdem das Kurhotel wieder voll in Betrieb war, fanden alle unsere Veranstaltungen im Hause unseres Schützenbruders H. Habermann statt. Stiftungsfest, Wintervergnügen, aber auch unser traditionelles Schweineschießen. Daraus ergab sich auch, daß in den Wintermonaten auf dem kleinen Saal unser Luftgewehrschießen absolviert wurde. Somit wurde das Haus Habermann unser heimliches Vereinslokal. Es wurde zur Tradition, daß das Schützenfest mit dem Fahnenausmarsch und der Königsparade vom Hause Habermann begann. Das letzte Mal im Jahr 1976 zum 25jährigen Jubiläum.

Im Hause Habermann traten Veränderungen ein, und so mußte Vorsorge getroffen werden in Bezug auf Luftgewehrstand und Vereinslokal. Der 1. Vorsitzende Liebermann führte im Jahre 1969 das Heideköniginnen-Schießen ein. Er stiftete das erste goldene Armband als 1. Preis. Auch dieses Schießen hat sich bis zum heutigen Tage bewährt und erfreut sich einer großen Beteiligung. Die erste Heidekönigin wurde unsere Schützenschwester Anna Müller.

Im Jahre 1970 wurde die Weihe der Jugendstandarte vorgenommen. Jugendleiter war Horst Korndorff.

Nachdem in Gesprächen mit dem Gemeindedirektor und dem Gemeinderat über die Notwendigkeit beraten wurde, konnte 1974 im Keller der Waldschule ein Luftgewehrstand eingerichtet werden. Auch hier wurden die Arbeiten in Eigenleistung von den Schützen erbracht. Errichtet wurden sieben LG-Stände. Die Einweihung erfolgte im Oktober 1974. Im gleichen Jahr wurde das Zugvergleichsschießen eingeführt. Der Schirmherr dieser Einrichtung war Rudolf Kröger.

Weitere Planungen und Projekte folgten. Ein Erweiterungsbau mit Toiletten, Abstellraum und fünf LG-Ständen wurde geplant und in Angriff genommen. Zunächst mußte eine Wasserleitung und die Kanalisation gelegt werden. Diese Arbeiten wurden wieder in Eigenleistung noch vor dem Schützenfest durchgeführt. Damit war der Weg für den Anbau am KK-Stand geebnet. Die Arbeiten erstreckten sich über die Zeit vom 11. Oktober bis 29. November 1975 und dann vom 13. März bis 1. Juli 1976. Die Übergabe und Einweihung erfolgte schließlich am 15. Juli 1976. Diese Arbeiten wurden von den Schützenschwestern und Schützenbrüdern in ungefähr 4.000 Arbeitsstunden erstellt. Eine großartige Leistung!

In dieser Zeit war im Vorstand des Vereins ein Wechsel erfolgt.
Der 1. Vorsitzende Liebermann hatte nach 18 Jahren Amtszeit aus gesundheitlichen Gründen seinen Vorsitz zur Verfügung gestellt. Auf seinen Vorschlag übernahm im zweiten Anlauf für ein Jahr das noch junge Mitglied Jürgen Klarmeyer das Amt des 1. Vorsitzenden. Große Aufgaben erwuchsen ihm im Bauvorhaben und in den Vorbereitungen zum 25jährigen Jubiläum. Martin Liebermann wurde zum Ehrenvorsitzenden ernannt. Der junge Vorsitzende war ein junger dynamischer Mann, der seine Aufgaben gut meisterte. Ihm zur Seite stand allerdings im Vorstand ein gut eingearbeitetes Team. So wurde er am 1. April 1976 einstimmig auf vier Jahre wiedergewählt. Ein Zeichen des Vertrauens, das er sich inzwischen erworben hatte.

In dieser Zeit wurde das Gasthaus Buchhop unser Vereinslokal. Seit 1976 begann hier das Schützenfest mit Fahnenausmarsch und Königsparade vor dem Lokal. Auch alle anfallenden Sitzungen und das Stiftungsfest finden seitdem hier statt. Im Jubiläumsjahr 1976 stifteten die Schützenbrüder Kurt und Bernd Meyerhoff die Königstafel mit den Namen der ersten 25 Könige. Herzlichen Dank dafür!

Am 22. Oktober 1976 konnte die mit großzügiger Unterstützung der Gemeinde Unterlüß und mit materieller Hilfe durch Unterlüßer Firmen und Handwerker erstellte neue Schießsportanlage mit zwölf Ständen für Luftpistole und Luftbüchse im Freizeitzentrum am Allwetterbad offiziell in Betrieb genommen werden.

Und am 13. März 1982 schließlich begannen wir mit den umfangreichen Bauarbeiten für eine neue Schießhalle mit KK und Pistolenstand.
Am 22. Juli 1983 um 18.00 Uhr war es dann soweit: Nach einer Bauzeit von 16 Monaten konnte die Gesamtanlage eingeweiht und ihrer Bestimmung übergeben werden. Wir erlebten, wenn das einmal so gesagt werden darf, die Krönung gemeinsamen Wollens und Schaffens in über 32 Jahren Vereinsgeschichte.

Am 17. Februar 1984 kam es dann zum Rücktritt unseres 1. Vorsitzenden Jürgen Klarmeyer, der plötzlich von einer schweren Krankheit befallen wurde. Unser Schützenbruder Dieter Borowski wurde daraufhin in der Jahreshauptversammlung zum 1. Vorsitzenden gewählt. Er war eine Periode im Amt. 1984 wurde er überraschend Schützenkönig.

Neuer 1. Vorsitzender wurde 1988 Heinz Kröger. Er war Mitglied seit 1. Januar 1962, aktiv seit er im Verein ist. Jugendkönig war er 1967/68, Fahnenträger von 1970 bis 1979, stellvertretender Schießausschußvorsitzender von 1970 bis 31. August 1979. 1980 wurde er zum Schießausschußvorsitzenden gewählt. Er hatte dieses Amt acht Jahre inne. Schützenkönig 1982/83, Mahtheide-König 1985/86. 1982 hatte Heinz Kröger mit H.-Jürgen Müller den Herbstmarsch ins Leben gerufen, der sich immer größerer Beliebtheit erfreut. Ungefähr 200 Personen nehmen jährlich daran teil.
1988 wurde unter seiner Leitung das von der Gemeinde Unterlüß bereitgestellte Gebäude in der Hubachstraße (Schlichthaus) ausgebaut. Am 18. Februar 1989 wurde die Jugendbegegnungsstätte seiner Bestimmung übergeben (Spielmannszug).

Nach langen Verhandlungen mit der Forstverwaltung gelang es dem 1. Vorsitzenden, eine neue Zuwegung von der Wildbahn zu den KK-Ständen zu erhalten. Diese Zuwegung wurde kurz vor dem Schützenfest 1989 fertig.

1990 wurden auf Anordnung des 1. Vorsitzenden vier Peitschenlampen installiert. Weitere Aufgaben standen an. Das 40jährige Jubiläum des Schützenvereins!
1992 wurde Heinz Kröger einstimmig auf weitere vier Jahre gewählt. Nach seiner Wiederwahl wurde in der Zeit vom 26. Oktober 1993 bis zum 7. April 1994 die Jugendbegegnungsstätte endlich zu Ende gebracht. Mit Hilfe der Gemeinde und tatkräftigen Schützenbrüdern wurden die Toiletten in der Halle für die Spielleute eingebaut und am 27. Mai 1994 der Gemeinde übergeben. Es wurden insgesamt 503 Arbeitsstunden geleistet.

Unser Schützenbruder und 1. Vorsitzender Heinz Kröger wurde 1993 zum zweiten Mal Schützenkönig und erhielt den Beinamen »Heinz der Gewissenhafte«.

Am 4. März 1994 wurde Heinz Kröger in der Delegiertentagung mit der Ehrennadel in Gold des Niedersächsischen Sportschützenverbandes e. V. ausgezeichnet.

Seit 1992 treffen sich die Seniorinnen und Senioren von März bis Oktober jeden dritten Mittwoch im Monat zum gemütlichen Beisammensein, auch um die Jahresbesten auszuschießen. Bester des Jahres 1994 wurde Hermann Müller mit 949 Ringen. Betreuer und Schirmherr dieser Veranstaltung ist unser Schützenbruder Rudolf Kröger, Kommandeur.

Am 22. Oktober 1994 wurde das 15. »König-der-Könige-Schießen« durchgeführt, ein kleines Jubiläum. König der Könige wurde Ernst-August Backeberg mit einem 295er Teiler, gefolgt von Gunter Bahr und Helmut Spoida. Schirmherr dieser Veranstaltung ist seit 15 Jahren »Rudi der Erste«, Rudolf Kröger, Kommandeur.

Die Schießsporthalle des Schützenvereins Unterlüß an der Wildbahn

Sozialdemokratische Partei Deutschlands (SPD) Ortsverein Unterlüß

Nur einem Zufall verdankt die SPD-Unterlüß die Information, daß der Ortsverein bereits 1919 gegründet wurde. Eine Zeitungsnotiz der »Celler Volkszeitung«, Organ der Celler SPD, aus dem Jahre 1929 berichtet über die Zehnjahresfeier des Ortsvereins Unterlüß.

Die Mitglieder der Anfangsstunde, Hermann Marten (damals 24 Jahre alt) und Ernst Scheunemann (damals 19 Jahre alt), konnten anläßlich der 60-Jahr-Feier des Ortsvereins 1979 geehrt werden. Während der Festveranstaltung erinnerte der damalige SPD-Landtagsfraktionsvorsitzende Karl Ravens an die »gute alte Zeit« um die Jahrhundertwende, die für die breite Schicht der Bevölkerung aber eher düster aussah und geprägt war durch Ausbeutung und Unterdrückung. Damals forderten die Sozialdemokraten das allgemeine, gleiche und direkte Wahl- und Stimmrecht, die Gleichberechtigung der Frau, den kostenlosen Besuch der öffentlichen Volksschulen, den Acht-Stunden-Arbeitstag und das Verbot der Kinderarbeit. Wenn diese Forderungen von einst bis heute verwirklicht wurden, so war dies doch ein schwerer Weg, und die Arbeiterschaft mußte sich diese Rechte schwer erkämpfen.

Der Wäschereibesitzer und spätere erste Gemeindedirektor Erich Müller war in den 20er Jahren Mitarbeiter der Celler Volkszeitung, für Unterlüß von 1919 bis 1933 Mitglied des Celler Kreistages und in gleicher Zeit auch nachweislich im Gemeinderat Unterlüß.

Im Jahre 1933 gingen die Sozialdemokraten überall schweren Zeiten entgegen. Das Bekenntnis zur SPD kostete unzähligen Menschen den Beruf, die Heimat, die Gesundheit, manchen das Leben. Auch an dem damaligen Rüstungsstandort Unterlüß ging dieses Schwert nicht vorüber. So wurde überliefert, daß die Fahne der Unterlüßer Sozialdemokraten die nationalsozialistische Herrschaft nur eingemauert in einem Schornstein überlebte. Sofort nach dem Ende des »Dritten Reiches« konstituierte sich die Partei erneut. In den meisten Fällen waren die Träger der neu gegründeten SPD-Ortsvereine im Landkreis auch die alten Genossen der Weimarer Republik. Natürlich wurde in der SPD nach den Aktivitäten der Genossen während der Hitler-Regierung gefragt. Dabei war festzustellen, daß auch ehemalige SPD-Mitglieder in die NSDAP übergetreten waren.

In Unterlüß wurde die SPD nach dem Kriegsende wieder aktiv. Erich Müller wurde als Bürgermeister eingesetzt. Es galt, sofort ein neues demokratisches Deutschland aufzubauen. Am 23. Januar 1947 wurde auf der Jahreshauptversammlung ein neuer Vorstand gewählt. Mit dabei waren Willi Isensee als neu gewählter 1. Vorsitzender, Karl Eckhardt, Walter Mösner und Karl Seemann, sowie auch Heinrich Lilje, August Brakebusch, Max Wagler und Heinrich Koniarski. Bezogen auf den Frauenanteil, sah es in der Zeit der Zonenverwaltung eher schlecht aus. Im Landkreis Celle waren nur sieben Prozent Frauen in der Partei tätig. Heute kann zumindest der Ortsverein Unterlüß mit einem Frauenanteil von 30 Prozent aufwarten. Zum Thema Jugend schrieb die SPD in ihrem Jahresbericht 1946: »Die Gewinnung der Jugend ist noch ein Problem. Zumeist ist es der Sport und die Erotik, die den Jugendlichen der Politik fernhält.«

1948 waren Neuwahlen für den Gemeinderat. Als Spitzenkandidat der SPD zog der Schlosser August Brakebusch zum zweiten Mal in den Gemeinderat Unterlüß ein. 1951 zählte der Ortsverein 61 Mitglieder, darunter fünf Frauen. 1952 wurde Ernst Scheunemann zum 1. Vorsitzenden gewählt, legte sein Amt allerdings bald nieder, so daß Wilhelm Burmeister im April 1953 sein Nachfolger wurde, der das Amt bis zu seinem Tode wahrnahm. Adolf Griebe übernahm dann im Januar 1961 für viele Jahre die Regie im Ortsverein bis ihn Detlef Alps am 22. Januar 1982 ablöste.

Hohen Besuch erhielt der Ortsverein am 7. März 1952. Zu Gast im Kurhotel war der damalige Kultusminister Voigt. 1952 war auch ein Wahljahr für den Gemeinderat. In einem Wahlaufruf der SPD heißt es unter anderem: »Trotzdem wir von 15 Sitzen nur 4 innehatten, konnten wir unsere Ansicht in vielen Fällen durchsetzen. Auf unsere Initiativanträge hin wurde die Schulstraße gebaut, die Straßenbeleuchtung durchgeführt, das Volksbad geschaffen, der Radfahrweg an der Müdener Straße zwischen Tielemannsort und dem Gemeindeamt hergerichtet. An der Herstellung des Dorfplatzes und der Verbesserung des Rohrnetzes für die Wasserleitung sind wir maßgeblich beteiligt gewesen. Der Schulhausneubau wäre in diesem Jahre noch nicht zum Zuge gekommen, wenn sich der stellvertretende Bürgermeister Scheunemann nicht energisch und nachdrücklich der Sache angenommen hätte.«

1953 besuchte das MdB Lisa Korspeter den Ortsverein Unterlüß. Sie war auch über die nachfolgenden Jahre immer wieder im Ort und setzte sich persönlich für die Belange von Unterlüßern ein. So wurde eine Veranstaltung mit ihr am 13. September 1961 im Kurhotel von 120 Personen besucht, eine Beteiligung, die auf heutigen Parteiveranstaltungen, egal von welcher Partei, leider kaum noch erreicht wird.

1964 referierte Herbert Käber vom Unterbezirk Celle über das Thema »Vorausschau auf die Bundestagswahl«. Eine Aktennotiz zählte in diesem Jahr 70 Mitglieder des Ortsvereins. In den jährlichen Vorstandswahlen wurde Adolf Griebe stets in seinem Amt bestätigt, so auch am 29. Januar 1965, zusammen mit Herbert Warm. In diesem Jahr wurde das Unterlüßer Schwimmbad ausgeschrieben. Studienrat Günther Eisenhauer aus Hermannsburg hielt einen Vortrag in Hubachs Hotel zum Thema »Niedersachsen-Konkordat«, und auch Lisa Korspeter sprach kurz vor den Wahlen des 19. September 1965 auf einer Versammlung im Hotel zur Post.

Der Ortsverein freute sich 1965, daß die Unterlüßer Schule zur Mittelpunktschule bestimmt wurde. Der dritte und vorerst letzte Schultrakt wurde als Schulerweiterungsbau für die neue Mittelpunktschule in Unterlüß am 20. Oktober 1966 eingeweiht.

Auf der SPD-Jahreshauptversammlung 1968 sprach MdL und Unterbezirksvorsitzender Dr. Fritz Riege aus Celle über »Politik in Bewegung«. Am 21. April 1971 besuchte MdB Wolfgang Schollmeyer Unterlüß. Er besichtigte die Firma Rheinmetall und sprach anschließend zur Ost- und Wirtschaftspolitik, sowie zum Städtebauförderungsgesetz. Der Ortsverein spendete 1971 DM 250 an die Aktion Sorgenkind.

Im Juli 1972 wurde dann die AG der Jusos in Unterlüß gegründet, verantwortlich zeichneten zunächst Jürgen Berg, Thomas Matull und Siegfried Kluge. Eine erweiterte Gruppe rief dann den »Unterlüsser Kurier« ins Leben, eine Ortszeitung, die die Bürger über wichtige Geschehnisse und politische Aktivitäten in und um Unterlüß unterrichten wollte. Die erste Ausgabe wurde im Oktober 1972 kostenlos an die Haushalte verteilt.

1973 stellte die SPD einen Schaukasten an der Müdener Straße in der Nähe der Bushaltestelle »Schule« auf. Am 8. Mai 1974 besuchte der Minister für Bundesangelegenheiten Herbert Hellmann den Ortsverein und sprach zum Thema »Erfolgreiche sozialdemokratische Politik in Niedersachsen«. Die kommunalpolitische Arbeit dieser Zeit wurde in einem Bericht des Vorsitzenden beschrieben: »Im Mittelpunkt unserer Kommunalarbeit stand auch in diesem Jahr wieder der Straßenbau (1,3 Mio. DM). Ferner soll die Erstellung eines Freizeitzentrums weiter vorangetrieben werden... Ein Bebauungsgebiet mit ca. 30 Bauplätzen wurde vom Rat ausgewiesen. Dieses Gelände wird die Gemeinde von der Forst erwerben, die Erschließung ausführen und dann die Bauplätze an die Bauwilligen verkaufen. Wir hoffen, daß dadurch ein bremsender Effekt bei der Baulandpreisentwicklung in unserer Gemeinde erreicht wird... Aufgrund unserer Initiative laufen erstmals Kurse der Volkshochschule in Unterlüß. Für die Bewilligung von öffentlichen Mitteln für den Bau von 16 Altenwohnungen, die jetzt fertiggestellt werden, hat sich die SPD-Fraktion besonders eingesetzt. Der Bau eines Bürgerparks geht auf unsere Initiative zurück... Die SPD hat sich auf mehreren Ebenen für die Niederlassung eines dritten Arztes in Unterlüß eingesetzt.«

Die folgenden Jahre waren durch Wahlkämpfe geprägt: 1974 Landtagswahl, 1976 Gemeinde- und Kreistagswahl sowie Bundestagswahl, 1978 Landtagswahl, 1979 die erste Europawahl, 1980 Bundestagswahl. Am 9. Februar 1979 feierte der Ortsverein sein 60jähriges Bestehen.

Am 1. Januar 1980 zählte der Ortsverein 73 Mitglieder. 1981 fanden erneut Kommunalwahlen statt. Auf einer Bürgerversammlung am 18. März 1982 waren MdB Dr. Struck und MdL Rehwinkel zu Gast beim Ortsverein. Am 2. Oktober 1982 feierte die Unterlüßer SPD aus Anlaß des 10jährigen Bestehens des »Unterlüsser Kuriers« einen Presseball. Aus der Rede von Detlef Alps:
»Die Resonanz aus der Bevölkerung war positiv... Der Kurier ist in diesen 10 Jahren nach mehreren Umstrukturierungen nunmehr als offizielle Zeitung des SPD-OV Unterlüß ein fester Bestandteil unserer politischen Arbeit geworden und trägt maßgeblich zur Unterrichtung und Meinungsbildung der Unterlüßer Bevölkerung bei... Ich will in diesem Zusammenhang nur einige Themen, die von uns aufgegriffen wurden, nennen: Kinderspielplätze, die Forderung nach einem 2. Polizisten, unser Vorschlag zur Erstellung eines Bürgerparks, die Notwendigkeit eines 3. Arztes für Unterlüß, der Wunsch der Jugend nach einem Jugendzentrum, die fehlenden Toiletten am Bahnhof, die Belästigung durch Kieselgurstaub, der beschrankte Bahnübergang als Gefahrenquelle und Störfaktor, der Monopolmißbrauch der RH. Wohnungen auf dem hiesigen Wohnungsmarkt, der schmerzliche Verlust von fast 1.000 Arbeitsplätzen durch die trickreichen Manipulationen bei der Einstellung der Produktion der Firma Artos, die Verschenkung unseres gemeindeeigenen Wasserwerks, die Gasversorgung, die geplante Umgehungsstraße.«

1983 besuchte MdB Dr. Struck erneut den Ortsverein. 1984 führte die Unterlüßer SPD einen Diskussionsabend mit dem Geschäftsführer der IG Chemie-Papier-Keramik D. Sumpf und dem DGB-Kreisvorsitzenden H. Rattei zum Thema »Mehr Beschäftigung – kürzer arbeiten« durch.

Nachdem Detlef Alps 1986 noch einmal für zwei Jahre den Vorsitz des Ortsvereins übernahm, löste ihn am 26. Februar 1988 Rudolf Dahms in seinem Amt ab. Der Ortsverein bekam auch in diesem Jahr Besuch von Dr. Peter Struck, der mit den Mitgliedern über die Finanz- und Wirtschaftspolitik diskutierte. 1988 war auch das Jahr, in dem es heiß herging bei der Debatte über die Straße über den Friedhof. Bei der Mitgliederversammlung sprach sich die SPD vehement gegen den Ausbau dieser Straße (Altensothriethweg) aus.

Am 19. Mai 1989 sprach das MdL Amei Wiegel vor der Mitgliederversammlung zum Thema »Europa-Wahl«. Auch 1990 war wieder ein MdB zu Gast in Unterlüß, diesmal K. D. Kühlbacher, der sich unter anderem über die Situation des Fliegerhorstes Faßberg sowie die Firma Rheinmetall informierte. 1990 wurde Rudolf Dahms als Ortsvereinsvorsitzender bestätigt. Der Unterbezirksvorsitzende Carl-Bertil Schwabe besuchte am 22. November 1990 die Unterlüßer SPD und erörterte mit den Mitgliedern das Wahlprogramm zur Bundestagswahl 1990. 1991 war auch Amei Wiegel erneut in Unterlüß. Aufgrund der Kommunalwahlen führte die SPD am 2. September 1991 eine Veranstaltung mit dem Staatssekretär im niedersächsischen Ministerium für Ernährung, Landwirtschaft und Forsten Uwe Bartels durch. Bei dieser Gelegenheit stellte sie ihren neuen Kandidaten für den Gemeinderat und Kreistag Dr. Hans-Karl Haak vor. Er bekam bei der Gemeinderatswahl die meisten Stimmen und zog auch in den Kreistag ein.

Im Februar 1992 wechselte der Ortsvorsitz an Ria Neumann-Dennis. Sie löste Rudolf Dahms nach 22jähriger Vorstandsarbeit ab, darunter waren vier als Vorsitzender des Ortsvereins. Themen der Jahreshauptversammlung waren besonders die Kündigung des Vertrages mit dem evangelischen Kindergarten sowie das neue Entsorgungs- und Gebührensystem für Abfall. Am 8. Mai 1992 sprach der Geschäftsführer der AOK Celle Manfred Kostka auf einer Versammlung im Gasthaus »Am Hochwald« über die Themen »Kranken- und Pflegeversicherung und Kostenexplosion im Gesundheitswesen«. Am 1. Mai präsentierte sich der Ortsverein mit einem Info-Stand auf dem Rathausplatz. Es wurde eine Frageaktion zum Thema »Kindergarten« durchgeführt. Im Rahmen der Ferienpaßaktion beteiligte sich der Ortsverein mit einer Kinder-Umwelt-Rallye. Am 5. September 1992 organisierte der Verein eine Fahrradtour zur Jagdhütte Breitenhees. Bei der gleichzeitig durchgeführten Spendenaktion kam für den evangelischen Kindergarten zur Anschaffung eines Kinderrollers eine Summe von 400 DM zusammen.

Zum 31. Dezember 1992 legte dann Adolf Griebe seinen Sitz im Gemeinderat nieder. Dr. Hans-Karl Haak übernahm den Vorsitz in der Fraktion. Zur Person Adolf Griebes ist hinzuzufügen, daß er 1989 mit dem Verdienstkreuz am Bande des Verdienstordens der Bundesrepublik Deutschland ausgezeichnet wurde. Von 1961 bis 1992 gehörte er ununterbrochen als SPD-Fraktionsvorsitzender dem Gemeinderat an, führte dort jahrelang als Vorsitzender den Finanzausschuß und vertrat die Gemeinde unter anderem in der Verbandsversammlung des Wasserversorgungsverbandes. Er war außerdem von 1964 bis 1973 stellvertretender Bürgermeister. 1968 wurde er zum ersten Mal in den Kreistag Celle gewählt und gehörte diesem Gremium von 1981 bis 1991 an. Die SPD setzte sich zuletzt erfolgreich gegen die Bildung einer Samtgemeinde Unterlüß-Faßberg ein. Ihr Votum wurde durch eine Bürgerbefragung gestützt.

Für die SPD arbeiten heute (1995) im Gemeinderat:

Rudolf Dahms
Dr. Hans-Karl Haak
Horst Lange
Manfred Neumann
Grete Warm

Diese vorliegende Zusammenfassung kann nur ein Überblick über die Arbeit der SPD in Unterlüß sein. Allen Helferinnen und Helfern, die sich oft über Jahrzehnte für gute sozialdemokratische Politik einsetzten, sei an dieser Stelle gedankt!

Mitglieder des SPD-Vorstandes Unterlüß; v. l. n. r.: (sitzend) Ria Neumann-Dennis, Bianca Müller, Grete Warm, Ursel Uelsmann, (stehend) Manfred Neumann, Rudolf Dahms, Dr. Hans-Karl Haak, Horst Lange

Tennisclub Unterlüß e.V.

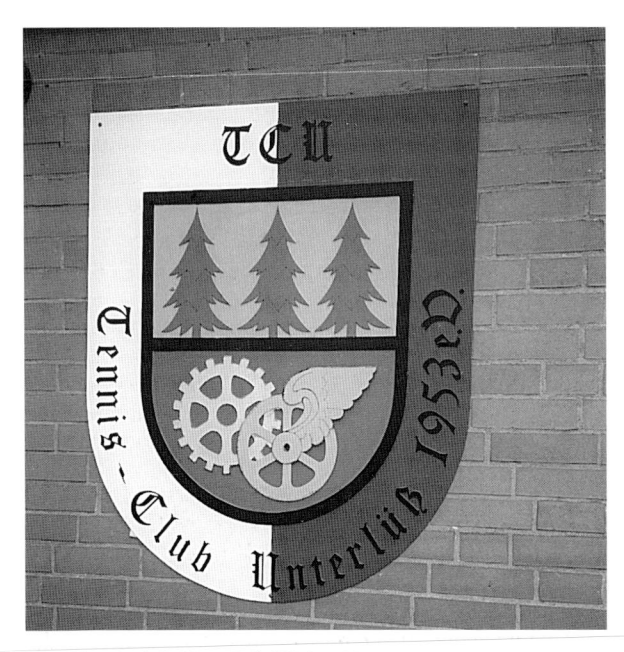

Der Tennisclub Unterlüß 1953 e.V.

Die archivierten schriftlichen Unterlagen über die Anfänge des Tennisclubs sind sehr lückenhaft. Aus den Erzählungen älterer Mitglieder ergibt sich aber folgendes Bild:

1953 entschlossen sich tennisbegeisterte Unterlüßer, unter ihnen die Ehepaare Staib und Richter, Herr Dr. med. Karl-Heinz Müller und Herr Guse, die seit dem Kriegsende ungenutzt liegenden zwei Tennisspielplätze wieder in einen bespielbaren Zustand zu bringen und einen Tennisverein zu gründen. Nachdem diese Vorhaben verwirklicht worden waren, wurde der Spielbetrieb noch 1953 aufgenommen.

1954 hatte der neu gegründete Tennisclub bereits 35 Mitglieder.

1967 wurde in Eigenleistung das erste hölzerne Clubhaus errichtet, welches noch keine sanitären Anlagen hatte und noch heute für verschiedene Arbeiten genutzt wird.

1972/73 erfolgte der erste Bauabschnitt des jetzigen Clubhauses.

1980 wurde der erste Erweiterungsbau ausgeführt. Der Aufenthalts-Clubraum entstand.

1983 wurden zwei weitere Spielplätze (Plätze 3 und 4) eingeweiht.

1984 wurde das Clubhaus ausgebaut, so daß das heutige Erscheinungsbild des Hauses entstand.

Am 11. September 1993 feierte der TCU sein 40jähriges Bestehen. Der Club hat zur Zeit 171 Mitglieder.

Bernd Bornefeld, 1. Vorsitzender des Tennisclubs

Blick auf die Tennisplätze mit Clubhaus

Turn- und Sportverein Unterlüß e.V.

Bis zum Jahre 1933 gab es in Unterlüß zwei Turnvereine, die Deutsche Turnerschaft und die Freie Turnerschaft. Es kann angenommen werden, daß die Freie Turnerschaft, die allgemein in einer bestimmten Nähe zur SPD gesehen wurde, im Jahre 1933 aufgrund des grundsätzlichen Verbots dieses Vereins auch im Ort verboten wurde, so daß nur noch die Deutsche Turnerschaft als Verein in Unterlüß bis zum Ende des Zweiten Weltkrieges weiterarbeiten durfte. Wahrscheinlich wurde die Deutsche Turnerschaft dann 1945 im Zuge eines allgemeinen Vereins- und Parteienverbots, das nur wenige Ausnahmen vorsah, von der britischen Militärregierung verboten und aufgelöst. Dennoch überdauerte der Gedanke an den Sport auch diese Zeiterscheinung. Und so fanden sich in dieser schweren Zeit, in der Häuser kaputt waren, es am Brennstoff fehlte und überhaupt es am Lebensnotwendigen mangelte, ehemalige Mitglieder beider Unterlüßer Turnvereine sowie noch weitere interessierte Bürger zusammen, um einen neuen Turn- und Sportverein in Unterlüß zu gründen.

Am 31. Januar 1946 fand die Gründungsversammlung des neuen Sportvereins statt. In dieser ersten Versammlung wurde Robert Zietz zum 1. Vorsitzenden gewählt. Ihm zur Seite standen die Sportkameraden Manfred Märkel, Heinz Meyer, Michael Prex, Arthur Möhle als Kassenführer, Erich Spranger, Hermann Funke und Otto Beyer. Bei der Gründung waren es 51 Mitglieder, die dem Verein angehörten.

In einem Schreiben des Oberkreisdirektors vom 6. Dezember 1946 an den neu gegründeten Sportverein wurde diesem mitgeteilt, daß die Militärregierung den Verein am 27. November 1946 genehmigt hatte.
Es wurde gestattet:

Geräteturnen, Leichtathletik, Sommerspiele,
Gymnastik, Fußball, Handball, Schwimmen.

Auf keinen Fall durften irgendwelche Übungen abgehalten werden, die eventuell einen militärischen Charakter trugen oder auch nur eine Ähnlichkeit damit hatten.

Im Jahre 1948 übernahm Arthur Möhle den Vorsitz im Turn- und Sportverein. Auf seinen Vorschlag hin wurde auch der Name »Turn- und Sportverein Unterlüß« festgeschrieben. In diese Anfangszeit fällt ebenfalls die Schaffung eines Vereinszeichens, das von dem Handballer Gerd Mohns entworfen und von den Mitgliedern angenommen wurde. Es ist das bis heute verwendete Abzeichen des Vereins.

Der Vorstand stand in den ersten Jahren vor schweren und nahezu unüberwindlichen Aufgaben. Turn- und Sportgeräte waren während der Evakuierung des Ortes seit dem 1. Juli 1945 verschwunden, Bälle und sonstiges Material waren nicht mehr vorhanden. Doch mit festem Willen setzte sich dieser erste Vorstand für den Verein ein und baute so das Fundament.

Um sportliche Wettkämpfe auszutragen, wurde der Sportplatz Hohenrieth von der Firma Rheinmetall-Borsig (heute Firma Rheinmetall Industrie GmbH) angepachtet. Viel Arbeit mußte investiert werden, da dieser Platz in einem sehr schlechten Zustand war. Als Umkleidehaus stand eine hölzerne Baracke (die sogenannte Sportbaracke bis zum Anfang der 70er Jahre) zur Verfügung, die ebenfalls renoviert werden mußte. Auch eine Wohnung für den Platzwart war dort mit vorhanden.

Als erste Vereinssparte wurde der Fußball aufgenommen. Die damaligen Spartenleiter waren K. Goldmann und Rudolf Kröger. Zu allen Zeiten fanden sich immer wieder Betreuer und Trainer, die sich für die Belange der Fußballsparte in hervorragendem Maße einsetzten. So war es dann im Jahre 1956 ein verdienter Höhepunkt, als die 1. Herren in die Amateurliga aufstiegen. Diese Herren-Spieler kamen zum Teil aus der eigenen TuS-Jugend. Seit den Gründungsjahren bis in die 60er Jahre führte der fußballbegeisterte Matthias Staiger die Fußballjugend und trug mit ihr zusammen manchen fairen Zweikampf gegen andere Vereinsfußballer aus. M. Staiger stellte – wie viele andere auch – seine Fahrzeuge aus dem eigenen Fuhrbetrieb für Vereinsfahrten anläßlich von Wettkämpfen zur Verfügung.

Zurück zur Zeit der Gründungsjahre.
1948 gründete man die Handballsparte, die zunächst von Walter Meyer geleitet wurde. 1949 übernahm Kurt Meyerhoff die Leitung.
Es folgte die Faustballsparte, die zwar immer verhältnismäßig klein war, aber auch einige schöne Erfolge verzeichnen konnte. Wegen Spielermangels ruht der Spielbetrieb seit Anfang der 70er Jahre.

Schon seit der Gründungszeit widmet man sich im TuS Unterlüß der Jugendarbeit. Hier ist vor allem Gerhard Franke zu nennen, der es immer verstand, Menschen für den Sport und die Jugendarbeit im besonderen zu begeistern. Viele Gesellschaftsspiele und bunte Abende bereitete er vor. Für diese Unternehmungen konnte er zahlreiche Helferinnen und Helfer gewinnen. Nicht unerwähnt sei auch, daß G. Franke über viele Jahre dem Ortsjugendring innerhalb der Gemeinde Unterlüß vorstand.

In den ersten Jahren des Bestehens konnte eine Schwimmsparte ihren Trainingsbetrieb aufnehmen. Auf dem

Turnfest der Deutschen Turnerschaft Unterlüß am 7. Juli 1935

Schießplatzgelände der »Rheinmetall« war nach dem Kriege die Möglichkeit entstanden, in einem ehemaligen Feuerlöschteich zu baden. Hier waren es die Sportkameraden Arthur Möhle und Fritz Krumnow, die die im Zuge der Werksdemontage geplante Sprengung des Feuerlöschteiches verhinderten. Erst nach Wiederaufnahme des Schießbetriebes auf dem Gelände der »Rheinmetall« im Jahre 1957 wurde der Badebetrieb eingestellt. Daraufhin löste sich auch die Schwimmsparte des TuS auf.

1952 wurde dem Verein eine Tennissparte angegliedert, die sich selbst verwaltete. Kurze Zeit später gründeten diese Mitglieder einen eigenen Verein.

Als weitere Abteilung kam 1957 die neu gegründete Leichtathletik-Sparte hinzu. Hier waren die erfolgreichsten Sportlerinnen Käthe Engwicht (Kugelstoßen) und Ilse Bornefeld-Herbst (100 m-Lauf), die an den Wettkämpfen um die Deutschen Meisterschaften teilnahmen.

Sofort mit der Gründung des Vereins wurde auch eine Gymnastik-Abteilung ins Leben gerufen, die heute aus dem Vereinsleben überhaupt nicht mehr wegzudenken ist. Als jahrelange Leiterinnen betreuten Margret Dettmer und später Margrit Wildung diese Gruppe.

In den Anfängen kam schon das Kinderturnen hinzu, und hierbei erklärten sich immer wieder junge Frauen und Männer bereit, mit den Kindern zu arbeiten.

Für diese Aktivitäten standen besondere Sportstätten nicht zur Verfügung. Es wurde im großen Saal des Kurhotels und in einem Teil des Jugendheims »Fuchsweg« geturnt. 1961 konnte dann eine Sporthalle, die an der Waldschule errichtet wurde, für bessere Trainingsmöglichkeiten genutzt werden.

Besonders der damalige 1. Vorsitzende des TuS Robert Busse, der auch Bürgermeister und ferner Rektor der Schule von Unterlüß war, setzte sich für die Belange des TuS unermüdlich ein. Robert Busse führte den Verein von 1952 bis 1966 und übergab dieses Amt aus Altersgründen dann an Dr. August Biermann, der in noch größerem Maße Möglichkeiten sah, sich für den Verein zu engagieren. Auch Dr. Biermann, der ebenfalls zum Bürgermeister von Unterlüß gewählt wurde, konnte den Verein 14 Jahre bis 1980 leiten. Beide 1. Vorsitzende, Robert Busse und Dr. August Biermann, wurden jeweils nach ihrem Ausscheiden, wie auch schon vor ihnen Arthur Möhle, zu Ehrenvorsitzenden ernannt. Robert Zietz wurde vom Verein die Alterspräsidentschaft angetragen.

Nachdem 1956 bereits das 10jährige Bestehen ein besonderes Ereignis war, wurde das 20jährige Bestehen des TuS mit einer Sportwoche vom 19. bis 25. Juni 1966 festlich begangen. In einer Festschrift wurde das von 1946 bis 1966 Erreichte dokumentarisch festgehalten.

Mit einem Staffellauf sämtlicher TuS-Sparten wurde diese Sportwoche eröffnet, und im Laufe der Woche stellten sich die einzelnen Sparten der Öffentlichkeit vor. Ein besonderes Erlebnis war der 3:1 Sieg der Unterlüßer in einem Spiel der 1. Herren-Fußballmannschaft gegen die Landesliga-Mannschaft von Eintracht Braunschweig Amateure. In dieser Zeit wurde auch eine Altherren-Fußballmannschaft gegründet.

1967 wechselte der junge Spieler der 1. Herren Hartmut Hiescher von der Fußball-Abteilung zum SC St. Pauli. Es erfolgte ein Ablösespiel gegen die komplette St. Pauli-Mannschaft, sogar eine Ablösesumme wurde dem TuS gezahlt.

Aber auch die Handballer hatten in diesen Jahren große Erfolge und knüpften Verbindungen auf internationaler Ebene. Jahrelang hatte man Verbindung zur HG Odense (Dänemark). Das Ehepaar Käthe und Karl Engwicht hat hierbei vieles getan. So wurden die Norddeutschen Hallenmeisterschaften der A-Jugend, die Niedersachsenmeisterschaft der weiblichen Jugend und die Frauen-Vorrun-

*Jugend-Pokal-Spiel
Bergen gegen Unterlüß
in Bergen, 1948
Oben von links:
Matthias Staiger, unbek.,
unbek., unbek., unbek.,
Herbert Winkler, unbek.,
unbek., Werner Zschiesche,
unbek., Heinrich Kuhrs,
Möller, unbek.,
Helmut Dahms,
Fritz Krumnow, unbek.,
unten von links:
unbek., Dieter Weiß, unbek.,
Gerhard Reinhardt, unbek.,
Horst Nolte, daneben vier
Bergener Spieler
davor sitzend:
Wilhelm Niebuhr,
Werner Gennat (Felix)*

denspiele um die Niedersachsenmeisterschaft in der Sporthalle Unterlüß ausgetragen. Dank der Mitwirkung von Käthe Engwicht, die gleichzeitig als Verbandsmädelwartin auf Landesebene fungierte, wurde die Ausrichtung dieser drei bedeutenden Meisterschaften dem TuS Unterlüß übertragen.

1971 konnte der TuS sein 25jähriges Bestehen wieder mit einer Sportwoche feiern. Dem TuS stand jetzt außer dem Sportplatz Hohenrieth auch noch der Dorfplatz zur Verfügung, der in Eigenleistung hergerichtet wurde. Ein neues Umkleidehaus wurde durch die Gemeinde erstellt, und Ende 1972 installierte der TuS ebenfalls in Eigenleistung eine Flutlichtanlage. Die Sporthalle wurde dadurch in der »dunklen Jahreszeit« stark entlastet, da jetzt die Fußballmannschaften und auch die Betriebssportmannschaften der Firmen Artos und Rheinmetall dort trainieren konnten. Auf diese Weise gab es Raum für andere Sparten in der Turnhalle.

Mit besonderem Elan ging es dann 1971 und 1972 an den Bau eines Sportheimes auf dem Sportplatz Hohenrieth, nachdem dieser Platz für 33 Jahre von der Firma Rheinmetall gepachtet werden konnte.
Paul Neumann, damals Fußballobmann und seit 1980 dann 1. Vorsitzender des Vereins, konnte so viele aktive Sportler begeistern, daß in beispielhafter Selbsthilfeleistung ein Sportheim entstand, das jedem Vergleich standhalten konnte. Ende 1972 wurde dieses Heim seiner Bestimmung übergeben.

Im Juni 1973 konnte dann auch der überholte Sportplatz Hohenrieth mit einem Fußballspiel der 1. Herren-Mannschaft gegen die Bundesliga-Mannschaft von Hannover 96 mit ihrem Trainer H. Kronsbein eingeweiht werden. Durch das Zusammenwirken von Rat und Verwaltung der Gemeinde Unterlüß mit der Unterlüßer Industrie und vielen örtlichen Gewerbetreibenden ist für den Sport vieles geleistet worden. Dabei entstanden viele dem Sport verbundene Projekte, sowohl im Leistungs- als auch im Freizeitsportbereich.

Mit der Eröffnung des Unterlüßer Allwetterbades 1972 wurde das Schwimmen wieder möglich, und sofort lebte die Schwimmsparte des TuS wieder auf. Rührend kümmerte sich Walter Schiering um diese Sparte. Er rief auch die Aktion »Goldener Fisch« ins Leben. Ende der 70er Jahre wurde die Schwimmsparte im TuS aber wieder aufgelöst, da sich inzwischen eine DLRG-Ortsgruppe gebildet hatte. Daraufhin setzte sich W. Schiering sehr stark für die Leichtathletik-Abteilung ein und bot auch sehr viele Trainingszeiten für das Sportabzeichen an. Dieser einmal aufgenommene Gedanke an den Erwerb des Sportabzeichens ist bis heute wie selbstverständlich in der Leichtathletik-Abteilung lebendig und wird von der Vereinsführung nach Kräften unterstützt.
Seit 1977 führt Walter Wilborn die begonnene Arbeit so erfolgreich weiter, daß er 1983 offiziell zum Spartenleiter der Leichtathleten gewählt wurde. Besonders liegen ihm bei seiner Betreuungsarbeit auch die Jüngsten am Herzen.

Es ist nun einmal so, daß ein Verein nur jung und in seiner Vereinsarbeit erfolgreich bleibt, wenn er starken Nachwuchs hat und sich der Jugend annimmt. Von diesem Gedanken ließ sich 1974 der später nach Eschede verzogene und inzwischen verstorbene Jörg Lukas leiten, der das Amt des Jugendwartes übernahm. Unter seiner Leitung nahmen viele TuS-Jugendliche an Jugendlagern des Kreissportbundes in Adlerhorst, Westerstede, Italien und Frankreich teil. Die Ferienlager als eine Einrichtung gibt es nach wie vor. Leider werden sie von den TuS-Jugendlichen nicht mehr im vollen Umfange genutzt.

Bis in die 70er Jahre hinein veranstalteten die Jugendabteilungen regelmäßig Weihnachts- und Faschingsfeiern. Aufgrund einer Initiative von Jörg Lukas wurde erstmalig 1979 eine gemeinsame Jugend-Weihnachtsfeier für alle Kinder und Jugendlichen bis 14 Jahre mit Eltern und

Betreuern im großen Saal des Freizeitzentrums durchgeführt. Die Weihnachtsfeiern werden bis heute in diesem Rahmen fortgesetzt, und erstmals im Februar 1995 veranstaltete der Verein eine riesengroße Faschingsfete für die Kinder und Jugendlichen im Freizeitzentrum.

Außer den sportlichen Gedanken pflegen alle Vereinsmitglieder auch den Gedanken der Geselligkeit und des kameradschaftlichen Beisammenseins in Form von Tanzvergnügen. In diesem Zusammenhang wurde 1980 eine große Aktion »TuS-Kapuzenpullis« gestartet, um überall zu zeigen, daß man zum TuS Unterlüß gehört.

In dieser Zeit gründeten Jugendliche eine Basketball-Abteilung, die aber leider nicht lange im Verein bestehen blieb. Anders ist es mit der Lauf-Treff-Abteilung, die 1980 unter dem Motto »Trimm-Trab – das neue Laufen, ohne zu schnaufen« ins Leben gerufen wurde. Alljährlich wird im April die Lauf-Saison mit Überreichung eines »Trimm-Talers« für alle Teilnehmer eröffnet, und diese Sparte ist zum festen Bestandteil im Turn- und Sportverein geworden.

1978 bekam der Verein endlich einen vereinseigenen VW-Bus. Dadurch und ferner durch die freundliche Zurverfügungstellung von VW-Bussen durch die Firma Rheinmetall konnten Fahrtkosten reduziert werden. Schwer wiegt allerdings, daß seit 1981 keine Handballspiele mehr ab Kreisklasse aufwärts in der Unterlüßer Turnhalle ausgetragen werden dürfen, da die Halle nicht den geforderten Maßen entspricht. Drei vereinseigene VW-Busse stehen heute zur Verfügung, so daß das Fahrproblem als einigermaßen geregelt angesehen werden kann. Da bis heute die Handballer ihre Spiele in Eschede austragen müssen, wird die Forderung nach einer neuen Halle aber ständig größer. Auch neue Sparten würden sich gerne bilden. Wegen fehlender Hallenzeiten mußten jedoch mehrfach Spartenneugründungen abgelehnt werden.

Wegen des Saisonabschlusses wurde 1981 erstmals der Unterlüßer Bevölkerung eine Sportwoche geboten. Diese Sportwoche des TuS zum Saisonende hatte soviel Zuspruch in der Bevölkerung, daß sie im nächsten Jahr wiederholt und schnell zum festen Bestandteil des Vereins- und Gemeindelebens in Unterlüß wurde.

1981 wurde die Durchführung der Ferienpaßaktion vom Landkreis Celle auf die Gemeinden und Samtgemeinden übertragen. Die Gemeinde Unterlüß übernahm die Federführung bei der Durchführung dieser Aktion für die Kinder des Ortes. Von Anfang an stand ihr dabei der TuS mit vielen Betreuern helfend zur Seite.

1982 gründeten viele Interessierte eine Judo-Sparte. Da aber später Übungsleiter und Betreuer fehlten, mußte

40 Jahre TuS Unterlüß; v.l.n.r.: 2. Vorsitzender Georg Robrecht, Hermann Funke, Margret Dettmar, Käthe Engwicht, Hermann Niebuhr, Helmut Pahl, Matthias Staiger, 1. Vorsitzender Paul Neumann

diese Sparte wieder aufgelöst werden. Allerdings kann positiv vermerkt werden, daß sich 1983 weitere Sparten gründeten. So begann im August das orthopädische Turnen, und im September wurde eine Tischtennisabteilung gegründet, die bereits schon einmal in den Gründungsjahren des TuS bestanden haben soll.

Für die Fußballer gab es ebenfalls Zuwachs. 1983 meldeten sie erstmals eine F-Jugendmannschaft (Spieler im Alter bis acht Jahre). Seit Anfang 1984 besteht eine Badminton-Abteilung, die zwar sehr klein ist und bis heute nicht an Wettkämpfen teilnahm, aber einen gewissen Aufwärtsdrang läßt sie sich nicht absprechen.

Im Mai 1984 mußte der plötzliche Tod des langjährigen Kassierers Friedrich Kothe hingenommen werden. Er war auch viele Jahre Fußballobmann. Seit vielen Jahren gehörte er dem Vorstand an, kümmerte sich intensiv um die Mitgliedsbestände und führte in diesem Sinne tadellos die Bücher.

Im Jahre 1984 trat Heinz Neumann das sportliche Erbe des Ehepaares Engwicht als Spartenleiter des Handballs an, wenngleich auch kurzfristig noch andere Personen als Spartenleiter aktiv waren. Erwähnt sei ferner, daß Käthe Engwicht bis zum Jahre 1984 auch noch das Kinderturnen leitete. Nach fast 40jähriger sportlicher Tätigkeit wurde Käthe Engwicht auf eigenen Wunsch aus ihren Ämtern verabschiedet.

Ein großes Ereignis war die Einweihung des neuen Sportzentrums »Am Hochwald« am 29. September 1984. Der TuS war nun in der Lage, viele Leichtathletik-Veranstaltungen nach Unterlüß auf diesen schönen Platz zu holen. Der Höhepunkt an diesem Einweihungssonntag war zweifellos das Fußballspiel der 1. Herren-Mannschaft gegen die Amateure von Werder Bremen.

Wie schon erwähnt, fehlt es an Hallenzeiten. Aus diesem Grunde mußte im Februar 1985 ein Antrag auf Gründung einer Volleyballmannschaft abgelehnt werden. Allerdings fanden sich 1994 Jugendliche zu einer Volleyball-Gruppe zusammen. Doch das Problem, eine neue Sporthalle in Unterlüß zu bauen oder aber auf Dauer hinter den eigenen Möglichkeiten zurückzubleiben, besteht nach wie vor. Trotz schon bereitgestellter großzügiger Spenden konnte bisher mit einem Hallenneubau nicht begonnen werden.

1985 begann eine Jazz-Tanz-Gruppe, die sich heute unter dem Namen »Body-Talk« präsentiert. Das Problem des Nachwuchses gedenkt man damit zu lösen, daß bereits Kinder zusammen mit Jugendlichen in den Jugend-Tanzgruppen auf spätere Anforderungen vorbereitet werden. Diese Gruppen, wie auch »Tischtennis« und »Orthopädisches Turnen« müssen im großen Saal des Freizeitzentrums trainieren.

Das Jahr 1986 stand ganz im Zeichen des 40jährigen Bestehens des TuS Unterlüß. In der Jahreshauptversammlung wurden die Gründungsmitglieder geehrt.

Aber nicht nur sportliche Erfolge zählen. – So startete die Handball-Abteilung im Dezember 1991 ein Benefizspiel gegen den MTV Celle, um dem herzkranken Kind Maximilian zu helfen. In der von der Celleschen Zeitung durchgeführten Weihnachtsaktion »Sportler helfen« wurden ca. 7.000 DM eingespielt.

Unsere Mutter-Kind-Gruppen und die »Krabbelgruppe« können zwar nicht auf sportliche Erfolge blicken, dafür machen sie auf sich aufmerksam durch die von ihnen veranstalteten Weihnachts- und Osterbasare, die in der Bevölkerung sehr beliebt sind.

Anfang der 90er Jahre fanden sich Senioren mit Jüngeren zusammen, um regelmäßig zu wandern. Nach einer Unterbrechung sind diese Wanderungen jetzt wieder aufgenommen worden.

Die Senioren des TuS haben seit 1991 einen eigenen Treff. Regelmäßig kommt man jeden dritten Montag des Monats zu Aktivitäten zusammen.

Seit 1984 ist es ein besonderes Anliegen des TuS, die große Zahl der Spätaussiedler aus Rußland und Polen, die in Unterlüß eine neue Heimat gefunden haben, im Verein und damit auch in die Dorfgemeinschaft aufzunehmen.

Trotz vieler Aufwärtsentwicklungen gab es 1994 einen Rückschlag im Vereinsleben des TuS Unterlüß. Im Frühjahr gründeten TuS-Mitglieder mit einigen anderen Interessierten zusammen einen zweiten Fußballclub, den FC Unterlüß. Beim TuS muß man mit diesem Ausscheiden einzelner TuS-Mitglieder leben und wird unbeirrt zum Wohle des TuS Unterlüß weiterarbeiten.

Die Arbeit für den Ort und natürlich besonders die Arbeit für den TuS – hier sei auf die im Bericht aufgezählten vielfältigen Aktivitäten verwiesen –, wäre ohne ehrenamtliche Helfer, Sponsoren, Freunde und Gönner, die den TuS unterstützen, nicht möglich. Deshalb sei ihnen an dieser Stelle gedankt!

Darüber hinaus sieht der TuS die Notwendigkeit, mit den anderen Vereinen und Verbänden in möglichst enger Verbindung zu bleiben, um so zum Beispiel bei der Waldsäuberungsaktion des Verkehrsvereins, durch die Teilnahme des TuS am Festumzug des Schützenvereins oder der Beteiligung am Dorffest mit einem Weinstand gemeinsam innerhalb der Gemeinde aufzutreten und damit für die Bevölkerung der Gemeinde Unterlüß das Beste zu erreichen.

Verband der Heimkehrer, Kriegsgefangenen und Vermißtenangehörigen Deutschlands – Ortsverband Unterlüß e.V.

```
Verband der Heimkehrer e.V.
ORTSVERRAND UNTERLÜSS  von 1953
Partner von ( ADRI ) «Amicale
des Rencontres Internationales"
in Bonneil (Chateau·Thierry)
von 1970
```

Am 26. März 1953 wurde in Unterlüß im Kurhotel der Verband der Heimkehrer von 16 Mitgliedern gegründet. Zum ersten Vorsitzenden wurde Kamerad Klaus Guse gewählt. Im Wechsel seien folgende Vorstände genannt: Pelikan, Hepke, Reimer, Pries, Rautenberg, Helms, Denecke, Buchhop.

Viele Kameradinnen und Kameraden mußten in jahrelange Kriegsgefangenschaft gehen, oft ein schweres Los mit Hunger, Kälte und Krankheiten ertragen und konnten sich nur an die Hoffnung klammern, heimzukehren. Aus dem Bedürfnis heraus, den Spätheimkehrern zu helfen, über Vermißtenschicksale mehr zu erfahren und mit Ehemaligen zu sprechen, entstand der Verband der Heimkehrer. Aber es wurden auch soziale Dinge geschaffen wie Eingliederungshilfen, Heimkehrer-Stiftungen, Heimkehrerentschädigungen und Alten- und Rentenhilfen. Unter der Federführung des Dachverbandes der Heimkehrer konnte somit Millionen von Heimgekehrten und Flüchtlingen geholfen werden.

Im Laufe der Zeit stieg die Zahl der Mitglieder in Unterlüß auf über 50 Personen. Regelmäßig versammelten sich die Mitglieder am ersten Mittwoch im Monat im Stammlokal. Die Vorstände wurden gewählt, Amtliches mußte verkündet werden, Ehrungen wurden ausgesprochen, Weihnachtsfeiern, Eisbeinessen und Sparschwein schlachten veranstaltet. Privater Klönsnack gehörte zu schönen Stammtischrunden.

Ein besonderes Ereignis ergab sich für uns Unterlüßer durch die im Jahre 1970 neugegründete Partnerschaft mit einem Verband im französischen Bonneil bei Château-Thierry im schönen Marnetal. 1970 kamen 34 französi-

Partnerschaftstreffen mit den französischen Freunden, 1972

sche Gäste nach Unterlüß, die für vier Tage bei unseren Mitgliedern beherbergt und bewirtet wurden. Schon sind wieder über 25 Jahre vergangen, seitdem wir nun regelmäßig alle zwei Jahre zu Gast bei unseren französischen Freunden eingeladen wurden. Wir lernten dabei Frankreich von einer schönen Seite sehen.

Ganz besonderen Anklang fand das Spektakel in Meaux bei unseren Mitgliedern. Hier wurde uns in einer Nachtvorstellung anläßlich der 200-Jahr-Feier der französischen Revolution vom 14. Juli 1789 am historischen Ort ein Nachspiel des Beginns dieser Revolution in farbenprächtigen Bildern geboten.

Die Bezeichnung »Internationale Freundschaften« entspricht auch dem Sinn und dem Verständnis des Verbandes der Heimkehrer. Der Verband will helfen, eine Brücke zu schlagen zwischen den ehemaligen Kriegsgefangenen aller Nationen im Sinne eines friedlichen Zusammenlebens in Europa nach dem Wahlspruch: Liberté, Egalité et Fraternité. Rege wurden in beiden Sprachen unter den Veteranen Begebenheiten aus der jeweils anderen Kriegsgefangenschaft ausgetauscht.

Wir besuchten Gedenkstätten in Goslar, Friedland und Bergen und gestalteten große Heimkehrertreffen mit. Jubiläen wurden gefeiert und zahlreiche Ehrungen für zehn-, zwanzig-, dreißig- und vierzigjährige treue Mitgliedschaft vorgenommen. An Volkstrauertagen gedenken wir mit Kranzniederlegungen aller Gefallenen und Toten des Krieges. Seit Jahren sammelt der Verein für die paritätischen Wohlfahrtsverbände und bekundet damit praktische Solidarität mit den Schwächeren. In den verbandseigenen Erholungsheimen in Schlichtmühle im Schwarzwald und in Marienheide im Sauerland konnten unsere Mitglieder Ferien machen.

Unseren französischen Gästen zeigten wir Hamburg, Helgoland, Bremen, Lübeck mit der Ostsee, Hannover, Wolfsburg und den Harz. Wie die französischen Freunde zeigten wir die schönere Seite Deutschlands. Natürlich wurde auch eine Fahrt an die damalige Grenze unternommen. Das war die weniger schöne Seite Deutschlands. Der Höhepunkt aber für alle war die zweitägige Reise nach West- und Ostberlin nach dem Fall der Mauer 1990 mit Führungen und Besichtigungen historischer Gebäude und Denkmäler.

Unsere Aktivitäten im Verband der Heimkehrer, Ortsverband Unterlüß, bestehen darin, in aller Öffentlichkeit deutsch-französische Abende zu veranstalten, mit Musik, Tanz und Liedern uns gegenseitig die andere Kultur und Gesellschaft nahezubringen.

Der Verband der Heimkehrer, Kriegsgefangenen und Vermißten-Angehörigen Deutschland e. V. sucht jüngeren Nachwuchs, um die französische Verbindung aufrechtzuerhalten, damit das von den Älteren Begonnene von den Jüngeren fortgesetzt werde!

VdK Ortsverband Müden/Unterlüß
(Verband der Kriegs- und Wehrdienstopfer, Behinderten und Rentner Deutschland e.V.)

Wir helfen

allen
Behinderten
Rentnern
Sozialversicherten
Unfallopfern
Wehrdienstopfern
Kriegsopfern
Hinterbliebenen
Sozialhilfeempfängern
Arbeitslosen

und beraten
über das gesamte
Sozialrecht

VdK
Der große Sozialverband

und vertreten Mitglieder
vor den
Behörden
Sozialgerichten
Verwaltungsgerichten

Im Einzugsgebiet Müden, Faßberg, Hermannsburg, Unterlüß gibt es den VdK-Ortsverband Müden/Unterlüß. Zur offiziellen Gründungsfeier wurde am 2. Juli 1994 in der Waldgaststätte Hasenheide, Müden/Örtze, eingeladen. 21 Gründungsmitglieder und zehn Gäste kamen, darunter auch geladene Persönlichkeiten aus der Öffentlichkeit.

Der im voraus für vier Jahre gewählte Vorstand stellte sich erstmalig der Öffentlichkeit vor.

1. Vorsitzender	Jürgen Pralle, Müden
2. Vorsitzender	Kurt Jostes, Unterlüß
Kassenwart	Friedrich Bergmann, Poitzen
Schriftführerin	Angelika Becker, Poitzen
Frauenhinterbliebenen-vertreterin	Ursula Pralle, Müden
Frauenhinterbliebenen-stellvertreterin	Waltraut Franke, Unterlüß
Jugendbetreuerin	Rita Moses, Faßberg
Jugendbetreuerstellvertreter	Thomas Pralle, Müden
Ortsvertreter:	
für Unterlüß	Werner Feyer, Unterlüß
für Faßberg	Heinrich Zismann, Faßberg
für Hermannsburg	Otto Dewald, Hermannsburg
Kassenprüfer:	Marlies Strohmeier, Munster
	Hans-Heinrich Schneider, Hermannsburg

Der Sozialverband VdK versteht sich als Interessenverband der Behinderten, Rentner und Sozialversicherten, der sich auf der Grundlage der Solidarität Betroffener für soziale Gerechtigkeit einsetzt.

Als gemeinnützige, überparteiliche und unabhängige Selbsthilfeorganisation bietet der VdK seinen Mitgliedern Rat, Hilfe und Rechtsschutz in allen sozialrechtlichen Angelegenheiten. Hauptamtliche VdK-Mitarbeiter helfen beim oft schwierigen Umgang mit Behörden im gesamten Sozialbereich. Sie stehen mit Rat und Tat zur Seite bei Anträgen, beim Ausfüllen von Formularen, überprüfen Bescheide und vertreten die Mitglieder in Widerspruch-, Klage- und Berufungsverfahren vor den Sozialgerichten und Verwaltungsgerichten. Jedes Jahr werden so gesetzlich begründete Leistungsansprüche in Höhe von mehreren Millionen Mark mit Hilfe des VdK für die Mitglieder durchgesetzt. Im Gebiet Niedersachsen-Bremen waren das 1993 rund 7,5 Millionen Mark.

Bei der Ansprache des stellvertretenden Geschäftsführers des VdK-Landesverbands hörten die Anwesenden zum Teil erstmalig etwas vom VdK. Doch schon nach kurzer Zeit wurde den Zuhörern klar, daß gerade in der heutigen Zeit nicht nur ein soziales Denken erforderlich ist, sondern ein tatkräftiges Miteinander, um einen möglichen sozialen Abstieg zu stoppen. Nur durch eine Gemeinschaft ist es möglich, auf die Gesetzgebung Einfluß zu nehmen.

Wie schon auf der vorausgegangenen Wahlversammlung betonte der 1. Vorsitzende Jürgen Pralle, daß es für einen Gesunden keinesfalls eine Selbstverständlichkeit ist, ohne Scheu mit Behinderten zu leben. Das muß er erst lernen. Ebenso müsse ein Behinderter lernen, die ausgestreckte Hand zu sehen, um sich aus der oftmals selbstauferlegten Isolation befreien zu können. Das aber soll durch Pflege der Gemeinsamkeit, wie Veranstaltungen und gemeinsame Fahrten, die Hauptaufgabe des Ortsverbandes sein.

Im Vorstand ist eine Hinterbliebenenvertreterin, die sich gerade der Älteren und Behinderten annimmt und bei Problemen des Alltags diesen Hilfe anbietet.

Besonders bleibt zu erwähnen, daß in Unterlüß und Bergen einmal im Monat eine Sprechstunde stattfindet. Zusätzlich zu den normalen Sprechstunden in Celle wird hier durch einen hauptamtlichen Rechtsberater eine Beratung und Hilfe auch für Nichtmitglieder in allen Sozialangelegenheiten gegeben.

Insbesondere Behinderte, Rentner, Unfallversicherte, Arbeitslose und Sozialhilfeempfänger machen von dem Beratungs- und Hilfsangebot des VdK zunehmend Gebrauch.

Welches Echo der VdK Ortsverband Müden/Unterlüß ausgelöst hat, zeigt die ständig wachsende Zahl an Mitgliedern. So wurden zum Jahresende 1994 schon 77 Mitglieder in dem neuen Ortsverband gezählt.

Der VdK hat bundesweit ungefähr 1,2 Millionen Mitglieder, davon in Niedersachsen-Bremen rund 50.000.

Weitere Auskünfte erteilt die VdK-Kreisgeschäftsstelle in Celle, Tel. 0 51 41-66 80 und der VdK Ortsverband Müden/Unterlüß in Müden, Tel. 0 50 53-12 88.

Verein zur Förderung des Unterlüßer Schwimmbades e.V.

Wegen der betrieblichen Nutzung und der damit verbundenen Schließung des Feuerlöschteiches auf dem »Rheinmetall«-Gelände verlor die Unterlüßer Bevölkerung im Jahre 1957 die einzige Schwimmgelegenheit.

Der Wunsch der Bevölkerung, wieder ein eigenes Schwimmbad zu haben, wurde daher immer stärker. 1961 kam es zu ersten Verhandlungen mit Stellen des »Deutschen Sportbundes« und des »Deutschen Schwimmverbandes«, und schon damals tauchte die Idee eines kombinierten Schwimmbades für Sommer- und Winterbetrieb auf.

1962 erhielt das Schwimmbadprojekt eine erhebliche Förderung durch eine breit angelegte Bürgerinitiative, die in der Gründung des »Vereins zur Förderung des Unterlüßer Schwimmbades« am 15. Juni 1963 einen ersten Höhepunkt fand.

Ein vorbereitender Ausschuß des Vereins war inzwischen nicht untätig. Es wurden Pläne erstellt, Verhandlungen geführt, zuständige Stellen über die Ziele des Vereins unterrichtet, Besichtigungen von Schwimmbädern in anderen Kreisen durchgeführt und Informationen über Finanzierungsmöglichkeiten eingeholt.

In der Gründungsversammlung konnte Dr. August Biermann 200 Vereinsmitglieder begrüßen. Hier ein Auszug aus dem Gründungsprotokoll:

»Dr. Biermann begrüßt die Anwesenden und dankt ihnen für ihr Bemühen, den Verein in seinem Bestreben, in Unterlüß ein Bad zu errichten, zu unterstützen. Voran sei einmal gestellt, so führte Dr. Biermann unter anderem aus, daß den Menschen unserer Zeit durch eine erholsame, sportliche Betätigung vieles wieder zurückgegeben werden kann, was ihnen an Gesundheit und zum Teil auch an harmonischer Entwicklung der Persönlichkeit durch die Errungenschaften der modernen Technik verloren gegangen ist. Es ist jetzt an der Zeit, das von allen Bürgern gewünschte Schwimmbad zu errichten, was nicht nur für die Jugend notwendig ist.

Für unsere Lebenskraft, unsere Gesundheit und unseren Frohsinn und die bürgerliche Tüchtigkeit in der heutigen so angespannten und schnellebigen Zeit soll es nutzbar werden.«

Auf Vorschlag des Alterspräsidenten Badicke wurde Dr. Biermann einstimmig zum 1. Vorsitzenden gewählt. Des weiteren der gewählte Vorstand:

    2. Vorsitzender A. Griebe
    Kassierer   H. Krey
    Schriftführer H. Dettmer
    Beisitzer   Badicke und Prange

Der Fachausschuß:
    Vorsitzender Dir. Kerk, Pinkernell, Hesse, Mecke, Glober, Hänsch, Franke, Diedler und Brandt

Die wichtigsten Beschlüsse:
    Die Vereinssatzung wurde in vollem Umfange anerkannt. Der Lageplan und die Grundstückslage wurden gutgeheißen. Der Vorstand wurde ermächtigt, die Gemeindeverwaltung zu bitten, wegen der Besitzeinweisung und des späteren Kaufs des Grundstücks mit der Forstverwaltung Verhandlungen aufzunehmen.

Den ständigen Impulsen des Fördervereins folgte 1964 der Gemeinderat durch Bildung eines Schwimmbadausschusses, der für ständige Rücklagen für ein Schwimmbad in den Haushaltsansätzen sorgte. So ging das Projekt zügig voran und fand bei der Kreisverwaltung und in Lüneburg Billigung.

Der erste Spatenstich für das Schwimmbad erfolgte am 7. Juni 1971, und am 20. September 1972 konnte das »Allwetterbad« in einem Festakt vor zahlreichen Gästen und Ehrengästen seiner Bestimmung übergeben werden.

»Eine kombinierte Badeanstalt, in der Art wie sie die Gemeinde Unterlüß ihren Bürgern und damit der Öffentlichkeit übergeben kann, möchte ich allen Gemeinden meines Amtsbereichs wünschen! Denn der Bedarf der Gemeinden meines Amtsbereichs ist groß und die hier erstellte Anlage ist in ihrer Art einmalig und vorbildlich!« Mit diesen Worten beglückwünschte der Lüneburger Regierungspräsident Dr. Frede die Gemeinde zu ihrem »Allwetterbad«.

Unter den Ehrengästen sah man neben den beiden Landtagsabgeordneten den Landrat Hubertus Bühmann, MdB Olaf Sund und die Gemeinderäte des Ortes Unterlüß, die aus verschiedenen Ortsteilen kamen. Die Glückwünsche des Landkreises übermittelte der Oberkreisdirektor Dr. Bruns, der »Sportbund« war durch Herrn Otto Schade präsent.

Dr. Biermann begrüßte die Gäste und dankte dem Regierungspräsidenten sowie dem Landkreis für die wichtige und hilfreiche Unterstützung. In seinen Schlußworten unterstrich er vor allem die Verdienste des Vorsitzenden des Schwimmbadausschusses, des Gemeinderates Lothar Henckel, dessen Bemühungen es hauptsächlich zu danken war, daß die Gemeinde dieses herrliche Bad ihren Bürgern und vielen anderen als Sport- und Erholungsstätte zur Verfügung stellen konnte.

Aus dem Munde des Herrn Henckel erfuhr die Festversammlung den Entwicklungsgang sowie die Besonderhei-

*Am 20. September 1972 wurde das »Allwetterbad« eingeweiht
(die beiden Archivfotos zeigen die ursprüngliche, heute nicht mehr vorhandene Überdachung des Schwimmbades)*

ten des »Allwetterbades«, das in seiner technischen Konzeption bis dahin einmalig in der Bundesrepublik war.

»Es ist durchaus nicht neu«, so erläuterte Herr Henckel, »ein Schwimmbad mit einer Kunsthaut zu überspannen oder mit Hilfe eine Traglufthülle ein Schwimmbecken zu überdachen. Neu ist dagegen die Kombination, eine elastische Kunststoffhaut über ein freiliegendes Objekt zu transportieren, sie in der Endposition zu verankern und anschließend nach dem Traghallenprinzip zu stabilisieren.

Aber nicht nur in der Überdachung wurden neue Wege beschritten«, machte der Sprecher deutlich, »der erstmalige Einsatz einer Kieselgur-Anschwemmfilteranlage in einem Schwimmbad dieser Größenordnung mit einer Leistung von 140 Kubikmeter pro Stunde für dieses Becken und das gleichfalls angeschlossene außerhalb liegende Kinderplanschbecken ermöglicht der ortsansässigen Firma »Gefa« den Nachweis der Leistungsfähigkeit solcher Anlagen. Die Gesamtkosten des Gebäudetrakts mit Dach, Becken, Hubboden, Wasseraufbereitung, Belüftung und Heizung belaufen sich auf 1,9 Millionen Mark. Die Gesamtkosten des Bades einschließlich der Nebenkosten wie Grundstück, Erschließung und Geräteausstattung betragen 2,3 Millionen Mark.

Dafür hat Unterlüß ein »Allwetterbad« mit einem Schwimmbecken von 25 × 12,50 Meter Größe mit Hubboden und über 900 Kubikmeter Wasserinhalt, wobei das Wasser auf 28 Grad Celsius erwärmt werden kann, während die Normaltemperatur bei 24 Grad Celsius liegt. Der Umkleidetrakt hat eine Nutzfläche von 360 Quadratmetern mit zwölf Umkleidekabinen, 341 Garderobenschränken, sechs Umkleidekojen sowie 22 Duschen für Damen und Herren.«

Der Festakt zur Eröffnung des Unterlüßer »Allwetterbades«, den der Spielmannszug des Schützenvereins musikalisch begleitet hatte, schloß mit parodistischen Vorführungen der Schwimmer-Jugend, die allgemeinen Beifall fanden. Nun konnten alle Festteilnehmer auf die 16.000 Quadratmeter große Liegewiese hinaustreten und die faszinierende Eigenart der Konstruktion des »Allwetterbades«, das in seiner technischen Einrichtung bis dato einmalig war, in voller Ausdehnung bewundern.

Mit der Fertigstellung des Bades wurde der Verein zur Förderung des Unterlüßer Schwimmbades aufgelöst. Das Vereinsvermögen von 15.000 DM wurde gemäß der Satzung an die Gemeinde überwiesen.

Verkehrsverein Unterlüß e.V.

Unterlüß – einen besseren Kuraufenthalt kann es nicht geben!

Mit den Worten »Bilder aus der Südheide« betitelte der Hamburger Universitätsprofessor Dr. Eduard Gabain seine Eindrücke, die er bei Wanderungen in diesem »wunderschönen niedersächsischen Landstrich« erlebte. Der wanderfrohe und naturliebende Gabain wollte mit diesem im Jahr 1913 im Hamburger Otto-Meißner-Verlag erschienenen Buch seine hanseatischen Mitbürger ermuntern, es ihm gleichzutun. Er lobte nicht nur die – nach seinen Worten – vielleicht schönsten Waldgebiete Deutschlands, sondern verwies besonders auf die klimatischen Verhältnisse. Die Luft mache einen besonders reinen, leichten und würzigen Eindruck, was nicht nur auf der Waldumgebung beruhe, sondern seinen Grund darin habe, daß sich Unterlüß auf einem ausgedehnten Hochplateau befindet, welches die Wasserscheide zwischen Elbe und Wesertal bildet. Das war eine erste wissenschaftlich begründete Werbung für Unterlüß.

Es kamen daraufhin schon vereinzelt Gäste und Erholungssuchende, die im Kurhotel (damals 35 Betten) und Hubachs-Hotel (23 Betten) zum Pensionspreis von vier Mark, aber auch im Landhaus Schelploh, ferner den Gästehäusern »Zum Lotharstein, Lutterloh«, »Wilhelm Kaiser«, Dalle, sowie 16 Privatvermietern Aufnahme fanden. Es folgten die Pensionen Nolte und Landhaus Ritz. Hotels und Gaststätten, ein lose gebildeter Verschönerungsverein und ein Verkehrsamt im Rathaus wurden aktiv. Mit einem provisorischen Prospekt und einem ersten Zimmernachweis wurde für Unterlüß geworben. Der Aufmacher: Unterlüß, der Ruheplatz für Erholungssuchende. Preise: Übernachtung mit Frühstück 2,50 Mark, Vollpension 5,50 Mark. Der ständige Gästezuwachs machte eine straffere Organisation erforderlich. Ein erstes Protokoll: »Die derzeitige Lage des Ortes läßt es erforderlich erscheinen, alle denkbaren Mittel einzusetzen, um dem wirtschaftlichen Leben der Gemeinde wieder neuen Auftrieb zu geben. Zu diesem Zweck ist beabsichtigt, den Charakter des Ortes als Luftkurort herauszustellen und die Gründung eines Verkehrsvereins auf breiter Basis für unseren Heimatort zu erwirken«.

1952 wurde der Verein aus der Taufe gehoben. Es gab zunächst keine Satzung, jedoch einen Zimmernachweis und einen Prospekt. Die Zimmervermittlung nahm das Reisebüro Jentsch vor. Den Schriftverkehr erledigten M. Staiger und A. Engelen. Letzterer war gleichzeitig Vereinskassierer. Den Transfer der Gäste übernahmen die Betriebe Renken und Meyer, später auch Staiger. Durch die erneute Inbetriebnahme des Schießplatzes der Firma Rheinmetall-Borsig A. G. und die Vergrößerung ihrer Produktionsstätten sowie durch das Vorhandensein der Maschinenfabrik »Artos« entwickelte sich Unterlüß zu einem bedeutenden Industrieort. Als Folge stellte sich ein größerer Bedarf an Übernachtungsmöglichkeiten und Fremdenzimmern ein. Der bis dahin nur lose agierende Verkehrsverein konnte den gestiegenen Erfordernissen einer gezielten Gästeunterbringung nicht mehr gerecht werden. Deshalb wurde ein neues Vereinskonzept gesucht. Zunächst folgte ein Aufruf im März 1968 an alle Bürger, in dem für die Förderung des Unterlüßer Fremdenverkehrs durch Bereitstellung von Zimmern, durch Beitritt in den Verein mit einer festen Beitragszahlung und Stiftung von Ruhebänken geworben wurde.

Der neue Verkehrsverein wurde am 3. März 1968 gegründet. Es wurden einstimmig als 1. Vorsitzender Hans Dettmer, 2. Vorsitzender Gerd Franke, Geschäftsführer Hermann Forkert, Kassierer Arnold Engelen, Beisitzer Hans Harms, Klemens Engelen, Matthias Staiger, Friedel Beneker, Kassenprüfer Hans-Robert Engelke, Hans Krey, Robert Busse und Fritz Zorn gewählt. Beiträge und Zimmerpreise wurden beschlossen. Gemeindedirektor Beneker und Oberforstmeister Brettschneider versprachen Unterstützung. Die Vereinssatzung wurde einstimmig angenommen. Erste Sofortmaßnahmen: Erfassung der Mitglieder, Erarbeitung eines Prospektes, Markierung und Bekanntgabe von Wanderwegen, Aufstellen von

Ruhebänken, Einrichten einer provisorischen Geschäftsstelle im Hause des Geschäftsführers und Kontaktaufnahme zur Presse und zu Reisejournalisten.

Improvisation wurde groß geschrieben, die heute oft nur ein Lächeln abringt. Die Übernachtungszahl erhöhte sich 1960 durch die Inbetriebnahme des »Hotels zur Post« und 1966 durch weitere Betten in der Gaststätte Buchhop und dem Hotel »Goldene Kugel« mit Kegelbahn. Dank dem starken Engagement des Vorstandes konnte der erste Unterlüßer Farbprospekt im Februar 1969 vorgestellt werden. Kernstück seiner Finanzierung bildeten die an der Werbung beteiligten Unterlüßer Gewerbetreibenden. Bis zum Ende des Jahres 1969 schaffte der Verein es, 18 Ruhebänke aus Spendengeldern aufzustellen. Durch gezielte Prospektwerbung, Insertionen in Tageszeitungen und Vertragsabschlüsse mit Reisebüros wurden bereits 1969 1.305 Gäste mit 14.322 Übernachtungen registriert. 112 Betten bei 38 privaten Vermietern und weitere 103 in sieben Gewerbebetrieben standen zur Verfügung. In den folgenden Jahren war der Ortsprospekt wichtigster Bestandteil der Werbung und wurde an insgesamt 435 Reisebüros versandt. Bewilligte Mittel der Gemeinde ermöglichten einen mehrmaligen Prospektnachdruck. Sieben Wanderwege wurden mit Hilfe der Gemeinde ausgeschildert, wobei die Dreiecksmarkierung bewußt gewählt wurde, um mit den Kennzeichen des »Naturparks Südheide« nicht zu kollidieren. Die erste Wandertafel, von Malermeister Meyer angefertigt, fand im Schaufenster der Sparkasse Unterlüß Aufnahme, wo sie noch heute die Gäste informiert. Nach und nach folgten die Wandertafeln am Hochwald, am Bahnhof und am Friedhof, die zwei Hinweistafeln in Weyhausen und schließlich Dank der finanziellen Unterstützung der Gemeinde und des Gewerbevereins die Schilder an den Ortseingängen »Herzlich Willkommen«.

Dann konnten die beliebten Heidekutschfahrten nicht mehr durchgeführt werden. Martin Ritz hatte den Verlust seines Pferdes zu beklagen. Eine vom Verein durchgeführte Spendenaktion erbrachte 450 DM. Jetzt gingen die ersten Anfragen aus dem Ausland, aus Österreich, der Schweiz, aus Frankreich, Holland und Dänemark, ein. Die Wintermonate wurden genutzt, um schadhafte Bankhölzer zu erneuern. Der Mittelbedarf 1971 wurde größer, 28.000 DM für Prospekte, Entwürfe und Zeichnungen, 39.000 DM für Annoncenwerbung. Für den Umweltschutz wurde eine »Entrümpelung des ortsnahen Waldbereichs« geplant und am 20. Juni 1972 durchgeführt. Dem gemeinsamen Aufruf der Gemeinde und des Verkehrsvereins, für die Sauberhaltung der Unterlüßer Natur tätig zu werden, folgten 710 Bürgerinnen und Bürger. Fahrzeuge für den Abtransport stellten kostenlos Gemeinde, Forst und Unterlüßer Gewerbebetriebe. Die Aktion wurde ein überwältigender Erfolg! Alle Beteiligten wurden durch einen Erbseneintopf und ein Getränk belohnt und ihnen nochmals schriftlich im Mitteilungsblatt der Gemeinde gedankt. Gleiche Aktionen wurden dann in unregelmäßigen Abständen 1976, 1979, 1984, 1987, 1992 und zuletzt 1995 bei jeweils hoher Beteiligung der Bevölkerung durchgeführt. Hier bewiesen die Unterlüßer echten Bürgersinn, der bundesweit sicher beispielhaft sein dürfte.

1973 trat H. Forkert aus Altersgründen vom verantwortungsvollen Posten des Geschäftsführers zurück. Hans Dettmer würdigte seine Verdienste und ehrte ihn durch ein Präsent. Zum neuen Geschäftsführer wurde Fritz Hesse einstimmig gewählt, der sich bis Januar 1974 in der Fremdenverkehrsarbeit engagierte. Im Februar 1974 wurde Erika Rabe dann mit der Geschäftsführung des Vereins beauftragt. Mit Elan und Tatkraft übernahm sie diese Aufgabe. Um die Gunst des Gastes wurde jetzt verstärkt geworben. Die Vermieter wurden ständig angeregt, ihr Angebot zu verbessern und das Preisgefüge stabil zu gestalten. Mit Unterstützung des Forstamtes, des Rates und der Verwaltung, Vertretern des »Naturparks Südheide«, der Firma Boswau & Knauer und Dank der Initiative von Hans-Jürgen Müller, der als Verbindungsmann zur Forst und dem »Naturpark Südheide« fungiert, wurde durch die Mitglieder des Unterlüßer DRK, Technischer Dienst, in 385 freiwilligen Arbeitsstunden eine Schutzhütte am Süllkreuz errichtet, in der Wanderer Aufnahme finden. Später wurde dann eine zweite Schutzhütte in der Nähe des Bahnhofs durch den Technischen Dienst aufgestellt. Unter dem Gesichtspunkt der Wirtschaftförderung anerkannten jetzt auch Skeptiker die Arbeit des Verkehrsvereins für Unterlüß.

Als in Celle ein Fremdenverkehrsverband gegründet wurde auch mit der Zielsetzung einer engen Zusammenarbeit mit den Mitgliedsvereinen und einer besseren Ausschöpfung gemeinsamer Werbemöglichkeiten, warben fortan Heidekollektive in den großen Tageszeitungen für unser Gebiet. Ein neuer Poststempel »Unterlüß ganzjähriger Erholungsort – Naturpark Südheide« wurde der Post zur Verfügung gestellt. Werbewirksam verließen jetzt etwa 1.000 Briefe pro Tag Unterlüß.

Auch Ereignisse wie der Sturmschaden 1973 im Lüß, die Waldbrandkatastrophe 1975 und gewisse Negativberichte der Medien konnten jedoch den Anstieg der Übernachtungszahlen nicht bremsen. 1973 bildete der Rat einen Fremdenverkehrs- und Kulturausschuß, der Vorschläge des Verkehrsvereins mit den Möglichkeiten der Gemeinde koordiniert. Frau Hiener trat an die Stelle des 1969 verstorbenen 2. Vorsitzenden Gerhard Franke. Seit 1977 ist Joachim Nitsche 2. Vorsitzender. Zur Beschaffung zeitnaher Farbaufnahmen für den neuen Prospekt wurde 1978 ein Fotowettbewerb ausgeschrieben, die besten Fotos wurden ausgezeichnet und prämiert. Nach Erarbeitung einer Vereinssatzung erfolgte 1978 die Eintragung in das Vereinsregister. 1. Vorsitzender war jetzt Hans Dettmer, 2. Vorsitzender Joachim Nitsche, Geschäftsführerin Erika Rabe, Schatzmeister Gemeindeamtmann Klaus Przyklenk, die Beisitzer Gemeindedirektor Friedel Beneker, Hans-Robert Engelke und Hans-Jürgen Müller.

Die Gäste kamen vorrangig aus dem Umfeld der Großstädte Hannover, Braunschweig, Hamburg und Bremen. Die Langzeiturlauber kamen aus Berlin, Nordrhein-Westfalen, Baden-Württemberg, Saarland und Bayern.

Bei den Berlinern wurde erkennbar, daß gerade die Lüneburger Heide an Anziehungskraft nichts verloren hatte. In den folgenden Jahren war die Nachfrage gekennzeichnet durch ein starkes Preisbewußtsein und kurzfristige Reiseentscheidungen bei hohen Anforderungen an die

*Überprüfung der Wanderwege 1993;
v.l.n.r.: Gerhard Rabe, Erika Rabe, Hans-Jürgen Müller*

Unterbringung. 875 Briefe und 310 telefonische Anfragen wurden im Durchschnitt in der Saison gezählt. Wegen der ansteigenden Gästezahl bekamen Spezialangebote, wie Messepräsentationen, Bauernhofurlaub, Radwandertouren, Kutschfahrten und Fahrradverleih zunehmende Bedeutung. Die Anbindung an die Bundesbahn war dabei von Vorteil. Angebote mit ermäßigter Fernrückfahrkarte und Familienpaß-Mini-Gruppen-Karte sowie Seniorenpaß taten ein übriges. Die ausgedruckte Tourenkarte der Bundesbahn stellte eindrucksvoll unser Urlaubsgebiet dar und ließ erkennen, daß Unterlüß von den Ballungsgebieten bequem zu erreichen ist.

Der Bustourismus boomte. Leider fehlte ein Hotel, das größere Reisegruppen geschlossen aufnehmen konnte. Der ADAC schrieb einen Heimatwettbewerb aus. Motto: Mit dem Auto und zu Fuß durch Niedersachsen. – Unterlüß war Anfahrtstation.

Gäste, die schon 20, 25 und sogar 35mal in Unterlüß zu Gast waren, wurden durch den Vorsitzenden, die Geschäftsführerin und den Bürgermeister Dr. August Biermann geehrt.

Vorträge der Leiter des Staatlichen Forstamtes Lüß – Oberforstmeister Brettschneider, Forstdirektor Dr. Schmidt und Forstoberrat Rieckmann – fanden in den jährlichen Mitgliederversammlungen stets ungeteilten Beifall.

Am 28. August 1982 feierte Unterlüß sein erstes Dorffest, das jährlich wiederholt wird und bis heute Bestand hat.

Seit dieser Zeit hat sich unter den Vereinen ein sehr enger, freundlicher und kameradschaftlicher Kontakt entwickelt. Es gab viele fruchtbare, gemeinsame Aktivitäten, bei denen der Verkehrsverein Anregungen und Unterstützung von anderen bekam. Die Fremdenverkehrsarbeit wäre ohne vielfältiges Engagement undenkbar. Von dem von den Vereinen erwirtschafteten Erlös bei den Dorffesten wurde ein Zelt gekauft, später Tische, Bänke und Regenüberdachungen. Herausragende Veranstaltungen waren die Darbietungen der Liedertafel Frohsinn, des Akkordeon-Spielringes Südheide, des Posaunenchors, dann Heimatabende, Jagdhornbläser, der Heeresmusikchor Lüneburg, das Maibaum pflanzen, »Ein Dorf geht auf Reisen«, Fahrten mit dem Celler Landexpreß, Schmalzbrotessen des Gewerbevereins, Fahrten zu den Bundesgartenschauen, die Sportwoche des TuS Unterlüß und anderes mehr.

Das Albert-König-Museum, am 19. Juli 1987 seiner Bestimmung übergeben, mit seinem Angebot an Konzerten und Dichterlesungen, setzt Schwerpunkte im kulturellen Leben der Bürger und im Fremdenverkehr. Die Gemeinden und Verkehrsvereine der Orte Hermannsburg, Müden/Örtze, Faßberg, Oldendorf und Unterlüß einigten sich auf eine gemeinsame Werbestrategie, schlossen sich zu einem Werbeverband zusammen und erstellten jährlich einen gemeinsamen Veranstaltungskalender mit einem eigenen Aufmacher. Der Druck einer gebietsübergreifenden Wanderkarte 1:40.000 war der nächste Schritt. Parallel dazu wurde ein Wanderpaß eingeführt und Stempelstellen eingerichtet. Der Wanderer wird bei Erreichen der zurückzulegenden Kilometer durch eine besondere Wandernadel in Bronze, Silber oder Gold belohnt. Am 23. August 1986 in der Live-Übertragung des NDR kamen Gemeinde und Vereine werbewirksam zu Wort. Zur Werbung zählte auch der am 1. Mai 1987 anläßlich der Eröffnung der Bahnstrecke Lehrte-Hamburg vor 140 Jahren errichtete Gedenkstein mit einer Signalanlage. Prominente Gäste aus nah und fern begleiteten die Einweihungszeremonie. Der neue Ortsprospekt 1988 wurde in DIN-A 4-Format gedruckt.

Die Gemeinde hat viel für die Neugestaltung des Ortsbildes getan, Sitzgruppen und Parkstreifen angelegt und Bäume gepflanzt. Die Absenkung der Bordsteine an den Kreuzungsbereichen der Straßen fand besonders bei den behinderten Gästen Anerkennung. Ferner erwarb die Gemeinde eine 50 ha große Heidefläche und eine 25 ha große Naturverjüngungsfläche am Schillohsberg bei Lutterloh. Damit ist sichergestellt, daß diese Erholungsflächen dem Fremdenverkehr erhalten bleiben.

Übernachtungen	Bettenangebot 1994	
1968 4.637	Hotel und Gaststätten	39
1973 26.919	Pensionen und Private	79
1991 59.252	Ferienwohnungen und -häuser	169
1994 45.408		

Ausgeschildertes Wandernetz rund 200 km mit 27 Routen
Ausgeschildertes Radnetz rund 50 km mit 2 Routen

Derzeit 81 Ruhebänke laden zum Verweilen ein. Beteiligt an der Bewältigung der umfangreichen Fremdenverkehrsarbeit waren der Vorstand Hans Dettmer, Joachim Nitsche, Erika Rabe, Ilse Wagner, Klaus Przyklenk; die Arbeitsausschußmitglieder Hans-Jürgen Müller, Gerd Rabe, Rudi Schimeck, Hermann Püst und Rudolf Reimann. Als Wanderführer agierten Walter Meyer, Fritz Seifert und Karl Wülfroth.

Nach 25jähriger ununterbrochener Tätigkeit als 1. Vorsitzender des Vereins kandidierte Hans Dettmer nicht mehr für den Vorsitz, wurde am 1. März 1993 in der Mitgliederversammlung geehrt und zum Ehrenvorsitzenden ernannt. Zum 1. Vorsitzenden des Verkehrsvereins wurde Hans-Jürgen Müller gemäß einstimmigen Beschluß der Mitglieder gewählt.

Unterlüß setzt in Form und Inhalt auf den Begriff »Sanfter Tourismus« und unterscheidet sich damit von Orten, wo bestimmte Erscheinungsformen des Massentourismus gerade zur Heideblütenzeit zum Nachdenken Anlaß geben.

Seit 1990 kommen auch Gäste aus den neuen Bundesländern, verstärkt aus Dresden, Leipzig und Erfurt. Dennoch ist anhand der jüngsten Übernachtungszahlen erkennbar, daß Unterlüß gerade auch mit den neuen Feriengebieten in Mecklenburg-Vorpommern konkurrieren muß.

Ein Mangel war auch 1994 spürbar: das Fehlen eines Hotels mittlerer Preislage. Ein Positivum: Der neue Fahrplan der Bundesbahn ist so konzipiert, daß jetzt in Unterlüß der InterRegio hält, das erste Mal war dies am 28. Mai 1995 der Fall.

Heidelandschaft bei Unterlüß

Volksbund Deutsche Kriegsgräberfürsorge e.V., Ortsverband Unterlüß

Im Gedenken an die Kriegstoten des 1. Weltkrieges 1914-1918 wurde der Volksbund Deutsche Kriegsgräberfürsorge am 16. Dezember 1919 gegründet.

In der Erkenntnis, daß das Vermächtnis der Toten alle Völker zu Verständigung und Frieden mahnt, und in dem Bestreben, das Leid der Hinterbliebenen zu lindern, hat sich der Volksbund die Sorge um die Gräber der Kriegstoten zur Aufgabe gemacht.

Der Volksbund verstand sich von Anbeginn als ein privater Verband, der im ganzen deutschen Staatsgebiet und im Ausland die Errichtung und die Pflege der deutschen Soldatengräber übernahm. Finanzielle Grundlagen der Arbeit waren die Mitgliedsbeiträge und Spenden. Die gesamte Arbeit des Volksbundes beruht auf dem Prinzip der ehrenamtlichen Mitarbeit im Volksbund.

Der Volksbund mußte zunächst seine Arbeit auf deutschen Boden beschränken, knüpfte dann Mitte der 20er Jahre mehr und mehr Kontakte in das Ausland, überall dorthin, wo es deutsche Soldatengräber gab. Unter Mitwirkung des Volksbundes wurden einzeln liegende Feldgräber oder kleinere Grablegungen zusammengebettet und würdige Sammelanlagen für die Kriegstoten geschaffen, denen auch in fremder Erde das dauernde Ruherecht eingeräumt wurde.

Die Pflege von Kriegsgräbern ist eine Möglichkeit zur Brückenbildung über den Gräbern im Sinne einer Völkerverständigung. Im Gedenken an die Gefallenen entsteht auch eine Verantwortlichkeit zur Bewahrung des Friedens. Dies gilt für das Heute wie für das Morgen.

Der erste Präsident des Volksbundes Dr. Koeth beschrieb die Aufgaben und Ziele des Volksbundes bewußt sehr allgemein:

> »Wir sind uns bewußt, daß die Aufgaben groß und vielfach noch nicht zu übersehen sind. Um so mehr bedürfen wir der tätigen Mithilfe des gesamten Volkes. Wir wollen ein Volksbund sein in des Wortes wahrster Bedeutung, ein Bund, der allen hilft, soweit es in seinen Kräften steht, und nicht zuletzt ein Bund, in dem sich alle ohne jeden Unterschied in dem Gedanken an die Gefallenen unseres Volkes zusammenschließen.«

Friedhof Unterlüß, 1948

1926 schuf Professor E. Böhme das Zeichen des Volksbundes, die fünf weißen Kreuze auf schwarzem Grund. Vorbild war das 1918 nach einer Idee des späteren Bundesführers Dr. Eulen errichtete Vier-Grenadier-Grab in Grabowiec, Kreis Hrubieszow, Polen. Im gleichen Jahr (1926) wurde die Gemeinde Unterlüß Mitglied des Volksbundes mit einem Jahresbeitrag von einer Mark je Gefallenen der Gemeinde.

Zum ersten Mal wurde auf Initiative des Volksbundes Deutscher Kriegsgräberfürsorge im März 1925 im damaligen Deutschen Reich ein allgemeiner Volkstrauertag gefeiert. Eine gesetzliche Regelung zum Schutze des Volkstrauertages kam dann 1933 auf dem Verordnungswege durch die Nationalsozialistische Regierung, die den Volkstrauertag 1934 in Heldengedenktag umbenannte. Damit waren dem Wirken des Volksbundes bei der Ausgestaltung dieses Gedenktages enge Grenzen gesetzt. Der ursprüngliche Sinn dieses Tages war verloren.

Für das Jahr 1934 läßt sich anhand einer alten Unterlüßer Mitgliederkartei aus den 50er Jahren ein Einzelmitglied im Volksbund nachweisen. Einen Ortsverband hat es aber wohl noch nicht gegeben. Dafür war offenbar in den 40er Jahre die Unterlüßer Schule Mitglied im Volksbund. 1944 sammelten Schulkinder 708,65 Reichsmark, die Lehrer Kröger an den Volksbund überwies.

Die letzte öffentliche Haus- und Straßensammlung konnte der Volksbund 1934 durchführen. Danach wurden solche Sammlungen bis 1945 zugunsten des Winterhilfswerks unterbunden.

Das Verhältnis zwischen Volksbund und nationalsozialistischem Staat war zwiespältig. Einerseits erfuhr der Gedanke der Kriegsgräberfürsorge volle Unterstützung, paßte in das weltanschauliche Bild des Nationalsozialismus, andererseits war das Zeichen des Volksbundes der NS-Staats- und Parteiführung zu christlich, man hätte sich den Volksbund gern als NS-Gliederung einverleibt, und der Volksbund spürte die Grenzen des totalitären Staates. Dennoch konnte der Volksbund in dieser schwierigen Zeit, in der auch viele Mitglieder des Volksbundes glaubten, an einer besseren Zeit zu arbeiten, seine Eigenständigkeit bewahren.

Nachdem im Juni 1945 dem Landesverband Niedersachsen-Nord des Volksbundes die Wiederaufnahme der Arbeit für den Bereich der damaligen Provinz Hannover durch die britische Militärregierung genehmigt worden war, begann die Tätigkeit des Bezirksverbandes Lüneburg wieder Anfang Juli 1945.

In Unterlüß wurde der Ortsverband des Volksbundes Deutsche Kriegsgräberfürsorge Ende 1945 gegründet. Schulleiter Wilhelm Kröger übernahm am 17. November die Leitung des neuen Ortsverbandes.

Seit 1944 war daran gedacht, unter Mitwirkung von Architekten des Volksbundes in Unterlüß einen Waldfriedhof westlich des Altensothriethweges im Anschluß an den bestehenden Friedhof bis an die Hermannsburger Straße anzulegen. Dazu wäre es allerding nötig gewesen, das Gemeindewasserwerk zu verlegen. Der geplante Ehrenhain war für eine Einwohnerzahl von 10.000 gedacht. Zur Ausführung gelangte dieser Plan jedoch nicht.

Die neue Ehrenstätte

1949 wurden erneut Pläne zur Einrichtung einer Ehrenstätte aufgegriffen. Die Gemeinde hatte den Wunsch, die brüchig gewordenen Holzkreuze, auf denen die Stahlhelme der gefallenen Soldaten ruhten, durch neue Holzkreuze zu ersetzen und eine gewisse Einheitlichkeit bei der Ausgestaltung aller Kriegsgräber zu erreichen.

Mit finanzieller Hilfe der Gemeinde und des Reichsbundes konnte der Volksbund dann seit 1950 eine Ehrenstätte auf dem Friedhof errichten, die am 9. September 1951 eingeweiht und in die Obhut der Gemeinde übergeben wurde. 32 Steinkreuze aus rotem Sandstein und ein 1.600 Kilogramm schwerer Gedenkstein wurden errichtet.

Auf dieser Ehrenstätte fanden ihre letzte Ruhe: zwei Tote des 1. Weltkrieges, Bombenopfer des Luftangriffs am 4. April 1945, Kriegstote bei den letzten Kampfhandlungen im Orte und in dessen Nähe am 13. April 1945 und nach Ende der Kampfhandlungen durch Kriegseinwirkungen Verstorbene.

Der Volksbund führt alljährlich am Volkstrauertag mit allen Unterlüßer Einwohnern in Anwesenheit von Vertretern der örtlichen Vereine, Verbände und Parteien eine schlichte Feier auf dem Friedhof durch.

Im Gedenken an die Gefallenen und Vermißten des 2. Weltkrieges wurde am Volkstrauertag des Jahres 1967, am 19. November, ein neues Ehrenmal eingeweiht. Das alte Denkmal am Bahnhof aus dem Jahre 1923, welches die Militärkameradschaft Unterlüß erbaut hatte, war vorher entfernt worden. Die Gesteinsbrocken des alten Denkmals wurden in das Fundament für das neue Ehrenmal gelegt, die alte Gedenktafel versenkt am Obelisk angebracht.

Das neue Ehrenmal wird bestimmt durch den roten Sandstein mit den sechs vertieft liegenden schwarzen Granitplatten, auf denen die Namen der Gefallenen und Vermißten verzeichnet sind.

1952 übertrug die Bundesregierung die vollständige Durchführung der Fürsorge für die deutschen Soldatengräber im Auslande auf den Volksbund. Heute beschränkt der Volksbund seine Tätigkeit nicht nur auf die deutschen Soldatengräber, sondern schließt alle Kriegstoten mit ein. Die Jugend leistet durch ihre Arbeit auf ausländischen Friedhöfen einen bedeutsamen Beitrag für die Völkerverständigung und zu einem friedvollen Miteinander.

Ortsvorsitzende des Volksbundes:

Wilhelm Kröger	1945 - 1948
Gerhard Münch	1948 - 1950
Friedrich Zorn	1950 - 1954
Georg Schulz	1954 - 1967
Arnold Engelen	1967 - 1987
Klaus Przyklenk	seit 1987

Werkfeuerwehr Rheinmetall

Die nachfolgende Aufstellung soll einen kurzen Abriß über die geschichtliche Entwicklung der Werkfeuerwehr Rheinmetall in Unterlüß geben. Sie soll zugleich Dank an die Kameraden sein, die vor uns und mit uns die Grundlagen geschaffen haben, auf die wir unsere bisherigen Erfolge aufbauen konnten. Ohne ihren Idealismus und ihre Opferbereitschaft wären uns Erfolge in diesem Umfange nicht möglich gewesen!

Da leider alle schriftlichen Unterlagen der Wehr bis zum Jahre 1945, dem Ende des Zweiten Weltkrieges, verloren gingen oder verbrannt sind, beschränkt sich der Bericht auf einen kurzen Rückblick auf die Jahre von 1912 bis 1945.

Die Werkfeuerwehr Rheinmetall besteht nach Aussagen von älteren ehemaligen Werksangehörigen seit 1912. Sie wurde von freiwilligen Mitgliedern der Land- und Forstwirtschaft ins Leben gerufen. Neben persönlicher Ausrüstung wie Pickelhelm, Bauchgurt und Feuerwehrbeil stand zunächst nur eine pferdebespannte Handdruckspritze zur Verfügung.

Der Leiter der Feuerwehr war damals der Platzmeister Herr Zschiesche. Er leitete die Wehr bis zum Kriegsende 1918. Da fortan der Schießbetrieb ruhte, wurde die Wehr aufgelöst.

1920 wurde sie wiederum aus freiwilligen Männern der Land- und Forstwirtschaft neu gegründet. Die Ausrüstung wurde wieder beschafft; zusätzlich Spaten, Schaufeln und Äxte zur Waldbrandbekämpfung. Die alte Handdruckspritze tat weiter ihren Dienst.

1925 betrug die Stärke der Werkfeuerwehr ungefähr 30 Mann. Die Leitung hatte Herr Stammberger inne, etwa von 1925 bis 1932.

1932 bekam die Wehr die erste Motorspritze. Es wurden Leitern angeschafft und zur persönlichen Ausrüstung kam ein Drillichanzug mit Schulterstücken und roten Biesen.

Ab 1932 übernahmen die späteren Oberbrandmeister Warning und Denecke die Leitung der Werkfeuerwehr. Während des Zweiten Weltkrieges standen dann zwei Löschfahrzeuge zur Verfügung; wie auf alten Bildern ersichtlich, handelte es sich um Löschgruppenfahrzeuge LF 16.

Die größten und besonderen Ereignisse der damaligen Zeit waren:

1934 der große ausgedehnte Waldbrand bei Gut-Mitte, der sich bis hinüber an die damalige Reichsbahn ausdehnte.

1937 der Einsatz der Werkfeuerwehr anläßlich des Explosionsunglücks, wobei 14 Kameraden der Werkfeuerwehr ihr Leben lassen mußten.

Bis Ende des Zweiten Weltkrieges leiteten die Werk-Oberbrandmeister Warning und Denecke die Geschicke der Werkfeuerwehr.

Löschgruppenfahrzeug, Baujahr 1942

Nun begann die Nachkriegszeit und der Neuaufbau der Werkfeuerwehr. Im Herbst 1959 bekam der Brandmeister Friedhelm Behn den Auftrag, eine Werkfeuerwehr für den Schießplatz und das Laborierwerk Neulüß aufzubauen.

Es meldeten sich sofort 25 Mann freiwillig, die gewillt waren, den blauen Rock zu tragen und den schweren Kampf gegen den »roten Hahn« aufzunehmen.

Die Männer kamen aus den einzelnen Betrieben, zumeist waren es Handwerker. Etwa die Hälfte war in Neulüß beschäftigt, die andere Hälfte auf dem Schießplatz. Die persönliche Ausrüstung wurde Zug um Zug beschafft. Ein Kleinbus wurde zur Verfügung gestellt, der in wenigen Minuten zum Krankenwagen umgebaut werden konnte.

1960 bekam die Wehr ein gebrauchtes Löschgruppenfahrzeug LF 8, Baujahr 1942. Eine neue Tragkraftspritze TS 8/8 mit Anhänger wurde ebenfalls angeschafft. Die persönliche Ausrüstung wurde immer mehr vervollständigt. Eine mechanische Anhängeleiter AL 21 m und Schlauchmaterial waren bereits vorhanden; B- und C-Schläuche wurden ebenfalls gekauft.

In dieser Zeit wurde viel geübt, damit der »Einheitsfeuerwehrmann« gründlich ausgebildet wurde. Es bedarf andauernder Übung mit den einzelnen Geräten und Armaturen, damit der Feuerwehrmann alle Handgriffe und Gerätefunktionen auch in der Nacht, etwa im Dunkeln, beherrscht. Hierbei schweißt sich auch das Kameradschaftsgefühl der einzelnen Männer zusammen, denn im Einsatz muß sich jeder auf jeden verlassen können.

1963 wurde die Feuerwache mit fünf hauptamtlichen Feuerwehrmännern besetzt, die die Pflege und Wartung der Fahrzeuge, Geräte und der Feuerlöscheinrichtungen in den Betrieben übernahmen.

1966 wurde Friedhelm Behn zum Werk-Oberbrandmeister befördert und bekam das Feuerwehr-Ehrenkreuz der Stufe 2 verliehen.

In einer Lagerhalle im »Eschengrund« brach am Heiligabend des Jahres 1967 ein Feuer aus, das zehn Stunden lang bekämpft werden mußte.

Bei einem Großbrand am 5. März 1971 entstand ein Schaden von ungefähr 1,5 Millionen DM. Bei diesem Brand wurden fünf Feuerwehren aus der Umgebung zusätzlich eingesetzt.

Friedhelm Behn wurde zum Werk-Hauptbrandmeister befördert, und die Feuerwehr bekam ihr erstes Tanklöschfahrzeug. Es war ein Fahrzeug mit einem Tankvolumen von 2.400 Liter Wasser, das die Bundeswehr zur Verfügung stellte.

Bei der Sturmkatastrophe am 13. November 1972 war die Werkfeuerwehr pausenlos im Einsatz, um die mit Bäumen versperrten Straßen frei zu sägen. Es wurde nun begonnen, die Feuerwehr mit 2 m Band-Funkgeräten auszurüsten.

Ein weiteres Tanklöschfahrzeug mit 3.000 Liter Wassertank und ein Einsatzleitwagen wurden 1974 angeschafft. Im gleichen Jahr zog die Feuerwehr in ein anderes Gebäude auf dem Schießplatz ein.

Am Sonnabend, den 9. August 1975 brach um 13.05 Uhr ein großer Waldbrand an der Westseite unseres Schießplatzes aus. Er war am Sonntag noch nicht vollständig gelöscht, als in der Mittagszeit zwischen Oldendorf und Eschede ein neuer Brand ausbrach, der sich zur Katastrophe ausweitete. Unsere Fahrzeuge waren Tag und Nacht im Einsatz. Die Feuerwehrzentrale war mit nur einer Bereitschaft 24 Stunden besetzt. Damals wurde die Werkfeuerwehr zu einer Leistung gefordert, wie es keiner von uns gewohnt war oder sich hätte vorstellen können!

Am Sonnabend, den 8. Mai 1976 um 09.50 Uhr wurde ein Großbrand gemeldet, der an der Bundesbahnstrecke ausgebrochen war und sich auf das Laborierwerk Neulüß zubewegte. Durch einen massiven Feuerwehreinsatz konnte der Brand aber noch vorher gestoppt und eingedämmt werden. Damit nicht genug, brach am Montag,

Tanklöschfahrzeug TLF 28/60, Baujahr 1985

den 10. Mai 1976 um 13.15 Uhr wieder eine Brandkatastrophe aus. Diesmal war das Feuer im Raum Lutterloh entstanden. Die Feuerbekämpfung zog sich über mehrere Tage hin.

An 14 Werkfeuerwehrmänner wurde 1977 die Waldbrandmedaille verliehen!

1980 feierte die Werkfeuerwehr ihr 50jähriges Jubiläum. Friedhelm Behn wurde das Feuerwehr-Ehrenkreuz der Stufe 1 verliehen. Werner Meyer und Helmut Hübner erhielten das Niedersächsische Ehrenzeichen in Silber für 25jährige Dienste im Feuerlöschwesen. Zur besseren Einsatzkoordinierung wurde ein 4m Band-Funkgerät beschafft, welches bei den Freiwilligen Feuerwehren gebräuchlich war. Die Löschwasserversorgung auf dem Schießplatz wurde durch drei Bohrbrunnen mit Vorratsbecken verbessert.

1981 wurde das Feuerwehr-Ehrenkreuz der Stufe 2 an Gerhard Schlicht verliehen, und ein Jahr später wurde er zum Werk-Oberbrandmeister befördert. Als Ersatzbeschaffung wurde ein neues Tanklöschfahrzeug mit 4.000 Liter Wassertank und 400 Liter Schaummittel neu in Dienst gestellt.

Werk-Oberbrandmeister Gerhard Schlicht wurde 1983 das Niedersächsische Ehrenzeichen für 25jährige Dienste im Feuerlöschwesen verliehen. Am 18. Juni 1983 brannte in Ellerndorf der Schafstall der Firma Rheinmetall GmbH. Bei diesem Brand verbrannten 600 Schafe. Am 22. August des Jahres wurde Werk-Oberbrandmeister Schlicht zum stellvertretenden Leiter der Werkfeuerwehr ernannt.

Eine Atemschutzübungsstrecke wurde 1985 von den Männern der Wehr in Eigenleistung gebaut. Alle Atemschutzgeräteträger durchlaufen bis zu viermal im Jahr diese Strecke. Als Ersatzbeschaffungsgerät wurden ein neues Tanklöschfahrzeug mit 6.000 Liter Wassertank und ein Mannschafts-und Hilfskrankenwagen gekauft.

1986 wurde den Werkfeuerwehrmännern Reinhard Lipowski und Erwin Paaries und im folgenden Jahr Wolfgang Stellbaum sowie Bernd Anderssen das Niedersächsische Ehrenzeichen für ihre 25jährigen Dienste im Feuerlöschwesen verliehen.

Die Werkfeuerwehr wurde von der Bezirksregierung Lüneburg als nebenberufliche Werkfeuerwehr neu anerkannt.

Zur schnelleren Alarmierung im Falle einer Brandgefahr wurde 1988 für jeden Feuerwehrmann ein Funkmeldeempfänger angeschafft. Werk-Hauptbrandmeister Friedhelm Behn wurde am 26. August 1988 als bisheriger Leiter der Werkfeuerwehr verabschiedet. Als Nachfolger wurde Werk-Oberbrandmeister Gerhard Schlicht ernannt bei gleichzeitiger Beförderung zum Werk-Hauptbrandmeister. Stellvertreter wurde Werk-Brandmeister Dieter Witt.

Bei Umbauarbeiten im »Technologiezentrum Nord« (TZN) brach am 5. Oktober 1988 ein Feuer aus, das einem Arbeiter einer Fremdfirma das Leben kostete. Im gleichen Jahr mußte ein größerer Waldbrand auf dem Schießplatz Höhe 5.400 mit 14 Tanklöschfahrzeugen bekämpft werden.

1990 erhielt Werk-Brandmeister Dieter Witt für 25jährige Dienste im Feuerlöschwesen das Niedersächsische Ehrenzeichen.

Ein großer Schaden entstand bei einem Brand am 12. März 1991 in der EMV-Halle. Hier waren sieben Feuerwehren im Einsatz.

Am 30. Juni 1993 um 15.46 Uhr wurde die Werkfeuerwehr zu einem großen Waldbrand im Raum Hermannsburg gerufen, der sich zu einer Katastrophe ausweitete. Mit vier Fahrzeugen und 25 Mann leistete die Wehr Löschhilfe.

Einsätze vom 1. Januar 1960 bis 31. Dezember 1979:
    168 Brände
    1.462 Krankenfahrten
    1.137 Hilfeleistungen

Einsätze vom 1. Januar 1980 bis 31. Dezember 1994:
    419 Brände
    1. 777 Krankenfahrten
    1. 764 Hilfeleistungen

Stand 1. Januar 1995:
Personal:
    6 hauptamtliche Werkfeuerwehrmänner und
    33 nebenberufliche Werkfeuerwehrmänner
Fahrzeuge:
    1 Tanklöschfahrzeug mit 6.000 Liter Wasser – TLF 28/60
    1 Tanklöschfahrzeug mit 4.000 Liter Wasser – TLF 28/40/4
    1 Löschgruppenfahrzeug LF 8
    1 Mannschaftstransportwagen als Hilfskrankenwagen
    1 Einsatzleitwagen
    1 Ölabwehranhänger
    1 Schlauchanhänger
    1 Wasserwerferanhänger
    1 18 m-Anhängeleiter mit elektrischem Antrieb – AL 16/4
    1 Anhänger 800 kg mit Wechselkupplung
    1 Kleinkraftrad
Sondergeräte:
    8 Preßluftatmer
    4 Chemieschutzanzüge
    4 Hitzeschutzanzüge
    1 Satz Hebekissen bis 40 KN
    1 Hydraulischer Hebesatz
    1 Brennschneidgerät
    3 Motorsägen
    1 Turbinenpumpe
    1 Mineralöl-Umfüllpumpe
    2 Stromerzeuger

Wir machen den Weg frei

Ⓥ Ⓧ Volksbank Hermannsburg-Bergen eG

Unsere Bank.

Deutschlands größte Gesundheitsbewegung.

AOK – Die Gesundheitskasse.

Wir bieten Ihnen gute Leistungen zu günstigen Konditionen.

Wir machen Ihnen gern ein Angebot.

Unsere Beratung in Unterlüß
Jeden Donnerstag von 9.00 - 10.00 Uhr im Rathaus

Sie erreichen uns unter ☎ 05141/970 119.

AOK - Die Gesundheitskasse für Niedersachsen
Regionaldirektion Celle
Schloßplatz 11/12, 29221 Celle

Landgraf GmbH

Luft- und klimatechnische Anlagen

Telefon (0 58 27) 8 80 · Fax (0 58 27) 8 81 23

Im Grunde 57 · 29345 Unterlüß

Ein Hersteller als Partner

Beratung - Planung - Verkauf - Montage
Abluft-, Be- und Entlüftungsanlagen
Teil- und Vollklimaanlagen
Dunstabzugshauben - Edelstahlverarbeitung

Die **Firma Landgraf GmbH**, vormals technisches Büro Jörg-Dieter Landgraf, besteht seit 1969.
Wir verfügen in Unterlüß über eigene Regel-, Lüftungs- und Kälteingenieure.
In unserer Fertigung verarbeiten wir die Werkstoffe: **Chrom-Nickel-Stahl, Aluminium, verzinktes Material und Kupfer.**
In unseren Produktionsstandorten verfügen wir über umfangreiche Kenntnisse der Fertigung und modernste Fertigungstechniken, sowie über die dazugehörigen Maschinen, wie z.B. Kopier- und Nippelanlagen, NC-gesteuerte Abkantbänke bis zu einer Länge von 3000 mm, Senk-Biege-Pressen mit einer Verarbeitungslänge bis zu 5500 mm. EDV-gesteuerte Plasma-Brennanlagen, Rund- und Sickenmaschinen, sowie modernste Schweißtechnik (WIG und MIG), runden unsere Fertigungsmöglichkeiten ab.
In den Herstellungswerken wird der dringend erforderliche Nachwuchs an Fachkräften zum Industriekauf(frau)mann, Energieelektroniker(in), Konstruktionsmechaniker(in) Fachrichtung Feinblechbautechnik und technischen Zeichner(in) ausgebildet. Wir sind stolz auf eine Unternehmung, die sich durch ihre umfangreiche Struktur (Beratung, Planung, Fertigung, Montage, Wartung und Ausbildungsmaßnahmen) am Markt bewährt hat.

Niederlassungen und Werksvertretungen:
Landgraf GmbH, Unterlüß - Ndl. Schwerin - Landgraf Lufttechnik GmbH, Berlin - Ndl. West, Meckenheim - Landgraf Radebeul KG, Radebeul - Ndl. Wittenberg - Landgraf & Kern GmbH, Radebeul - Ndl. Rostock - Ndl. Frankfurt *(ab Januar 1996)*

Inhaltsverzeichnis Seite

Vorwort	5
Akkordeon-Spielring Südheide e.V.	8
Arbeiterwohlfahrt (AWO), Ortsverband Unterlüß	10
Artos-Angelsportgemeinschaft e.V.	12
Bund Deutscher Feuerwerker und Wehrtechniker e.V., Ortsgruppe Unterlüß	14
Bund der Vertriebenen, Ortsverband Unterlüß	19
Christlich Demokratische Union (CDU), Ortsverband Unterlüß	20
Deutsche Lebens-Rettungs-Gesellschaft (DLRG), Ortsgruppe Unterlüß e.V.	23
Deutsches Rotes Kreuz (DRK), Ortsverein Unterlüß	26
Deutscher Siedlerbund, Ortsgruppe Unterlüß	30
Evangelisch-Freikirchliche Gemeinde Unterlüß (Baptisten)	31
Evangelisch-lutherische Friedenskirchengemeinde Unterlüß	34
Freiwillige Feuerwehr Unterlüß	43
Freundes- und Förderkreis Albert-König-Museum e.V., Unterlüß	49
Fußballclub (FC) Unterlüß e.V.	52
Gesangverein Liedertafel Frohsinn Unterlüß e.V.	54
Gewerbeverein Unterlüß e.V.	58
Jugendförderinitiative Unterlüß e.V.	60
Kaninchenzuchtverein F 104	62
Katholische Kirchengemeinde St. Paulus	67
Keglervereinigung Unterlüß im D.K.B. v. 1967	70
Kleingärtnerverein Unterlüß e.V.	75
Motor-Sport-Club Maht-Heide e.V. Unterlüß im ADAC	78
Naturschutzbund Deutschland (NABU), Ortsgruppe Unterlüß	79
Reichsbund der Kriegs- und Zivilbeschädigten, Sozialrentner und Hinterbliebenen – Ortsgruppe Unterlüß	82
Reservistenkameradschaft Unterlüß	84
Schulverein Unterlüß e.V.	87
Schützenverein Lutterloh e.V. 1928	89
Schützenverein Unterlüß von 1951 e.V.	94
Sozialdemokratische Partei Deutschlands (SPD), Ortsverein Unterlüß	97
Tennisclub Unterlüß e.V.	100
Turn- und Sportverein (TuS) Unterlüß e.V.	101
Verband der Heimkehrer, Kriegsgefangenen und Vermißten-Angehörigen Deutschlands – Ortsverband Unterlüß e.V.	106
VdK Ortsverband Müden/Unterlüß (Verband der Kriegs- und Wehrdienstopfer, Behinderten und Rentner Deutschland e.V.)	108
Verein zur Förderung des Unterlüßer Schwimmbades e.V.	110
Verkehrsverein Unterlüß e.V.	113
Volksbund Deutsche Kriegsgräberfürsorge e.V., Ortsverband Unterlüß	117
Werkfeuerwehr Rheinmetall	120

Holzschnitt von Albert König